THÉORIE DE LA LITTÉRATURE
sous la direction d'Andrea Del Lungo
27

La Motivation littéraire

Ouvrage publié avec le soutien de la fondation
Olle Engkvists stiftelse

Hans Färnlöf

La Motivation littéraire

Du formalisme russe au constructivisme

PARIS
CLASSIQUES GARNIER
2022

Hans Färnlöf a soutenu sa thèse consacrée aux nouvelles de Maupassant en 2000. Il a publié un éventail d'études sur la littérature française du XIXe siècle, entre autres dans *Les Cahiers naturalistes*, *Romantisme* et *Poétique*. Spécialiste de narratologie, de sémiotique et des genres brefs, il est actuellement professeur associé en français à l'université de Stockholm.

ISBN 978-2-406-13103-8 (livre broché)
ISBN 978-2-406-13104-5 (livre relié)
ISSN 2112-8790

To write a book at all—any book—one must rule out almost everything that is potentially interesting.
Wayne C. BOOTH

AVERTISSEMENT

Les références bibliographiques sont établies selon le modèle de la MLA : « Sternberg (2012, p. 387) » ou « (Sternberg, 2012, p. 387) ». Afin de réduire autant que possible l'information donnée entre parenthèses dans le corps de texte tout en indiquant la source employée, nous suivrons les principes suivants :

- Seule l'année de l'édition utilisée sera indiquée, même si la publication originale de certains textes est antérieure à l'édition consultée. Exception faite pour les cas où la chronologie est importante : l'année de la publication originale sera alors indiquée entre crochets ou dans une note. Elle va aussi apparaître dans la bibliographie : « Erlich [1955] 1980 ».
- Les ouvrages non consultés, mais seulement mentionnés par d'autres chercheurs, ne figurent pas dans la bibliographie (par conséquent, le nom de l'auteur, le cas échéant, n'est pas non plus suivi d'une indication de l'année de publication dans le corps de texte).
- Pour les textes littéraires cités, seule la page sera indiquée. Le lecteur trouvera les éditions utilisées dans la première partie de la bibliographie : « Œuvres littéraires ».
- La notation de pages sera réservée au strict nécessaire, c'est-à-dire pour indiquer le lieu d'une citation ou d'une pensée précise (et, pour ce dernier cas, surtout dans les ouvrages de taille).
- Toute information qui ressort clairement du cotexte sera omise, que ce soit l'auteur, l'année ou la page.
- Le renvoi simple à divers ouvrages sans commentaire explicatif (« voir Chklovski, 2001a ») sera très restreint, puisqu'il guide trop peu le lecteur. Exception faite pour les cas où la référence en question marque un lieu bien connu de la théorisation littéraire : « Jauss, 1972 ».

Le corps de texte est en français. Des citations en anglais seront parfois données en note ; le plus souvent, elles seront résumées ou paraphrasées dans le corps de texte. Le lecteur trouvera aussi quelques citations en allemand dans les notes, amplement expliquées dans le corps de texte. Pour les autres langues, nous avons uniquement recours aux paraphrases. Dans quelques cas rares, des mots isolés ou des notions dans une langue étrangère seront intégrés au corps de texte, dans le souci de ne pas multiplier les notes. Leur traduction en français, mise entre guillemets, sera suivie par le mot original, écrit entre parenthèses et en italiques, s'il en est besoin :

> Sternberg (2012, p. 387) considère cet emploi « étrange » (*odd*).

Si la traduction est redondante, le mot original sera omis et seul restera le mot traduit entre guillemets. Par exemple, il semble superflu d'indiquer que le mot anglais *artistic* signifie « artistique » en français :

> C'est le mode « artistique » de Sternberg (2012, p. 385).

Enfin nous expliquerons et utiliserons aussi quelques notions russes. Les noms russes seront francisés (par exemple : « Chklovski »). L'index des noms récupèrera toutes les mentions de chaque chercheur russe sous sa forme francisée, indépendamment de l'orthographe utilisée par tel chercheur cité (Shklovsky, Shklovskij, Šklovskij, etc.).

INTRODUCTION

La *motivation* semble une notion particulièrement difficile à circonscrire dans les études littéraires. Elle s'emploie souvent dans une acception *psychologique* pour rendre compte de la façon dont le comportement du personnage s'harmonise avec sa personnalité (« Charles Bovary ne découvre pas l'adultère d'Emma parce qu'il est trop bête », « Julien Sorel veut monter en grade parce qu'il est orgueilleux »). La motivation peut aussi concerner les rapports de plausibilité qui existent entre *milieu*, *personnages* et *évènements* (« Il est naturel que des gens de toutes sortes se rencontrent dans l'auberge de *Don Quichotte* » ; « La situation de la guerre incite les personnages à quitter Rouen dans "Boule de suif" »). Véhiculées par des vocables d'apparence objective, comme « parce que », « par conséquent », « naturellement », etc., ces explications imposent au texte un réseau de motivations *pseudo-objectives*, pour reprendre le terme de Spitzer (1980).

Sur le plan de la composition, la motivation s'utilise pour commenter la *mise en intrigue* (« Si Charles ne découvre pas l'adultère d'Emma, c'est pour permettre à l'auteur de développer cette thématique durant une bonne partie du roman ») ou la façon dont l'insertion de certains éléments narratifs justifie l'utilisation de *procédés poétiques* (« L'attente d'un personnage à un rendez-vous crée l'occasion pour Zola d'insérer des descriptions du milieu »). Dans la perspective de la création littéraire, la motivation renvoie à l'*intention* de l'auteur, à un projet esthétique, voire à une thèse philosophique (« Dans ce roman, Balzac veut expliquer les rouages de la société ») ou, comme chez Biagini (1998), à la *raison d'être* de l'œuvre (« *Madame Bovary* entend s'inscrire contre une certaine tradition romanesque »). D'après Todorov (1978) et Culler (2002), le lecteur peut motiver le récit en lui attribuant un sens par l'acte de l'*interprétation*, pensée prolongée par Pennanech (2012), qui attribue la même fonction au critique, dont la *lecture avertie* motiverait en quelque sorte le texte.

Déjà polysémique par ses emplois dans d'autres secteurs (selon le dictionnaire : en psychologie, psychopédagogie, philosophie, économie et linguistique), la notion de « motivation » embrasse ainsi un champ considérable de pistes d'investigation dans le domaine littéraire seul : causalité, cohérence, lisibilité, vraisemblance des enchaînements et des comportements des personnages, justification de l'emploi de telle thématique ou de tel procédé, conformité avec l'encyclopédie courante, composition et finalité du récit, intention du personnage et de l'auteur, sens, visée et justification de l'œuvre… Aussi n'est-il pas étonnant de trouver dans les ouvrages de référence en théorie littéraire des définitions multiples, et parfois difficilement compatibles, de la motivation littéraire[1].

Ce statut problématique de la notion de la motivation est encore renforcé par deux tendances observables dans le champ de la théorie littéraire ces dernières décennies. D'une part, on note l'*omission* fréquente de cette notion dans des ouvrages où sa mention aurait pourtant été justifiée (dictionnaires terminologiques, survols de théorie littéraire, ouvrages de narratologie générale, réflexions sur la représentation du réel, analyses de causalité narrative, etc.)[2]. D'autre part, on voit la *réduction* de la motivation à sa seule acception psychologique et référentielle[3]. L'ouvrage de référence actuel en narratologie, à savoir *The Living Handbook of Narratology* (Meister, s. d.), confirme ces deux tendances : seuls huit articles sur les quelques soixante-dix mentionnent la motivation, et

---

1 Pour Selden (1989, p. 14), la motivation ne serait qu'un type de réalisme ; Beckson et Ganz (1990, p. 167) et Von Wilpert (1989) délimitent la motivation à concerner la combinaison des circonstances et du tempérament qui déterminent l'action du personnage ; Carey et Snodgrass (1999, p. 93) précisent que la motivation justifie le choix d'un personnage face à un dilemme ; Wellek et Warren (1971, p. 217-218) étendent le sens jusqu'à concerner la composition entière du récit, etc.

2 Voici quelques exemples d'ouvrages qui ne listent pas la motivation dans leurs index ou qui ne mentionnent pas le terme de la motivation littéraire : Fowler (1987), Milly (1992), Brés (1994), Childers et Hentzi (1995), Lentricchia et McLaughlin (1995), Fludernik (1996), Holmberg et Olsson (1999), Hawthorne (2000), Van Gorp *et al.* (2001), Halliwell (2002), Kafalenos (2006), Baldick (2015), Bareis et Nordrum (2015), De Fina et Georgakopoulou (2015), Hebert (2015), Pier (2020).

3 Voir ces définitions récentes de la motivation comme (part de) la psychologie du personnage : « thoughts, feelings, or motivations » (Keen, 2003, p. 57) ; « motivations, beliefs, goals, and other mental states » (Herman, 2009, p. 159) ; « action (consisting of goals, motivations, and agents) » (Pier, 2011, p. 344). La notion de la motivation peut aussi désigner uniquement le motif d'agir : « What a character […] wants ; the reasons […] for a character's actions » (Kennedy *et al.*, 2009) ; « the entirety of psychical processes that initiate, maintain and regulate behaviour » (Eder *et al.*, 2010, p. 24).

avant tout dans le sens de l'intention du personnage[4]. Avec quelques exceptions, c'est aussi dans ce sens qu'on aborde la motivation dans le colloque récent *Raisons d'agir : les passions et les intérêts dans le roman français du XIXe siècle* (Lyon-Caen, 2020). À cette réduction théorique s'ajoute la tradition d'associer l'emploi de la motivation à l'étude d'un seul type de littérature, à savoir le discours réaliste, pour cerner l'ensemble des procédés qui assurent au récit une certaine vraisemblance, ce qui limite encore le champ d'application de la notion de la motivation.

À juste titre, les deux chercheurs qui se sont penchés sur la question de la motivation littéraire de manière approfondie ont constaté le besoin de définir, voire de redéfinir cette notion comme concept d'analyse en élargissant son champ conceptuel. Cela vaut pour le bilan magistral de Sternberg (2012), qui reprend et développe son propre essai, plus condensé, de 1978, tout comme pour l'excellente étude de Schmid (2020) sur l'évolution de la motivation littéraire depuis la Renaissance jusqu'au postmodernisme[5]. La présente étude poursuit ce travail critique de clarification : l'objectif est de remédier à un certain flou théorique en offrant une synthèse des différents emplois de la notion de la motivation ainsi que d'élaborer une méthodologie susceptible de faire de cette notion un outil d'analyse à incorporer de façon plus généreuse dans les études littéraires.

Cet ouvrage complète les travaux de Sternberg et de Schmid, qui couvrent les domaines anglophone et allemand, tout d'abord sur le plan linguistique (le domaine francophone ne compte jusque-là aucun ouvrage majeur sur la motivation), mais aussi, en partie, sur le plan critique. Ni Sternberg ni Schmid ne citent les travaux de Hamon (1982, 1993 et 1998). Schmid parle bien peu de Genette (1968) et presque pas de Sternberg, mais passe soigneusement en revue les domaines russe (Chklovski, Tynianov, Tomachevski) et allemand (Blanckenburg, Vischer, Lugowski, Martínez). Haferland (2016), compatriote de Schmid, opère une synthèse partielle de cette tradition critique germano-slave, sans citer Hamon ni Culler, et en parlant de Genette dans une note. Il mentionne Sternberg

4 Le terme de « motivation » apparaît sous les rubriques *Character, Cognitive Narratology, Narrative strategies, Narratology, Coherence, Experientiality, Non-temporal Linking in Narration, Plot* et *Possible worlds.* Seuls « Character » (Jannidis, 2014) et « Narrative strategies » (Tjupa 2014) mentionnent, en passant, la dimension compositionnelle de la motivation.

5 Nos travaux initiaux sur la motivation littéraire sont antérieurs à l'article principal de Sternberg (2012) et à l'ouvrage de Schmid (2020). Le lecteur trouvera notre première synthèse, incomplète et d'une précision insuffisante, dans Färnlöf (2004).

seulement deux fois (dont une fois pour souligner que ce dernier ne cite pas les théoriciens allemands). Inversement, les travaux en français qui touchent à la motivation prennent d'habitude leur point de départ dans l'article de Genette, comme le montre le colloque mentionné sur les *Raisons d'agir* (Lyon-Caen, 2020), où un grand nombre d'intervenants traitent de la motivation sans mentionner les formalistes russes, Culler ou Sternberg. La sphère linguistique se rapproche ainsi d'une sphère intellectuelle. Afin de proposer un véritable tour d'horizon de l'état de la recherche sur la motivation, le présent ouvrage s'appuiera sur des ouvrages critiques en français, espagnol, italien, anglais, allemand, danois, suédois, croate, polonais et russe[6].

Pour fonder cette synthèse, notre réflexion remonte en premier lieu aux écrits des formalistes russes. Certes, nombreux sont les penseurs qui ont étudié la mise en intrigue et l'emploi de procédés littéraires qui s'apparentent à la motivation sans recourir à ce terme ou en l'utilisant dans d'autres sens. Sternberg (2012, p. 331) cite *La Poétique* d'Aristote, le traité sur le sublime attribué à Longin, le classicisme en France, *Laocoon* de Lessing ainsi que les pensées de Poe et de Henry James sur la genèse de l'œuvre littéraire. Schmid (2020, p. 8-11) présente les idées de Blanckenburg sur la nécessité et celles de Vischer sur la motivation littéraire. Flaker (1964a) rattache même son étude de la motivation à une lettre d'Engels (!) où ce dernier discute la composition d'un drame de Lassalle. Dans le domaine français, on évoque fréquemment Valéry et son *Cours de poétique* au Collège de France[7].

Malgré toutes ces contributions, il n'en reste pas moins que ce sont les formalistes russes qui ont délimité le champ d'application de la motivation littéraire et c'est aussi par rapport à leurs écrits que tout théoricien de la motivation doit se positionner. D'après les spécialistes en formalisme russe, comme Erlich (1980), Sternberg (2012) et Schmid (2020), la motivation s'affiche même comme une de leurs notions clés[8]. Les chercheurs russes

---

6 Nous ne maîtrisons cependant ni le russe, que nous avons lu le plus souvent en traduction, ni le polonais. La consultation des écrits dans ces deux langues, dans leur version originale, reste basique.

7 En suivant Roussin (2018), qui démontre comment l'appréhension de la forme chez Valéry se distingue de la conception des formalistes, nous n'inclurons pas les réflexions poétiques de l'auteur de *Charmes* dans le présent ouvrage.

8 Sierotwiński (1986), Orr (1991) et Baladier (1991) sont les éditeurs de quelques rares ouvrages généraux qui mettent en relief ce fait. En revanche, certaines présentations

introduisent plus précisément le terme de *motivirovka* pour analyser la motivation littéraire, à distinguer de la motivation référentielle, nommée *motivacija*, opérante dans le monde extralittéraire. Cette notion de *motivirovka* exerce une double fonction. D'une part, elle désigne l'articulation des actions et des évènements dans l'histoire racontée (ce qui rejoint les polémiques sur l'« effet de réel », la lisibilité, la naturalisation, la vraisemblance, le discours réaliste, la *mimésis*, le *post hoc ergo propter hoc*, etc.) ; d'autre part, elle décrit les principes téléologiques du récit, qui conditionnent la mise en œuvre des éléments narratifs au nom de la construction artistique (c'est la poétique du récit, la stratégie auctoriale, le jeu narratif, l'effet textuel, etc.). Pourtant, peu d'ouvrages généraux, parmi ceux qui incluent des passages ou des entrées où l'on aborde la motivation littéraire, tiennent compte de cette double fonctionnalité[9].

À condition de considérer cette double fonctionnalité et ses rapports avec le monde extralittéraire, on entre au cœur de la problématique essentielle concernant réalité et fiction, *mimésis* et *sémiosis*, histoire et récit, action et fabrication. C'est de cette problématique, et de cette définition double de la motivation littéraire, que part cet ouvrage, avec l'ambition d'affiner sa typologie. En nous inspirant des formalistes russes ainsi que des écrits postformalistes qui poursuivent (explicitement ou implicitement) leur tradition critique ou qui exploitent la motivation par d'autres manières, l'idée est de passer en revue les positionnements critiques les plus importants par rapport à la motivation littéraire (il sera notamment question du structuralisme français, de la théorie des mondes possibles et de la narratologie cognitive).

Comme notre ouvrage propose une synthèse critique qui vise un certain renouvellement de l'étude de la motivation littéraire, les divergences – plus ou moins prononcées – avec certaines autres études seront inévitables. Nous prions le lecteur d'aborder nos prises de position comme un dialogue avec la recherche antérieure, comme une proposition de

---

(pourtant développées) de la théorie formaliste, comme Kittang (1997) et Wellek (1991), ne mentionnent pas la motivation.

9 Parmi les exceptions se trouve Hansen-Löve (1989), qui profite du vocabulaire allemand pour expliquer la différence entre la *motivirovka* (en allemand : *Motivierung*) et la *motivacija* (en allemand : *Motivation*). Schmid (2020, p. 4-8) procède de manière semblable, mais réserve, de façon quelque peu curieuse, le terme de *Motivation* à la psychologie du personnage, qu'il distingue du reste de la causalité diégétique. Voir aussi Prince (1987, p. 55), Harris (1992, p. 111) et Phelan et Rabinowitz (2005, p. 548).

lecture critique et non comme une réfutation catégorique de perspectives et d'approches alternatives[10]. Soulignons aussi que cette entreprise nécessite, bien entendu, certaines démarcations. Chez les formalistes comme dans le paysage postformaliste, les écrits sur la motivation littéraire se forment en symbiose avec des remarques sur maintes autres notions. Bien entendu, il sera impossible d'approfondir l'étude de tous les procédés ou effets (lisibilité, vraisemblance, cohérence, effet de réel, composition, etc.) qui entrent en interférence avec le sujet principal du présent ouvrage ; l'intention sera surtout d'en cerner les aspects pertinents pour mieux comprendre l'essence et la portée de la motivation littéraire.

Ce faisant, le premier chapitre, *Points de départ*, récapitule dans un premier temps l'entrée des formalistes sur la scène littéraire, leurs prises de position les plus importantes et leur évolution interne. Cette section, assez sommaire, sert avant tout à présenter les principes de base nécessaires pour mieux saisir les implications de la partie méthodologique sur la motivation qui organise la deuxième section de ce premier chapitre (tout lecteur familier avec les principes et les notions clés de l'école formaliste pourra aller directement à cette section). Pour des présentations plus exhaustives des travaux formalistes, voir Erlich ([1955] 1980), Striedter (1969 et 1989), Thompson (1971) ou Steiner (1984), de même que les bilans plus critiques de Medvedev et Bakhtine ([1928] 1978) et de Jameson (1972). Dans le domaine français, l'ouvrage d'Aucouturier (1994) est malheureusement difficile d'accès, à la différence du récent numéro de *Communications* (Depretto *et al.*, 2018) consacré aux formalistes russes. Ces ouvrages se complètent par l'étude historique de Depretto (2009) et le survol de Hansen-Löve (1988). Le bilan d'Eichenbaum (2001a) donne un aperçu précis et initié des principes et de l'évolution de la pensée formaliste entre 1916 et 1925, complété par l'introduction de Todorov (2001) à son anthologie des écrits formalistes.

Pour clarifier les pistes multiples qu'ouvre l'étude de la motivation littéraire, telle que nous l'esquisserons dans le présent ouvrage, les quatre chapitres suivants seront consacrés aux principes fondamentaux de sa théorisation telle qu'elle apparaît chez Chklovski, Jakobson, Tynianov

10 Quant aux différentes perspectives, citons l'admirable déclaration de Chatman (1990, p. 5), que nous souhaiterions adopter pour le présent ouvrage : « Where I differ with colleagues, I do so out of respect for their efforts and conclusions. If in the heat of arguing my own views I seem to belittle theirs, I apologize in advance. »

et Tomachevski. Outre que d'aider à caractériser des pistes théoriques et méthodologiques suivies par la recherche postformaliste, cette disposition illustrera les nuances qui existent entre les chercheurs formalistes ainsi qu'entre les phases de leur période active. C'est dire que nous tenterons d'éviter d'esquisser une image collective et figée du formalisme russe, approche réductrice ayant déjà été dénoncée par Depretto-Genty (1991b, p. 9) lorsqu'elle rappelle que « [...] les critiques ont eu tendance, en effet, à les présenter comme toujours "ensemble" et à vouloir leur attribuer une doctrine "commune"[11]. » Cette disposition n'implique pas que ces chercheurs auraient eu chacun une conception unique de la motivation littéraire, à séparer catégoriquement des autres (bien au contraire, les formalistes russes coopéraient souvent et s'inspiraient mutuellement[12]). Pour emprunter aux formalistes russes un autre de leurs termes favoris, il s'agit plutôt de caractériser et de suivre dans chaque chapitre une « dominante » attachée au chercheur respectif[13].

Chklovski apparaît comme le premier formaliste à étudier pour quatre raisons : les sources consultées le désignent comme l'inventeur de la motivation littéraire[14] ; c'est de loin le chercheur formaliste qui exploite cette notion le plus ; son emploi de la motivation a provoqué des polémiques importantes qu'il convient d'élucider avant d'aborder les écrits des autres formalistes ; ses travaux appartiennent essentiellement à la première phase des formalistes, focalisée sur les procédés littéraires. Au centre se trouve *La motivation comme prétexte artistique*, subordonnée aux procédés qui permettent d'identifier la littérarité de l'œuvre. Cette

11 Parmi les exceptions dans le domaine français se trouve Tadié (1978, p. 17-44), qui résume à partir de Todorov ([1965] 2001) les propos de Chklovski, Tynianov, Jakobson et Tomachevski séparément.

12 Comme le confirme Turner (1972, p. 68) : « [...] the Formalists worked in close collaboration with one another and borrowed ideas freely not only from each other's published works but also from suggestions verbally expressed. »

13 Introduit par Eichenbaum (selon Depretto, 2012), le terme de *dominante* est développé par Tynianov et doit son exposé le plus connu à Jakobson (1977b, p. 77), qui définit le terme comme « l'élément focal d'une œuvre d'art : elle gouverne, détermine et transforme les autres éléments. »

14 À l'exception d'Erlich (1980, p. 77), qui attribue ce rôle à Jakobson, prenant alors le contrepied des formalistes eux-mêmes. Eichenbaum (2001a, p. 51) et Tynianov (1978, p. 130) désignent tous les deux Chklovski comme l'inventeur du terme (Tynianov mentionne aussi qu'Eichenbaum était à l'origine de cette notion). Leur témoignage est naturellement plus fiable que celui d'Erlich, malgré ses connaissances encyclopédiques du formalisme russe.

approche trouve sa meilleure continuation dans les travaux de Hamon (1982, 1993 et 1998) sur l'écriture perpétuellement justificatrice du discours réaliste, travaux qui ont eu à leur tour une influence considérable sur l'appréciation des techniques de la description motivée.

Le chapitre suivant explorera avant tout les observations de Jakobson sur l'emploi conséquent de la motivation littéraire comme une des possibles acceptions du réalisme. Cela nous conduira à examiner l'association fréquente de ces deux notions et à constater le rejet, chez certains critiques, d'autres types de motivations, notamment celles qu'on trouve fréquemment dans le discours romanesque. Par association au grand linguiste qu'était Jakobson, nous passerons aussi en revue le parallèle entre la motivation linguistique (celle de la tradition « cratylique ») et la motivation littéraire, parallèle passablement schématique que nous tenterons de bien différencier de l'idée consistant à considérer la motivation linguistique, ou sémiotique, comme une variante de la motivation littéraire. Ces deux pistes expliquent l'épithète doublée du chapitre sur Jakobson, *Le réalisme de A à E et la motivation linguistique.*

Le passage à Tynianov et au chapitre *La motivation comme « fait littéraire »*, d'après une de ses notions clés, illustrera l'évolution des travaux des formalistes vers une approche plus structurelle et dynamique de la motivation, dans laquelle s'analyse son emploi par rapport au texte comme système, considéré par rapport à des paramètres externes comme la tradition littéraire, le système des genres ou l'encyclopédie du public. Tynianov développe une « poétique de la relativité » (Weinstein, 1996), où l'évolution littéraire modifie toute donnée littéraire, ce qui rend la motivation susceptible de varier dans ses formes et fonctions, d'être parodiée et finalement remplacée par d'autres procédés ou d'autres variantes. Cela invite à des études historiques diachroniques et synchroniques de la motivation, de même qu'à des réflexions sur le texte comme monde possible.

Le dernier formaliste présenté, Tomachevski, a exercé une influence fondamentale sur les études postformalistes. Son insistance sur *Motivation, organicité* et *vraisemblance* inaugure une tradition qui se poursuit chez Genette (1968) et Culler (2002), et qui rejoint en partie une déclaration assez énigmatique d'Aragon (1969), selon laquelle le réalisme ne serait qu'une conséquence de la cohérence du récit. À la suite de ces travaux, la narratologie constructiviste actuelle réduit la motivation à la psychologie du personnage telle qu'elle se lit entre autres à la lumière du scriptible et des théories cognitives.

Ces quatre chapitres, qui se terminent tous par un court bilan, obéissent à un schéma simple. La première section, désignée tout simplement par le nom du chercheur (« Chklovski », « Jakobson », « Tynianov » et « Tomachevski »), présente la dominante théorique du chercheur formaliste en question pour ce qui est de la motivation. La deuxième section explore la destinée de cette dominante dans le paysage postformaliste, phénomène illustré par le titre « (D')après Chklovski », « (D')après Jakobson », etc. La troisième section, intitulée « À la Chklovski », « À la Jakobson », etc., vérifie la piste théorique respective par quelques analyses littéraires, entamées dans l'esprit de chaque formaliste respective.

Les analyses puiseront dans la littérature française, peu couverte par la recherche la plus importante sur la motivation, dont les représentants ont pour la plupart exploré d'autres littératures, à commencer par les formalistes, qui se centraient surtout sur le domaine russe et anglophone. Flaker (1964b) privilégie le canon croate et Sternberg (2012) le canon anglophone. Parmi la vingtaine de textes analysés par Schmid (2020), seuls deux appartiennent au domaine français (« La Vénus d'Ille » et *La Jalousie*). Dans la critique française, ce sont surtout les études sur la motivation chez Balzac (Genette, 1968) et Zola (Hamon, 1998) qui font autorité. Dans nos analyses, nous poursuivons leur piste : la grande majorité des textes analysés datent du XIXe siècle. Certes, comme le montre Schmid (2020), rien n'empêche d'entreprendre une étude historique de la motivation. Or, le présent ouvrage vise à faire la synthèse des divers emplois de la notion de la motivation dans une perspective *théorique* (et non d'étudier l'emploi concret de la motivation dans des textes littéraires à travers l'Histoire). D'où le choix du XIXe siècle, période qui déploie une tension constante entre composition réaliste et romanesque, ce qui fait de ses manifestations littéraires un objet d'étude particulièrement pertinent pour illustrer la problématique théorique de la motivation littéraire. Aussi reverrons-nous l'emploi de la motivation chez Balzac, Flaubert, Daudet, Zola et Maupassant, mais aussi chez George Sand, Stendhal, Nodier, Mérimée et Jules Verne. Nous couvrirons des genres variés : roman de mœurs, roman d'aventures, roman didactique, nouvelle, fantastique gothique, fantastique réaliste. Comme ouverture diachronique, nous inclurons aussi une analyse des réécritures récentes des contes de Perrault par Nothomb et Ben Jelloun.

Les *Points d'arrivée* seront naturellement le pendant des points de départ évoqués dans notre premier chapitre. Ce sera l'occasion de présenter une réflexion critique sur nos modèles d'analyse et nos prises de position théoriques et méthodologiques articulées tout au long de l'étude. Nous développerons quelques perspectives autour de la problématique de la motivation littéraire avant de clore l'ouvrage dans l'espoir d'avoir suscité l'intérêt approfondi, continu et peut-être modifié pour l'emploi de cette notion dans les études littéraires tout aussi bien que dans le champ de la théorie littéraire.

Pour la réalisation de ce bilan, je remercie en particulier Sophie Guermès et Philippe Hamon pour leur aide continue et Gabrielle Hirchwald pour sa relecture du manuscrit. Marjorie Colin, Corentin Lahouste, Yvan Leclerc, Jean-Sébastien Macke, Buata Malela, Christophe Premat et Éléonore Reverzy ont aussi perfectionné le texte par la lecture attentive d'un chapitre.

POINTS DE DÉPART

PHASES CRITIQUES DU FORMALISME RUSSE

Dans cette première section, nous tracerons deux sortes de phases critiques chez les formalistes. Il s'agira d'abord de présenter leur entrée sur la scène littéraire, évènement de taille qui permet de caractériser leur approche générale et leur apport considérable à la théorie littéraire (« Entrée en matière »). La publication de l'étude de Chklovski, « La résurrection du mot », en 1914, peut être considérée comme le point de départ. *Le Cercle linguistique de Moscou*, animé par Jakobson, se forma l'année suivante. L'*Opojaz* (« La société pour l'étude du langage poétique ») vit le jour l'année après, en 1916, à Saint-Pétersbourg, avec un noyau constitué de Chklovski, Eichenbaum (qui joignit le groupe un peu plus tard), Tomachevski, Tynianov, Jakubinski et Brik. Ensemble, ces deux sociétés composent le groupe formaliste. Il sera ensuite question de suivre leurs deux phases internes, centrées sur les procédés littéraires et les fonctions de ces procédés respectivement (« Fonctions et procédés »). Ce survol schématique établira la base nécessaire pour mieux comprendre l'enjeu de la motivation littéraire, qui fera l'objet de la deuxième section de ce chapitre.

ENTRÉE EN MATIÈRE

Au commencement, l'école formaliste créa la théorie littéraire. C'est en tout cas ce qui ressort de la consultation de manuels divers. Nombreux sont ceux qui adaptent la méthode employée par Jefferson et Robey (1982) dans leur introduction classique à la théorie littéraire : présenter d'abord les travaux « préformalistes », études certes intéressantes et importantes, mais qui n'avaient pas encore atteint le statut de *science littéraire* ; continuer par l'apport décisif des chercheurs russes. Or, le degré d'originalité de ces derniers reste un sujet de discussion. Considérée comme résolument novatrice, l'école formaliste aurait selon certains émergé comme un phénomène isolé dans le champ de la théorie littéraire, ou du moins comme un mouvement quasiment exempt d'influences internationales[1]. Selon la terminologie de Doležel (1973), ce point de vue relèverait d'une approche *exclusive*. Comme alternative à cette conception, le théoricien tchécoslovaque trace une piste *inclusive*, en signalant en particulier l'influence de l'analyse compositionnelle en Allemagne, dont les représentants s'étaient déjà interrogés sur la construction de l'intrigue (la « composition ») par rapport à l'histoire racontée (la « disposition »)[2]. En joignant Doležel, Espagne (2018, p. 147) énumère diverses raisons favorables à l'insertion du formalisme « dans un discours théorique européen dont on l'imagine arbitrairement coupé[3] ». Pour sa part, Kristeva (1973) identifie comme source d'inspiration importante la distinction entre contenu (*Gehalt*) et forme (*Gestalt*) ainsi que l'ambition de l'école allemande de décrire les règles des constructions artistiques[4].

Malgré ces rapprochements possibles, on doit certainement défendre, avec Noille (2018, p. 68-69), une certaine « exclusivité » de l'école formaliste en raison de sa conception modifiée des études littéraires :

> Les rhétoriciens allemands valorisent, certes, les dispositifs de composition [...], mais c'est du côté des formalistes russes qu'il faut aller pour voir s'établir une relation entre le travail artistique de la composition [...] et le propre de la littérature. [...] les formalistes russes inscrivent leurs analyses dans le champ de la poétique [...] là où les rhétoriciens allemands en sont restés à une conception discursive de la relation de lecture.

1 Erlich (1980, p. 40) : « [...] the number of non-Russian studies which had noticeable repercussions on the "Formalist School" was limited indeed. »

2 Doležel (1973, p. 79) : « It is apparent that German "compositional analysis" was known in Russia and that the works of of its representatives were put in direct connection with the Formalists' work on plot-construction. »

3 Idée partagée par Sherwood (1973, p. 26) : « [...] some of the essential Formalist ideas were generated not purely from reaction to preceding ideas, but also from partial agreement with them, a fact sometimes ignored in studies of Russian Formalism. »

4 Pour cette question d'influence de l'école allemande, bien trop vaste pour s'intégrer dans le cadre de la présente étude, le lecteur se reportera à l'anthologie de Pier (2008). Pour la différence entre l'approche de l'école allemande et celle de l'école formaliste, voir Schmid (2020, p. 6-11) et Noille (2018).

Les mots clés sont « propre » et « poétique » : les formalistes insistent sur la nécessité de saisir le texte littéraire à partir de ses propriétés intrinsèques pour définir sa *littérarité*, ce qui équivaut à « ce qui fait d'une œuvre donnée une œuvre littéraire », selon Jakobson (1977b, p. 16). Pour les formalistes, définir l'objet d'étude en soi est le seul moyen de justifier les études littéraires et de valider la création d'un propre champ de recherche dévoué à la littérature en tant que telle. Le propos de Propp (1970, p. 11) est ici illustratif : « Avant d'élucider la question de l'origine du conte, il est évident qu'il faut savoir ce qu'*est* le conte. » La littérature n'est pas réductible à autre chose qu'elle-même : si elle l'était, elle ne saurait constituer un objet de recherche propre et la science littéraire ne serait pas légitime. Le texte littéraire possède ainsi sa *morphologie* intrinsèque[5].

Par cette approche de la littérature, les formalistes mettent en défi les approches de leurs chercheurs compatriotes, même si les critiques divergent sur la question de savoir quels sont les rapports précis qui existaient entre l'école avant-garde des formalistes et l'établissement universitaire, bien plus traditionnel. La controverse sur le statut « exclusif » ou « inclusif » du groupe formaliste revient donc aussi à propos du champ russe. D'après l'approche exclusive, les formalistes se seraient résolument opposés à leurs prédécesseurs et leurs compatriotes contemporains, impression qui a pu être renforcée par la vive polémique qu'ils menaient contre leurs adversaires dans leurs débuts, avec même une « attitude belliqueuse », selon Erlich (1980, p. 71). À en croire le bilan interne de l'école formaliste établi par Eichenbaum (2001a, p. 34-35), il faut invalider tout rapprochement entre le groupe formaliste et l'école symboliste :

> Ce qui importait dans notre lutte, c'était d'opposer les principes esthétiques subjectifs qui inspiraient les symbolistes dans leurs ouvrages théoriques à l'exigence d'une attitude scientifique et objective par rapport aux faits. D'ici venait le nouveau pathos du positivisme scientifique qui caractérise les formalistes : un refus de prémisses philosophiques, des interprétations psychologiques et esthétiques, etc.

Cependant on est en droit de se demander si cette déclaration d'incompatibilité entre les formalistes et leurs « adversaires » ne s'explique

---

5 On reconnaît surtout ce terme grâce au célèbre l'ouvrage de Propp (1970), *Morphologie du conte*, mais c'est aussi la notion choisie par Chklovski (2008, p. 61) pour désigner l'approche formaliste.

au moins partiellement par leur désir de souligner le caractère novateur de leur approche[6]. Espagne (2018), qui soutient la perspective inclusive, scrute les liens entre Jirmounski et les formalistes alors qu'Erlich (1980) met en avant l'influence possible de Vesselovski, et plus généralement les liens internes existant dans le champ de théorie littéraire russe[7]. De son côté, Thompson (1971) avance que l'idée du linguiste Potebnia voyait, avant les formalistes, la création poétique comme un mode discursif à part pour appréhender le réel. Dans le domaine littéraire, elle note aussi que les symbolistes, et surtout Biély, ont pu inspirer les formalistes dans leurs réflexions sur les procédés poétiques[8].

Il est difficile de trancher net dans cette question. Quoi qu'il en soit, l'insistance sur l'approche scientifique, bien visible dans la citation d'Eichenbaum, révèle l'intention des formalistes de s'interroger sur les formes artistiques d'une nouvelle façon. Selon la pensée traditionnelle, la forme renforce ou exprime le message ; chez Chklovski (2001a), la forme crée la dimension artistique de l'objet en se *détachant* du contenu. Autrement dit, selon les formalistes, il est possible d'étudier la forme même, et c'est même leur idée fondamentale. Qui plus est, l'art n'est pas seulement conçu comme un objet formalisé par l'art. Dans l'art, *tout est forme.* D'où l'inexactitude de reprocher aux formalistes d'avoir remplacé l'ancienne opposition entre « forme et contenu » par celle entre « procédé et matériau ». Comme l'explique Tynianov (2001a, p. 117), par le seul fait de participer d'une construction littéraire, le contenu se transforme en *matériau* : « La notion de "matériau" ne déborde pas les limites de la forme, le matériau est également formel ; et c'est une erreur que de le confondre avec des éléments extérieurs à la construction. » Dans

6 *Cf.* Erlich (1980, p. 23) sur Potebnia : « The affinity [...] was considerably greater than the formalist spokesmen have ever cared to acknowledge. » C'est ce même Potebnia que Chklovski (2001a) attaque dans son article emblématique « L'art comme procédé », où il réfute sa thèse que l'art consisterait à « penser en images ».

7 *Cf.* Erlich (1980, p. 20) : « Formalism was [...] the first critical movement in Russia which attacked in systematic fashion the problems of rhythm and meter, of style and composition. But the interest in literary craft was not in itself a novel phenomenon in Russian critical thought [...]. »

8 *Cf.* Thompson (1971, p. 65) : « Thus the Formalists inherited from Belyj their meticulous devotion to the study of cencrete linguistic forms appearing in a literary work. At the same time, they took from him the slogan "content equals the sum-total of forms", which sprang from the idealistic view on the nature of reality and art, entailing the belief in the realities outside the empirical and rational world, cognized through intuition and symbols. »

l'œuvre littéraire, le contenu (le *matériau*) ne jouit donc pas, en premier lieu, d'un statut référentiel, mais d'un statut fictif ou poétique en tant qu'élément de la construction artistique. Fidèle à cette théorisation, nous utiliserons le terme de *matériau* pour désigner la matière (le « contenu ») investie dans le récit et le mot *matière* pour désigner ces données dans une perspective extralittéraire (comme dans le fameux « Ceci n'est pas une pipe » de Magritte : la pipe dans le tableau est du matériau qui fait partie de l'œuvre d'art en tant qu'élément formel ; la pipe réelle, ou l'idée de la pipe réelle, à laquelle le tableau fait référence, relève de la matière).

Cette approche montre certaines affinités avec le structuralisme, fortement inspiré par les travaux formalistes, notamment dans ses manifestations dans la sphère culturelle française. Appréhender le texte comme une forme descriptible au moyen d'une morphologie objective, au détriment de l'interprétation subjective de son contenu, rappelle des propos comme celui de Barthes (1964c, p. 257), énoncé durant sa période structuraliste : « [...] le critique n'a pas à reconstituer le message de l'œuvre, mais seulement son système. » Comme les formalistes, Barthes (1964b, p. 250-251) reproche à la critique universitaire de déplacer l'attention vers des paramètres externes du texte : « [...] ce qui est récusé, c'est l'analyse immanente : tout est acceptable, pourvu que l'œuvre puisse être mise en rapport avec autre chose qu'elle-même. »

Cependant l'approche des formalistes n'est pas à confondre, comme on le fait trop souvent, avec celle du structuralisme. Il ne s'agit pas pour les chercheurs russes de « reconstituer un "objet", de façon à manifester dans cette reconstitution les règles de fonctionnement (les "fonctions") de cet objet », comme chez Barthes (1964a, p. 214). Les formalistes ne se retrouvent pas non plus dans cette impasse référentielle que Jameson (1972) appelle « la prison du langage », destiné qu'ils auraient partagée avec les structuralistes selon lui, à cause de l'idée d'envisager la langue comme un système clos. Quoiqu'inspirés par Saussure, par le biais de Jakobson, les formalistes ne formulent jamais de telles théorisations de la littérature ou du langage[9]. Pour eux, le texte littéraire, pris dans son individualité et non comme la manifestation concrète d'une structure

9 Kubícek (2018) explique en détail les rapports entre les principes de l'école formaliste (dont surtout ceux de Tynianov et Jakobson vers la fin des années 1920) et les idées de Saussure. – Pour un bilan excellent de la dimension formaliste dans la Nouvelle critique, voir Pennanech (2008).

sous-jacente et génératrice, est en premier lieu le résultat de la création de l'auteur. Chklovski (2001a, p. 94) déclare que le caractère esthétique « est créé consciemment pour libérer la perception de l'automatisme ; sa vision représente le but du créateur et elle est construite artificiellement [...]. » Cette inclusion de l'auteur dans la construction théorique des formalistes peut étonner si l'on établit une homologie (erronée) entre formalisme et structuralisme, par exemple en invoquant la fameuse mort de l'auteur de Barthes (1984). Jameson reproche par exemple à Chklovski d'avoir compté avec les stratégies auctoriales de Cervantès avec l'argument qu'en tant que formaliste, il n'aurait pas dû s'intéresser à la génétique du texte narratif[10].

Or, excepté le fait que les formalistes (et surtout Chklovski, par ailleurs) ne conçoivent pas l'œuvre en termes structuraux, Jameson semble ignorer qu'ils attribuaient une double facette à la génétique par la distinction de ses formes *personnelle* et *artistique*. D'un côté, il est vrai que la génétique ne tient pas lieu de critère satisfaisant pour expliquer l'œuvre, selon les formalistes, si elle conduit à comprendre celle-ci comme l'expression de la *personnalité* de l'écrivain (ou comme le résultat de son « inspiration », de son « génie », etc.[11]). Ils poussent ce principe jusqu'à l'extrême, surtout dans la première phase de leurs travaux, comme en témoigne cette déclaration d'Eichenbaum (2001c, p. 231-232) : « [...] pas une seule phrase de l'œuvre littéraire ne peut être en soi une "expression" directe des sentiments personnels de l'auteur, mais elle est toujours construction et jeu. » Selon Eichenbaum (2001a, p. 48), cette perspective doit être rejetée puisqu'elle passe à côté de la production concrète du texte : « [...] le point de vue génétique ne tient pas compte de l'existence du procédé qui est une utilisation spécifique du matériau. » De l'autre côté, si l'on désigne par l'aspect génétique le *procédé créateur*, l'acte auctorial, qui se traduit comme une mise en forme intentionnelle, cet aspect n'est pas seulement légitime à considérer, il est essentiel à inclure dans l'étude du texte littéraire. En effet, s'il émane quelque chose de l'auteur, c'est le produit artistique, à analyser

10 Jameson (1972, p. 71) : « As true as this may be, it comes with all the force of the genetic criticism which Shklovsky had just devoted his energies to refuting: for the origins of *Don Quixote*, its "making," ought not to have anything to do with its unity and with whatever makes it feel like a complete thing. »

11 Erlich (1980, p. 172) : « The Formalist theoreticians would brush aside impatiently all talk about "intuition," "imagination," "genius," and the like. »

exclusivement comme une forme créée par lui, et non pas à comprendre comme la traduction de son expression personnelle. Tout en voulant isoler la littérature des données extralittéraires afin de la cerner comme objet d'étude, les formalistes incluent alors une conception de l'auteur qui semble pratiquement identique à cette instance narrative que Booth (1983) devait nommer plus tard l'« auteur implicite » (angl. *implied author*). C'est aussi dans ce sens que nous parlerons de l'auteur dans cet ouvrage, parfois en employant le nom propre de l'écrivain.

Enfin, pour bien comprendre l'esprit de l'école formaliste, il ne faut pas se laisser tromper par l'épithète donnée aux chercheurs du *Cercle linguistique de Moscou* et d'*Opojaz*. L'appellation « formaliste » n'a pas été l'invention des membres du groupe, mais appartient à ces termes collés péjorativement à un mouvement par leurs adversaires. Dans son bilan du mouvement, Eichenbaum (2001a, p. 30) réfute fermement cet emploi pour caractériser le groupe de chercheurs auquel il appartient :

> Nous sommes entourés d'éclectiques et d'épigones qui transforment la méthode formelle en un système immobile de « formalisme » leur servant à l'élaboration de termes, schémas et classifications. On peut facilement critiquer ce système, mais il n'est point caractéristique de la méthode formelle. [...] Dans notre travail, nous apprécions la théorie uniquement comme hypothèse de travail [...].

Malgré leur apparence dogmatique, les formalistes s'adaptent aux résultats continus : « Si la matière demande une complication ou une modification de nos principes, nous l'opérons immédiatement », explique Eichenbaum (*ibid.*, p. 30). D'après Striedter (1989, p. 14-15), cette approche est « nomologique-empirique », ce qui veut dire que les formalistes avancent des hypothèses afin de vérifier (ou falsifier) la nature de la matière étudiée, de même que la pertinence de telle notion (on aurait aussi pu parler d'une approche hypothético-déductive).

Quel que soit le terme utilisé pour désigner l'esprit de recherche du groupe « formaliste », on se doit de constater que ses membres – des linguistes s'intéressant à la littérature et des littéraires ayant un sens aigu de la problématique du langage – montrent une évolution certaine dans leur poursuite de l'étude du texte littéraire, considéré comme une forme artistique. Comme l'explique Eichenbaum (2001a, p. 46) en 1926, cette évolution se divise schématiquement en deux phases :

> Le désir initial des formalistes de relever tel ou tel procédé constructif et d'établir son unité sur une vaste matière a fait place au désir de différencier cette image générale, de comprendre la fonction concrète du procédé dans chaque cas particulier. Cette notion de signification fonctionnelle s'est avancée peu à peu jusqu'au premier plan et a recouvert la notion initiale de procédé.

En ajoutant la fin des formalistes (qui est intervenue après la publication de ce bilan d'Eichenbaum), plusieurs chercheurs ont distingué trois périodes formalistes selon le schéma bien connu *montée – maturité – déclin*. Erlich (1980) propose par exemple « Luttes et polémiques » (1916-1920), « Développements et turbulences » (1921-1926) et « Crises et déroutes » (1926-1930)[12]. Wellek (1991) identifie les trois périodes de « définition » (1916-1921), d'« expansion » (1921-1928) et de « dissolution » (1928-1935). Quant à l'extension temporelle de Wellek de cette dernière phase, elle s'explique par le fait qu'il considère le Cercle linguistique de Prague, animé par Jakobson, comme une prolongation des travaux formalistes. Sans établir à notre tour une chronologie précise, la section suivante explorera le fondement théorique des deux phases identifiées par Eichenbaum, phases qui sont aussi le fondement des différents emplois de la notion de la motivation que nous développerons au cours du présent ouvrage.

PROCÉDÉS ET FONCTIONS

Durant la première phase de leurs travaux, les formalistes se focalisent sur la littérarité en tant que forme verbale. Dans la poésie, ils cherchent à définir le *langage poétique* (rimes, allitérations, vers, rythmes, etc.) pour distinguer cet art verbal de l'emploi commun de la langue[13]. Pour le domaine de la prose, les traits spécifiques de la mise en forme verbale se résument en *procédés*, articulés à travers les relations qu'entretiennent la *fabula* et le *sjužet*, deux notions clés pour comprendre comment les formalistes conçoivent l'analyse littéraire.

La *fabula* désigne normalement l'histoire racontée, telle qu'elle est censée se passer selon le récit, mais dénote parfois la matière extralittéraire que l'auteur investit dans le récit. La différence entre ces définitions

---

12 En anglais : *The Years of Struggle and Polemics*, *Turbulent Growth* et *Crisis and Rout*.

13 Les travaux (pourtant très importants) des formalistes dans le domaine de la linguistique et de la poésie ne seront pas traités dans cet ouvrage.

est que la *fabula* en tant qu'histoire n'a aucune existence extratextuelle préalable à sa création[14]. Dans cet ouvrage, nous suivrons la définition commune de la *fabula*, c'est-à-dire comme le terme qui désigne le contenu événementiel qui forme l'histoire racontée, à reconstruire à partir de la lecture du récit, qui peut contenir ellipses, histoires parallèles, anachronies, paralipses, etc. Dans la perspective formaliste, la *fabula* est constituée d'une matière qui est investie dans la composition et qui se transforme par là en *matériau*.

L'élaboration du récit se nomme *sjužet*. La dialectique entre la *fabula* et le *sjužet* a fait l'objet d'un certain nombre de polémiques théoriques, allant d'une approche relative et pratique chez Eco (1985) jusqu'à la tentative de sa déconstruction chez Culler (2001). Il n'y a pas lieu ici d'approfondir ce débat[15]. Il suffit pour nos propos de retenir que le fait de construire un enchaînement fictif d'évènements et d'actions qui forment une histoire relève d'un acte artistique par lequel on doit représenter la transition d'un état en un autre[16]. Le *sjužet* dénote surtout cet aspect de la composition littéraire : l'arrangement de l'histoire (angl. *story*) en récit. Les formalistes ajoutent l'idée d'inclure dans ce terme les procédés parsemés tout au long du récit. Dans cette perspective supplémentaire, Chklovski conçoit le *sjužet* comme la « somme des procédés » utilisés, c'est-à-dire comme une *accumulation* de phénomènes textuels. Enfin, le terme de *sjužet* est souvent rendu par *intrigue* ou *récit* en français et par *plot* en anglais, du fait que la disposition d'évènements doit véhiculer certaines valeurs thématiques, qui forment ensemble l'enjeu du texte, pour engager le lecteur. C'est d'après cette dernière définition que Diengott (1993) traduit le niveau du *sjužet* comme l'axe de la communication installée entre l'auteur implicite et le lecteur implicite.

Par cette théorisation du récit, les formalistes restent proches d'Aristote. Les formalistes interprètent, eux aussi, la *mimésis* comme la représentation d'une action, et non comme une imitation plus ou moins fidèle d'éléments

14 Todorov (1973, p. 18) : « [...] the fable is not a phenomenon which is logically prior to the subject ; rather it follows after it. »

15 Pour des discussions plus développées, le lecteur se reportera surtout à Sternberg (1978), Brooks (1984), Eco (1985) et Culler (2001).

16 Sternberg (2012, p. 334) : « For existents to change from one state or phase (e.g., birth, sunrise, happiness) to another, even to its opposite (death, sunset, unhappiness), nature doesn't require any external mover—so-called efficient cause—the way literary art requires a maker [...]. » *Cf. La Poétique* d'Aristote et les mimésis I et II chez Ricœur (1983).

réels (ce serait plutôt une conception platonicienne)[17]. Quant à l'analyse du récit, on sait qu'Aristote explique dans *La Poétique* que la séquence d'évènements (début – milieu – fin) doit par sa composition former une histoire. Cette histoire serait la *fabula* chez les formalistes. L'arrangement de cette matière en récit, ou la mise en intrigue (le *muthos*), recoupe partiellement le *sjužet*. Tout comme la mise en intrigue transforme la séquence d'évènements en une histoire (car toute séquence d'évènements ne forme pas, bien entendu, une histoire), le *sjužet* articule la *fabula*.

Les formalistes ont noté eux-mêmes leur dette au philosophe grec. Dans une lettre à Chklovski, citée par Depretto (2018, p. 110), Tomachevski qualifie son ouvrage *Théorie de la littérature*, de façon un peu dévalorisante peut-être, comme « tout simplement la vieille théorie de la littérature d'Aristote[18] ». La parenté entre la poétique formaliste et *La Poétique* d'Aristote n'a pas échappé aux deux spécialistes actuels de la motivation littéraire, Schmid et Sternberg. Schmid (2020, p. 12) affirme que les formalistes ne cachent nullement leur penchant aristotélicien ; Sternberg (2012) revoit quant à lui la théorie entière de la motivation à la lumière de la *mimésis*. Les deux théoriciens montrent que l'héritage d'Aristote chez les formalistes dépasse l'idée générale de la littérature comme forme verbale, créée par l'écrivain afin de provoquer certaines réactions du lecteur, pour inclure également la conception de la représentation littéraire et de la construction du récit.

Les procédés du *sjužet* sont variables : retardement, structure à tiroirs, oralité narrative, jeu verbal, mise à nu, *ostranenie*... Comme on le sait, cette dernière notion joue un rôle primordial dans la théorisation de l'art chez les formalistes. C'est invariablement la notion mise en relief dans les manuels littéraires et dans les dictionnaires terminologiques qui incluent des passages sur le formalisme russe. Pour Jameson (1972), toute l'activité critique de Chklovski serait même une variation sur ce thème ; tous les autres procédés artistiques, selon les formalistes, auraient aussi pour seul but de justifier ce procédé spécifique ; enfin l'idée de l'*ostranenie*

---

17 Schmid (2020, p. 2) : « Darin drückt sich eine Vorstellung aus, nach der das literarische Werk nicht Bestehendes abbildet oder gar "widerspiegelt", sondern eine eigene Welt als Modell des Möglichen hervorbringt. So verstanden die Formalisten die aristotelische Mimesis nicht als "Nachahmen", sondern als "Darstellen". »

18 La référence au philosophe grec émise par un chercheur « novateur » ne doit pas nous étonner : d'après Weinstein (1996, p. 17), les études aristotéliciennes étaient fort répandues en Russie depuis les années 1890.

aurait engendré, toujours selon Jameson, toute la théorie formaliste sur la littérature[19]. Sans partager ces jugements, passablement biaisés, nous allons nous aussi commenter l'*ostranenie* en particulier, en raison de ses rapports importants avec la motivation littéraire.

Pour rendre ce terme en français, on a proposé des traductions diverses, qui saisissent chacune une nuance de son emploi : « estrangement », « estrangisation », « singularisation », « défamiliarisation », « défacilitation » et « désautomatisation ». Nous allons garder le terme original tout en priant le lecteur de garder en esprit les équivalences proposées. Plus que toute autre notion, l'*ostranenie* indique la littérarité du fait que son emploi détrompe l'attente du lecteur en offrant une perception de l'objet qualitativement différente de son aperception commune et automatique. Dans les mots de Chklovski (2001b, p. 187), l'artiste doit, à l'aide de l'*ostranenie*, « extraire l'objet de son enveloppe d'associations habituelles ». Il faut à ce propos remarquer que cette désautomatisation se définit non seulement par rapport au réel, mais aussi – et peut-être surtout chez Chklovski – par rapport au domaine de la littérature[20]. La désautomatisation résulte d'une représentation originale et novatrice de l'objet narratif, qu'il s'agisse de la présentation déstabilisante d'une image figée du réel (une idée reçue, une réalité familière, etc.) ou d'un poncif littéraire (un usage commun de la langue, un scénario typique, etc.).

C'est en premier lieu l'effet de lecture provoqué au sein de la construction artistique qui intéresse Chklovski, et non l'image du réel en tant que telle ou les conséquences existentielles de telle nouvelle représentation du réel[21]. Cette absence de problématisation du contenu a rendu l'*ostranenie* la bête noire des chercheurs d'inspiration sociologique ou marxiste. Nous venons de voir la perception quasi hostile

19 Jameson (1972, p. 52-54) : « […] essentially little more than an endless set of variations on this one idea » ; « The subsidiary devices turn out in Shklovsky's terminology to be the motivation of those essential devices which permit renewed perception in the first place » ; « Thus, from the basic notion of ostranenie an entire literary theory comes into being […]. »

20 Erlich (1980, p. 241) : « Shklovsky's theory of prose focussed on "convention," that is, the narrative schemes rather than on the"life" allegedly reflected or deflected in fiction. »

21 Striedter (1989, p. 24) : « The first aspect of literary defamiliarization—ethical, and directed toward cognition of the world—is unmistakable in the passages from Tolstoy discussed by Shklovsky. […] Shklovsky does not deny the importance of this, but he stresses that as a literary scholar only the second aspect of defamiliarization—the aesthetic one—is of interest to him. »

– et injuste – de l'*ostranenie* chez Jameson (1972). Moins tendancieuse, la critique de Medvedev et Bakhtine (1978) concerne la préoccupation de la forme seule chez Chklovski. Pour eux, l'analyse de l'*ostranenie* doit aboutir à une réflexion sur les valeurs véhiculées ou provoquées (comme l'implique l'emploi de son procédé voisin, le fameux *Verfremdungseffekt* de Brecht, qui doit créer une sorte de catharsis idéologique) au lieu de rester un simple signe de littérarité.

Cette concentration sur le procédé artistique, approche emblématique de Chklovski, a pour conséquence un manque sensible d'attention accordée aux facteurs externes, comme la société ou l'histoire littéraire, dans la première phase des formalistes. Cela changera avec les travaux de Tynianov, principalement, et de Jakobson, qui pousse Tynianov vers une approche préstructurelle et qui écrit avec lui des propos sur l'évolution littéraire considérée par rapport à des facteurs à la fois internes et externes au texte[22]. En passant, mentionnons aussi Propp (2001, p. 248), dont la morphologie semble avoir fait oublier ses réflexions sur la syntaxe du conte et les éléments référentiels qui forment la thématique du récit : « [...] le rôle de la réalité dans les transformations du conte est très important. »

Néanmoins, c'est Tynianov qui est le représentant le plus important de cette deuxième phase des formalistes. D'après Depretto-Genty (1991b) et Weinstein (1996), ses premières interrogations sur l'évolution littéraire se situent au début des années 1920 et se concrétisent entre autres dans son article « Le fait littéraire » de 1924[23]. D'après Tynianov (2001b, p. 127), ce terme identifie ce que le public accepte comme élément littéraire (ou non littéraire) pendant une époque, d'après la dynamique complexe de sa *fonction* : « [...] l'existence d'un fait comme fait littéraire dépend de sa qualité différentielle (c'est-à-dire de sa corrélation soit avec la série littéraire, soit avec une série extralittéraire), en d'autres termes, de sa fonction. »

Pour cerner la fonction, Tynianov élabore une approche selon laquelle le procédé doit son effet artistique à sa place et à son rôle dans des contextes divers. Il reprend ainsi l'opposition paradigmatique et syntagmatique

22 Pour la coopération de Tynianov et Jakobson et leur importance pour l'évolution de l'école formaliste, suivie par celle du Cercle linguistique de Prague, voir Kubícek (2018).

23 Il est donc illustratif que Tomachevski décrit la question des rapports qu'entretiennent l'art et la vie comme un « nouveau problème » dans une lettre adressée à Chklovski de 1925 (cité par Depretto 2018, p. 112).

de Saussure – probablement sous l'influence de Jakobson – en appelant ces dimensions la *synfonction* (la fonction de tel élément narratif par rapport à l'ensemble du texte) et l'*autofonction* (la fonction comprise plus généralement par rapport aux séries externes au texte, littéraires et extralittéraires)[24]. Par la synfonction, l'œuvre se présente davantage comme un système à décrire que comme une mine de procédés à repérer. Par l'autofonction, ce système s'étudie dans une perspective diachronique (par rapport à la tradition littéraire), synchronique (par rapport à d'autres genres actuels) et hiérarchique (par rapport au statut des genres), pour mentionner quelques angles d'approche possibles.

Les conséquences de cette pensée sont importantes, même si elles reçoivent normalement moins d'attention de la part des chercheurs que les « slogans » initiaux des formalistes[25]. Pour commencer, entreprendre une réflexion sur le rapport entre le texte et ses paramètres externes présuppose l'idée d'inclure dans l'analyse la réaction du récepteur. Du lecteur implicite de Chklovski, on passe au lecteur réel et à ses appréciations changeantes durant l'histoire[26]. Le résultat est une approche où l'on conçoit la forme en relation avec l'époque, principe résumé par Tomachevski (2001, p. 303), qui s'inspire fortement de Tynianov : « Chaque époque littéraire, chaque école est caractérisée par un système de procédés qui lui est propre et qui représente le style (au sens large du terme) du genre ou du courant littéraire[27]. »

La littérature change donc selon les époques, et avec cela la fonction du procédé. Mais Tynianov (1991, p. 219) va encore un pas plus loin en voyant (de façon étonnamment moderne, bien avant le poststructuralisme) la littérature elle-même comme un objet dynamique : « C'est uniquement dans l'évolution que nous pourrons analyser la définition de la

24 Pour une explication détaillée de ces notions et de l'importance de Saussure, voir Kubícek (2018).

25 Striedter (1989, p. 12) : « Structuralist accounts, areas such as theory of narrative prose, of literary genre, and of literary evolution, which played no less a role in Russian Formalism and were regarded by many Formalists as their truly trailblazing accomplishments, receive scant attention or are dismissed as insignificant. »

26 Schmid (2020, p. 124) : « Die Zuweisung ist ja, folgt man Tynjanov, nicht im Werk fundiert, sondern folgt der evolutionsgeschichtlichen Position des Betrachtenden. »

27 *Cf.* Striedter (1989, p. 130) sur Tynianov et l'école de Prague : « Tynyanov, however, had already recognized that the question of which of these elements, relations, and recurrences would be perceived as aesthetically relevant in what way could only be resolved and described against the background of the literary tradition as it developed. »

littérature[28]. » Aussi l'objet d'étude, que les formalistes voulaient définir à partir de sa littérarité, change-t-il de nature à travers l'histoire, tout comme la perception de ce qui est littéraire. Suivant cette idée, le propos de Vinogradov (2001, p. 110), associé au groupe formaliste, est à nuancer :

> Connaître le style individuel de l'écrivain indépendamment de toute tradition, de toute autre œuvre contemporaine, et dans sa totalité en tant que système linguistique, connaître l'organisation esthétique, cette tâche doit précéder toute recherche historique.

Pour Tynianov, on ne saurait comprendre le style individuel sans avoir recours à ces paramètres que Vinogradov souhaite écarter de l'étude primaire du texte afin d'aborder celui-ci comme un objet scientifique. C'est par les mouvements de l'histoire, tout comme par les rapports multiples du texte avec ses facteurs externes, que le style, notion à prendre dans un sens large (modification d'un genre particulier, permutations hiérarchiques entre les genres, exploration de nouveaux champs mimétiques, etc.), devient analysable. Selon Tynianov (2001b, p. 139), le chercheur doit tenter de comprendre la littérature en envisageant aussi les séries extralittéraires : « [...] l'étude de l'évolution de la littérature n'est possible que si nous la considérons comme une série, un système mis en corrélation avec d'autres séries ou systèmes et conditionné par eux. » Ce rôle important des facteurs externes est encore souligné dans son étude écrite avec Jakobson (2001, p. 140) : « L'histoire de la littérature (ou de l'art) est intimement liée aux autres séries historiques. »

On aurait donc tort à prêter aux formalistes une absence d'intérêt pour des considérations idéologiques ou historiques. En même temps, l'ouverture méthodologique de Tynianov n'équivaut pas à l'adaptation d'une approche sociologique de la production littéraire. Comme pour les autres formalistes, la littérature reste la série principale : c'est elle qui incorpore et commande en fin de compte les autres séries. C'est ce qu'illustre clairement cette déclaration de Propp (2001, p. 248) : « La vie réelle ne peut pas détruire la structure générale du conte. On y puise la matière des différentes substitutions qui se produisent dans l'ancien

28 Par les deux dernières citations, on comprend jusqu'à quel point les pensées de Tynianov ont pu inspirer l'école de la réception (Jauss, 1972). Comme les liens entre cette école et le formalisme russe sont bien documentés (voir Davis et Womack, 2002), ils ne seront pas traités dans le présent ouvrage.

schéma. » Aussi Eichenbaum (2001a, p. 31) n'exclut-il pas l'idée d'intégrer d'autres perspectives à l'étude scientifique de la littérature, pourvu qu'elles y occupent une position secondaire : « Diverses méthodes peuvent prendre place dans le cadre de cette science, à condition que l'attention reste concentrée sur le caractère intrinsèque de la matière étudiée[29]. »

Cette hiérarchisation entre art et réalité, qui renverse celle de l'infrastructure et de la superstructure postulée par la théorie marxiste, s'attira une critique virulente par Trotski en 1923, dans *Littérature et révolution*. Deux approches « objectives » de la production et de la valeur littéraires s'y affrontent dans un conflit idéologique inévitable. Les formalistes placent le mécanisme générateur de la littérature au sein de l'art et veulent étudier (surtout dans leurs débuts) la littérature comme pure forme verbale et artistique ; les marxistes placent le mécanisme générateur dans la base socioéconomique et prônent surtout l'utilité édifiante de la production artistique[30]. Pour Trotski, seul le marxisme est capable d'expliquer la naissance et la formation des mouvements esthétiques, conséquences en dernier lieu des facteurs socioéconomiques.

Cette critique politique s'ajoute aux attaques des institutions littéraires, qui dénonçaient depuis plusieurs années, et violemment, l'approche « formaliste ». Elle est complétée par celle de Bakhtine ([1924] 1978a, p. 28), qui tente d'invalider la conception « matérialiste » de l'œuvre d'art chez cette école formaliste qui « tend à comprendre la forme artistique comme celle d'un matériau donné, et rien de plus[31] ». Tout comme Trotski, Bakhtine admet que l'approche des formalistes peut être utile, mais seulement comme outil auxiliaire, non pour saisir l'essence de l'œuvre littéraire comme objet esthétique, étant donné que l'école formaliste veut étudier les aspects formels du texte *per se*. Or, il est impossible, déclare Bakhtine, d'isoler ou même de comprendre ces aspects, comme l'écart

29 *Cf.* Striedter (1989, p. 20) : « What was fixed in the formal method was merely the line of inquiry [...]. To this extent it certainly allows incorporating social, psychological, and other problems—on the condition that the inquiry remain targeted at literature as such [...], not simply using literature as raw material for other disciplines [...]. But contrary to a widespread erroneous belief, Formalism never ignored such concerns or evaded them on principle. »

30 Trotski ([1923] 1960, p. 168) : « Materialistic dialectics are above this; from the point of view of an objective historical process, art is always a social servant and historically utilitarian. »

31 Selon Thompson (1971), les formalistes suivraient par cette prise de position la tradition kantienne, perspective explicitement rejetée par Bakhtine (1978a, p. 29).

entre le langage commun et le langage littéraire cher aux formalistes, sans contextualiser historiquement et socialement l'emploi de la langue. Encore, tout effet « estrangisant » doit être compris également d'après sa place dans la création elle-même[32]. Vu cette critique, dont le fondement reste proche des pensées de Tynianov sur la verbalité sociale et les fonctions narratives, tout porte à croire que Bakhtine n'avait pas une connaissance précise des travaux de la deuxième phase des formalistes.

Sévèrement vilipendé par le pouvoir communiste, par la critique universitaire traditionnelle et par la critique socio-idéologique naissante de Bakhtine, le groupe formaliste se dissout vers la fin des années 1920, « peut-être sous l'effet de tensions internes, mais surtout sous le poids de pressions externes », d'après la formule nuancée de Depretto-Genty (1991b, p. 10). Déjà parti pour Prague, Jakobson y avait formé un autre Cercle linguistique en 1926[33]. Chklovski renonce officiellement à la doctrine formaliste en 1930 en reconnaissant la supériorité du système marxiste, ce qui peut servir de marque pratique de la fin de l'école formaliste (et de pendant à l'article inaugural de Chklovski, datant de 1914). Dans l'Union soviétique des années 1930 et 1940, les notions de « formalisme » et de « formaliste » seront utilisées pour dénoncer toute activité bourgeoise dans les arts ou les sciences. On va jusqu'à classifier les formalistes, au fond véritables représentants de l'avant-garde (ils entretenaient des liens proches avec les poètes futuristes), comme un mouvement rétrograde, décadent, somme toute un reste réactionnaire de la Russie czarienne, reproche qui avait déjà été articulé par Trotski ([1923] 1960, p. 163).

---

32 Au lieu d'employer l'*ostranenie*, Bakhtine (1978a, p. 73) propose d'utiliser la notion cotextuelle d'*isolation*, qui rappelle l'*anomalie* de Riffaterre (1982). – Pour des bilans nuancés des rapports entre Bakhtine et les formalistes, voir Holquist (1985) et Zbinden (2003).

33 Pour les rapports entre le formalisme russe, le Cercle linguistique de Prague, l'école de Tartu et le structuralisme, voir Glanc (2018) et Kroó (2018).

LA MOTIVATION LITTÉRAIRE

À partir de la définition de la motivation littéraire par Chklovski (2008), nous jetterons dans cette section la base méthodologique de la présente étude en présentant la double fonctionnalité de la motivation comme élément du récit (« *Motivirovka* ») et en précisant ses rapports avec les cadres de référence externe et interne (« *Motivacija* et motivation compositionnelle »).

« *MOTIVIROVKA* »

Dans la tradition allemande, bien avant l'émergence de l'école formaliste, on utilisait déjà le terme de *motivation* pour décrire la causalité du récit et son effet esthétique, sans procéder à sa théorisation systématique ni à l'élaboration d'une véritable poétique du récit[34]. D'après Grübel (1981, p. 119), le symboliste Biély utilisait aussi la motivation, appelée *motivacija*, pour désigner une sorte de logique intérieure de l'imagerie dans un poème. Mais ce sont les formalistes qui font entrer définitivement la motivation littéraire, nommée *motivirovka*, dans la théorie littéraire. Comme nous n'avons pas trouvé d'étude élaborée des formalistes sur cette notion (le meilleur résumé se retrouve dans le bilan d'Eichenbaum, 2001a, p. 50-54), nous allons partir de la qualification sommaire de Chklovski, qui définit la motivation comme (1) l'explication « quotidienne » dans l'histoire et (2) la justification sémantique de la structure artistique[35]. C'est cette double fonctionnalité qui définit l'essence de la motivation littéraire.

Pour expliquer la différence entre ces deux fonctions, prenons l'exemple d'un personnage qui va au théâtre. Le motif d'agir pourrait être qu'il est persuadé par quelqu'un d'y aller et qu'il consent à cette proposition. L'explication établit un lien causal entre deux éléments dans l'histoire (la *fabula*). En nous inspirant de Schmid (2020), nous allons appeler

34 Voir Schmid (2020, p. 6-11) pour une présentation détaillée de la motivation littéraire dans la tradition allemande.

35 Chklovski (2008, p. 61) : « By "motivations" I mean the common, "quotidian" (or *bytovoe*) explanation of a plot-structure. In a broader sense, our (morphological) school considers each and every kind of semantic justification for an artistic structure as its "motivation". »

ces éléments le *motivant* (la persuasion ou l'envie d'aller au théâtre) et le *motivé* (la visite au théâtre)[36]. Cette motivation repose entièrement sur la causalité qui gouverne le monde diégétique. Dans les termes de Sternberg (2012), la motivation est *médiatisée* par l'histoire : le récit est composé de façon à ce qu'elle semble se produire par et dans le monde diégétique seul.

Or, dans ce cas-ci, la visite au théâtre sert aussi à un but dans l'intrigue : le personnage rencontre au théâtre, de manière propice, une ancienne connaissance, ce qui fait revivre leur ancienne passion jamais assouvie, car jusque-là platonique (notre lecteur aura reconnu ici la rencontre entre Emma et Léon au théâtre de Rouen dans *Madame Bovary*). C'est cette deuxième perspective de composition que Chklovski appelle « justification de la structure artistique » et qui s'ajoute pour ainsi dire à l'explication qui figure dans l'histoire racontée ; elle se présente comme sa fonction dérivée, analysable seulement au niveau métalittéraire (dans notre exemple de *Madame Bovary*, comme un élément qui fait progresser l'intrigue). C'est ce que Chklovski (2008, p. 61) veut dire quand il parle de la structure artistique comme un « phénomène secondaire ». Cela n'implique nullement que cet aspect serait moins important (c'est en fait le contraire, comme nous le verrons dans le chapitre consacré à Chklovski), c'est simplement une description du mécanisme de la motivation. Ce mécanisme ressemble à celui du mythe moderne analysé par Barthes (1957), où la dimension supplémentaire apparaît comme une connotation à ce qui est montré ou raconté au premier plan. Cette parenté entre la double fonctionnalité de la motivation littéraire et la mythologie barthésienne ressort dans le *tableau 1*, où l'on prendra soin de distinguer les deux niveaux de la motivation tout en notant que la différence principale entre eux ne réside pas dans le choix de vocabulaire (explication, justification, élaboration, composition, préparation, etc.), mais dans leur nature et leur fonctionnement.

En considérant l'utilité (l'effet, l'intention, la fonction) de l'explication discursive à l'arrangement du récit dans une perspective artistique (poétique, littéraire, métalittéraire, etc.), on passe de l'analyse de la *fabula* à l'analyse du *sjužet*. L'insertion de la motivation résout un défi

36 D'après l'allemand *motivierende* (motivant) et *motiviert* (motivé). Le « motivant » désigne ici ce qu'on appelle normalement la *motivation*.

compositionnel en dotant le récit d'un lien entre des éléments narratifs afin d'achever un but ou effet artistique. Selon telle approche théorique, on verra ce but comme le résultat de l'*intention de l'auteur* (Chklovski), des *stratégies de l'auteur implicite* (Booth), des *relations textuelles* (approche structuraliste) ou de l'*interprétation du lecteur* (approche constructiviste). Toutes ces perspectives seront abordées au fur et à la mesure dans cet ouvrage. Pour l'instant, constatons simplement qu'il est possible de décrire l'emploi de la motivation *dans* l'histoire racontée ou *par rapport à* l'histoire racontée. Dans le premier cas, on repère la causalité et les liens établis dans l'histoire ; dans le deuxième cas, on décrit par des termes métalittéraires (résolution d'un conflit, sanction d'une épreuve, instauration du nœud, conduite au dénouement, insertion d'une description, justification de la narration d'un récit encadré, etc.) l'effet artistique produit. La motivation est donc intimement liée autant à la *mimésis*, dans le sens aristotélicien d'une représentation d'une action humaine qui a lieu dans un continu temporel, qu'au *muthos*, c'est-à-dire à la mise en intrigue des actions et des évènements qui forment l'histoire. Dans cette perspective, on ne saurait voir une mise en intrigue de la matière mimétique sans motivation[37].

<table>
<tr><th colspan="2">« Explication » dans la fabula</th><th>« Justification » du sjužet</th></tr>
<tr><td>Motivant</td><td>Motivé</td><td>Motivé</td></tr>
<tr><td>Charles insiste sur la visite au théâtre</td><td>Emma accompagne Charles au théâtre.</td><td rowspan="3">Tournant de l'histoire, progression de l'intrigue</td></tr>
<tr><td colspan="2">Motivant</td></tr>
<tr><td colspan="2">Rencontre avec Léon</td></tr>
</table>

TABLEAU 1 – La double fonctionnalité de la motivation.

Pour cerner ces deux fonctions de la motivation (la *motivirovka*), les formalistes utilisent l'adjectif *chudožestvennaja* (qui veut dire « artistique ») pour désigner la perspective de l'élaboration du récit et (le plus souvent) l'adjectif *bytovoe* pour décrire l'explication causale dans l'histoire. Si le premier terme ne pose guère de problème de compréhension, le deuxième

37 Sternberg (2012, p. 359) : « There is accordingly no escape from mimesis as a motivating, organizing, interlinking strategy. »

terme, *bytovoe*, est bien plus difficile à traduire. Il dérive du substantif *byt*, traduit par « verbalité sociale » par Weinstein (1996). Quant à sa forme adjectivale, les ouvrages consultés proposent une panoplie de solutions : « relatif à la vie quotidienne », « commun », « trivial », « prosaïque », « mœurs », « rassemblant au réel », « relatif aux pratiques de la vie », « la vie telle qu'elle est[38] ». Suite à cette théorisation, les critiques ont proposé différentes nomenclatures pour cerner la double fonctionnalité de la motivation[39]. Nous les listons dans le tableau 2, qui reprend uniquement des termes qui se réfèrent explicitement à la motivation littéraire[40].

Chercheur	Explication (*fabula*)	Élaboration (*sjužet*)
Chklovski (1923)	commune (*bytovoe*)	artistique (*chudožestvennaja*)
Genette (1968)	motivation	fonction
Hamon (1973)	énoncive	énonciative
Sternberg (1978)	[quasi-]mimétique	artistique
Ryan (1991)	horizontale	verticale
Martínez (1996)	causale	finale
Bal (2005)	intradiégétique	extradiégétique
Riis (2010)	intrafictionnelle	extrafictionnelle
Pennanech (2012)	interne	externe
Schmid (2020)	causale	artistique (*künstlerische*)

TABLEAU 2 – La terminologie binaire de la motivation.

On voit par le tableau 2 que certains théoriciens désignent des *niveaux* (Bal, Hamon, Riis, Ryan), tandis que d'autres désignent ce que Sternberg

38 D'après ces propositions : *pertaining to everyday life*, *shades of meaning: common, trivial, prosaic* (le traducteur Sheldon, dans Chklovski 2008, p. 61), *actual mores* (Erlich 1980, p. 194), *reality-like* (Sternberg 2012. p. 340), *lebenspraktische* (Grübel 1981, p. 120), *actual life* (d'après le traducteur Sher dans Chklovski, 1990, p. 170).

39 Il existe d'autres catégorisations auxquelles nous reviendrons, en particulier chez Tomachevski ([1925] 2001), Flaker (1964a), Hamon ([1973] 1982) et Martínez (1996).

40 D'autres notions peuvent bien entendu recouper la problématique de la motivation, comme dans la définition des deux rhétoriques par Chatman (1990, p. 203) : « In my way, there are two narrative rhetorics, one concerned to suade me to accept the form of the work; another, to suade me of a certain view of how things are in the real world. »

(2012, p. 364) appelle des *modes* (Chklovski, Genette, Martínez, Schmid, Sternberg). Il est fort possible d'employer ces schémas binaires, qui reposent sur l'idée d'équivalence entre niveaux et modes. Il est vrai que ces aspects ou dimensions de la motivation se recoupent à des degrés variés, et parfois entièrement. Or, l'originalité du présent travail est de proposer une méthodologie plus précise de la motivation littéraire. Cette entreprise n'entre nullement en conflit *théorique* avec (la plupart de) nos prédécesseurs, d'autant plus qu'elle repose sur leurs résultats, mais se présente comme une tentative de mettre en place une terminologie plus analytique au niveau *méthodologique*. Les trois choix principaux opérés afin de mettre en place cette synthèse sont les suivants : (1) *séparation* des niveaux et des modes en des catégories différentes ; (2) conservation des *modes* mimétique et artistique pour rendre compte du fond conceptuel de la motivation ; (3) récupération de tous les *niveaux* identifiés par les formalistes pour mieux cerner les rapports qu'entretient la motivation avec le récit et avec des paramètres externes au récit. Nous développerons et défendrons cette méthodologie en dialogue avec la recherche antérieure. Pour l'instant, nous allons préciser la nature des deux modes pour ensuite présenter nos premières options terminologiques pour cerner la double fonctionnalité de la motivation littéraire formulée par Chklovski.

Le mode *mimétique* expose une relation de *causalité*. Dans l'histoire, il désigne la représentation d'une action ou d'un évènement qui se comprend d'après sa référentialité et sa correspondance possible au réel. Les termes « mimétique », « référentiel » et « réel » doivent être pris au sens large. Chklovski (2001b, p. 196-197) note par exemple que l'histoire de l'*Odyssée* est motivée par les dieux. Il admet aussi les sortilèges et la magie comme des sortes de motivation (2008, p. 61). La causalité de l'histoire ne copie donc pas forcément celle *du réel* (objectif, scientifique, rationnel, etc.), mais règle parfois les actions et les évènements dans et selon *un réel* (comme dans le merveilleux, le fantastique ou la science-fiction)[41].

Le mode *artistique* expose une relation d'adéquation ou de *corrélation*[42]. Dans la composition littéraire, il désigne des éléments qui n'entretiennent

41 Sternberg (2012) ajoute le préfixe *quasi* pour ne pas réduire la représentation mimétique à un seul type de réalité. Le propos de Richardson (2019, p. 3) va dans le même sens : « We can think of a mimetic representation as a generous conception of realism. »

42 *Cf.* Schmid (2020, p. 206) : « In der künstlerischen Motivierung geht es dagegen nicht um kausale Beziehungen, sondern um Relationen des Zueinander-Passens, der Adäquatheit. »

aucun lien causal entre eux dans une perspective référentielle. Pour prendre un exemple de Tomachevski (2001, p. 288), le motif du clair de lune peut encadrer et renforcer une scène d'amour. Le topos (clair de lune) correspond au thème (amour) par « analogie psychologique », selon Tomachevski[43]. Cette motivation n'instaure pas de relation causale qui serait transposable au monde réel (ce n'est pas *parce qu'*il y a clair de lune que des couples tombent nécessairement amoureux), elle tend plutôt à indiquer au lecteur à quoi s'attendre dans la scène qui vient. En d'autres mots, il se crée une certaine harmonie ou correspondance entre le cadre et l'histoire, sans que le motif soit parfaitement intégré à l'image du réel que présente le monde diégétique[44]. De cette manière, l'auteur motive la scène en ce sens qu'il la rend plus cohérente et (peut-être) plus conforme à l'attente du public.

Passons maintenant aux différents « niveaux » de la motivation. Nous parlerons du niveau *diégétique* pour désigner les motivations qui figurent concrètement dans l'histoire. Par cette définition, nous élargissons le champ diégétique afin d'y incorporer également ses manifestations artistiques (comme le motif du clair de lune), au lieu de délimiter la motivation diégétique à ses manifestations référentielles ou mimétiques, comme on le fait d'habitude. Cela veut dire que la motivation diégétique peut être *mimétique*, entièrement médiatisée par la causalité de l'histoire (comme les raisons pour aller au théâtre), ou *artistique*, corrélée avec l'histoire (comme le motif du clair de lune)[45]. En mode mimétique, le terme « diégétique » renvoie donc à la *fabula* ; en mode artistique, il renvoie au *sjužet.* Précisons ici qu'il nous semble bien lourd – et inutile – d'expliciter pour chaque cas individuel s'il s'agit d'une « motivation diégétique mimétique » ou d'une « motivation

---

43 Pennanech (2012, p. 145) propose ainsi le terme de *motivation analogique* pour cerner les motivations non causales.

44 *Cf.* la distinction de Yacobi (1981, p. 117) : « The existential operation more or less plausibly relates the experienced anomaly [...] to some referential feature or law [...] and thus turns it into an integral or even natural part of the fictive reality, whereas the aesthetic or formal operation explains the function of that anomaly within the structure of the text [...] without necessarily integrating it with the world of the text. »

45 Sternberg (1978, p. 247) définit ainsi la motivation : « [...] the explicit or implicit justification, explanation, or dissimulation of an artistic convention, device, or necessity either in terms of artistic exigencies, goals, and functionality (aesthetic or rhetorical motivation) or in terms of the referential patterns of the fictive world (realistic or quasi-mimetic motivation) ».

diégétique artistique ». Dans nos exemples et nos analyses, le contexte nous autorisera le plus souvent à écrire simplement « motivation », sans expliciter le mode, ou bien « motivation mimétique » ou « motivation artistique » sans expliciter qu'il s'agit du niveau diégétique.

Notre niveau diégétique désigne ce que d'autres chercheurs ont appelé motivation intradiégétique (Bal), intrafictionnelle (Riis) ou interne (Pennanech). Il nous semble que l'appellation « diégétique » est plus adéquate qu'« intradiégétique », qui désigne au fond un niveau méta-diégétique inférieur au niveau extradiégétique (ce qui pourrait prêter à confusion si l'on analyse la motivation dans un récit encadrant/encadré). Elle est aussi plus neutre qu'« intrafictionnelle ». Quant à l'idée des relations « internes », nous reviendrons à cet aspect dans la sous-section suivante. Au-delà des considérations terminologiques, l'essentiel est de faire la différence entre le niveau diégétique et ce que nous appellerons le niveau *téléodiégétique*. Celui-ci désigne l'effet compositionnel d'une motivation dans la perspective de la composition du récit, comme le tournant de l'intrigue dans *Madame Bovary* obtenu grâce à la rencontre entre Emma et Léon. Le terme « métadiégétique » aurait sans doute été plus simple à utiliser, mais il désigne déjà, d'après Genette (1972), les niveaux diégétiques du récit par rapport à leur narration (récits encadrants, récits imbriqués, etc.). Par ailleurs, Genette (1968, p. 18) utilise bien le terme de *telos* pour raisonner sur la finalité des motivations diégétiques, ce qui pourrait justifier le terme de « téléodiégétique ».

Transperce déjà à ce stade de la présentation l'avantage méthodologique de séparer modes et niveaux. En effet, d'après la nomenclature binaire, le « mode artistique » désigne soit les motivations artistiques qui apparaissent dans le monde diégétique (comme le motif de clair de lune) soit les effets de composition qu'on traduit par des termes méta-littéraires (nœud, péripétie, *ostranenie*, etc.). Selon cette nomenclature, l'emploi du mode artistique conduit à un effet qu'on doit aussi appeler mode artistique. Au moyen de nos distinctions nominales, le critique précisera, sans ambiguïté, s'il se centre sur un *motivant* qui intervient pour justifier une action dans l'histoire (au niveau *diégétique)* ou sur un *motivé* qui s'analyse en termes poétiques (au niveau *téléodiégétique)*. Au lieu de désigner ces deux cas par « motivation artistique », nous dirions que le mode artistique opère au niveau diégétique dans le premier cas (encadrer une scène par le clair de lune) et qu'il concerne la perspective téléodiégétique dans le deuxième cas (faire progresser l'intrigue). Précisons aussi qu'il ne s'agit pas pour autant d'attribuer au motif du clair de lune une dénomination exclusive, avec l'idée qu'elle serait *soit* diégétique *soit* téléodiégétique. L'idée de Chklovski, rappelons-le, est que la motivation littéraire exerce cette double fonction, étant à la fois diégétique et téléodiégétique.

Tous les cas de motivation diégétique sont par définition conditionnés par la motivation téléodiégétique, concevable comme résultat (intention, effet, analyse, interprétation, etc.) de la composition. Ce niveau est donc hiérarchiquement supérieur au niveau diégétique : ce sont les nécessités de la composition qui appellent les motivations concrètes dans l'histoire. Cela veut aussi dire que la motivation diégétique peut être absente. En commentant des actions peu liées dans *Anna Karénine*, Chklovski (2001b, p. 190) conclut : « seule la nécessité esthétique peut expliquer la liaison. » L'idée que l'effet artistique aurait toujours besoin d'une motivation, cultivée par certains chercheurs, est erronée[46]. En fait, la hiérarchie entre effet téléodiégétique et causalité diégétique est l'inverse : la motivation diégétique n'a pas d'autre fonction que de faciliter l'introduction d'un procédé. C'est ce qu'exprime aussi Eichenbaum (2001a, p. 73), qui considère la motivation « comme un élément qui participe à la construction, tout en dépendant de la dominante constructive[47] ». L'ordre linéaire entre le motivant et le motivé ne change pas cette relation hiérarchique. Il est vrai qu'Emma veut d'abord aller au théâtre et qu'elle y rencontre ensuite Léon, mais cette séquence narrative est bien entendu conditionnée par la logique à rebours de la composition, celle qui conditionne « la détermination des moyens par la fin », selon Genette (1968, p. 18), qui utilise aussi l'expression illustrative « déterminations *rétrogrades* ». D'où la formule prégnante de Hamon (1993, p. 173), selon laquelle la motivation « tend [...] à la regressivité », c'est-à-dire qu'il y a toujours une idée téléodiégétique « finale » qui conditionne la présence et la nature de la motivation diégétique, même si celle-ci apparaît plus tôt dans le récit.

46 Steiner (1985, p. 32) croit identifier ce prétendu besoin de la motivation : « [...] the first irony of art for Shklovsky lies in its need to justify its devices », de même que Cuddon (1991, p. 352) : « Shklovsky defined the motivation of a text as the extent to which it was dependent on "non-literary" assumptions [...]. »

47 *Cf.* Sternberg (2012, p. 369) : « By its very rationale, therefore, motivation is incompatible with nonteleological views of art and mechanisms of artistic coherence [...]. »

Nous touchons là au statut discursif de la motivation diégétique. Pour la visite au théâtre, Flaubert indique les raisons pour lesquelles le couple se déplace à Rouen. On peut résumer cette motivation schématiquement (car elle est développée dans le récit, nous y reviendrons) en citant cette phrase sur l'insistance du mari : « Charles ne céda pas, tant il jugeait cette récréation lui devoir être profitable. » La motivation est donc *présente*. Elle est censée rendre le récit plus naturel, plus soudé, plus cohérent, enfin plus acceptable aux yeux du lecteur. La visite aurait aussi pu être introduite sans explication, comme ceci : « Un jour, Emma et Charles allèrent au théâtre de Rouen. » La motivation aurait en ce cas été *absente*. Cela n'implique pas que le lecteur trouve le récit arbitraire ou peu crédible. Il peut inférer une motivation implicite ou sous-entendue qui semble raisonnable (par rapport à la situation présentée, à un comportement « normal », à des informations données antérieurement, etc.[48]). C'est dans ce sens que Margolin (1995, p. 290) estime que « [...] l'absence ou présence de motivation dépend de la configuration du répertoire culturel à disposition. » Tout en partageant le fond de cette pensée, il nous semble préférable de réserver le terme de motivation *présente* au cas où elle se repère concrètement dans le récit et de motivation *absente* quand elle fait concrètement défaut. Ces termes sont donc à prendre dans leur sens concret de *manifestation textuelle* (même s'il existe naturellement des cas limites, où la motivation n'est pas si clairement articulée comme le cas cité de *Madame Bovary*).

Il nous semble important de distinguer cette *manifestation discursive* de *l'appréciation du public*[49]. La motivation peut être présente ou absente textuellement, et elle peut, dans les deux cas, être acceptée ou non par le lecteur, qui doit se demander s'il considère le déroulement comme naturel (logique, justifié, probable, etc.) ou non (artificiel, exagéré, improbable). Comme c'est le cas pour la manifestation concrète de la motivation, on doit aussi, bien entendu, compter avec toute une échelle d'appréciations : la motivation peut être considérée comme plus ou moins

48 *Cf.* Ryan (1991, p. 265) : « A mere enumeration of physical events, without statements of mental events nor of logical connections, can be read as a narrative text if the reader is able to supply the missing links and nodes. »

49 *Cf.* Sternberg (2012, p. 401) : « Formal, presentational (in)explicitness is one thing, ontic (un)orthodoxy another. »

plausible, crédible, acceptable, suffisante[50]. Les schémas de la morphologie de la motivation que nous allons présenter dans les tableaux 3 et 4 sont donc simplificateurs, et servent uniquement de points de repère sommaires. Nous commençons par le mode mimétique, qui repose sur une causalité référentielle médiatisée par l'histoire, tout en priant le lecteur d'y suppléer une gradation aux adjectifs choisis (« plus ou moins » invraisemblable, plausible, implicite, etc.) et de compter avec des cas limites, difficiles à placer dans une catégorie fixe[51].

Diégétique (perspective de la *fabula*)				Téléodiégétique
Présente		Absente		Rencontre avec Léon (progression de l'intrigue)
« Charles ne céda pas, tant il jugeait cette récréation lui devoir être profitable. »		« Un jour, Emma et Charles allèrent au théâtre de Rouen. » [texte inventé]		
Invraisemblable	Plausible	Implicite	Arbitraire	
Le lecteur n'accepte pas l'explication donnée.	Le lecteur accepte l'explication donnée.	Le lecteur infère une explication.	Le lecteur ne peut suppléer aucune explication.	

TABLEAU 3 – Statut de la motivation (mode mimétique).

Présente ou absente, la motivation diégétique sous mode artistique se décline de manière semblable. En mode artistique, le lecteur n'a pas tant à évaluer la probabilité ou la plausibilité de la motivation par rapport à la causalité référentielle, mais son adéquation avec l'histoire comme « fait littéraire » (cette problématique, simplement annoncée ici, sera traitée plus en détail dans le chapitre sur Tynianov) par rapport à d'autres cadres de référence. Il peut par exemple inférer une motivation artistique en voyant telle scène comme un topos qui mérite sa

50 *Cf.* Ryan (2009, p. 57) : « In the reader's aesthetic evaluation, plotting devices range on a continuum from cheap to brilliant, with a middle occupied by events that do not provoke strong reactions. »

51 Tout lecteur familier avec l'article de Genette (1968) sur la vraisemblance et la motivation peut voir que notre schéma ne reprend pas entièrement sa terminologie et ses catégorisations. Nous reviendrons à cette question bien plus loin dans « L'équation de Genette », section placée dans le chapitre sur Tomachevski, qui semble avoir fortement inspiré l'auteur des *Palimpsestes*.

place dans l'histoire, même si elle est pauvrement justifiée. Les mêmes réserves émises contre la pensée trop binaire de notre schéma du mode mimétique valent naturellement pour notre présentation de la motivation artistique (tableau 4).

<table>
<tr><td colspan="4">Diégétique (perspective du sjužet)</td><td>Téléodiégétique</td></tr>
<tr><td colspan="2">Présente</td><td colspan="2">Absente</td><td rowspan="4">Le couple tombe amoureux (progression de l'intrigue)</td></tr>
<tr><td colspan="2">clair de lune</td><td colspan="2">–</td></tr>
<tr><td>Naturelle</td><td>Artificielle</td><td>Implicite</td><td>Arbitraire</td></tr>
<tr><td>L'emploi « se fond » dans le récit.</td><td>L'emploi est « trop voyant ».</td><td>Stade « obligé » du récit, accepté ou non</td><td>Le lecteur ne peut suppléer aucune explication.</td></tr>
</table>

TABLEAU 4 – Statut de la motivation (mode artistique).

La manifestation concrète de la motivation concerne aussi, plus matériellement, le type d'élément textuel qui figure comme motivant ou motivé, ses occurrences dans le texte, son ordre, son nombre, sa portée, etc. Illustrons ceci par la justification du long récit rétrospectif qui occupe la majorité de la deuxième partie de *La Peau de chagrin*. La nuit après une grande fête, au moment où les invités somnolent, Raphaël de Valentin trouve soudainement la faculté de raconter, de minuit jusqu'au matin, une énorme tirade chronologique et détaillée qui rend compte de ses années précédentes dans tous leurs aspects. Balzac (p. 120) motive cet acte narratif en laissant le protagoniste déclarer la réflexion suivante :

> Je ne sais en vérité s'il ne faut pas attribuer aux fumées du vin et du punch l'espèce de lucidité qui me permet d'embrasser en cet instant toute ma vie comme un même tableau où les figures, les couleurs, les ombres, les lumières, les demi-teintes sont fidèlement rendues.

Le motivant s'identifie aisément (« fumées du vin et du punch, l'espèce de lucidité ») de même que le motivé (« embrasser en cet instant toute ma vie comme un même tableau où les figures, les couleurs, les ombres, les lumières, les demi-teintes sont fidèlement rendues »). Au centre se trouve la faculté de raconter, ce qui met en relief le défi compositionnel au lieu de le dissimuler. Le motivant est indécis (« je ne sais », « s'il ne faut pas », « l'espèce de lucidité ») et isolé dans le discours (ni préparé par des mentions antérieures ni commenté ultérieurement). La narration doit s'accomplir d'emblée (« en cet instant »), reprendre un sujet énorme (« toute ma vie ») et maîtriser parfaitement sa tâche (« comme un même tableau, où les figures, les couleurs, les ombres, les lumières, les demi-teintes sont fidèlement rendues »).

Dans leur ensemble (indécision, isolation, portée, effet immédiat, prestation parfaite), ces propriétés peuvent donner l'impression d'une certaine *disproportion* entre le motivant et le motivé. Ce jugement éventuel présuppose cependant que l'analyse « morphologique » se complète par des réflexions sur le cadre qui sert de référence. Même si l'on cherche à aborder le texte comme une forme artistique close, dans laquelle on tente d'analyser la double fonctionnalité de la motivation, celle-ci se mesure forcément à l'aune de deux perspectives supplémentaires : le cadre de référence *externe* (cela pourrait être le réel objectif, la psychologie humaine ou la tradition littéraire) et le cadre de référence *interne* (qui équivaut à la composition même). Cela ajoutera deux autres « niveaux » de la motivation.

« *MOTIVACIJA* » ET MOTIVATION COMPOSITIONNELLE

Il est presque inévitable que le lecteur cherche à comprendre les motifs d'agir d'un personnage en ayant recours à un modèle référentiel et psychologique[52]. Or, quoique tel motif d'agir dans une histoire puisse être au fond identique à celui qu'on pourrait trouver dans la vraie vie, les formalistes établissent une distinction nette entre le monde fictif et le monde réel. Dès qu'on sort du monde diégétique pour identifier une motivation qui se manifeste en dehors du récit, il n'est plus question de la *motivirovka*, mais de la *motivacija*. Voici comment Hansen-Löve (1988, p. 633) résume la différence entre ces termes :

> L'ordre causal qui règne dans les « séries » extra-artistiques (modèle de vraisemblance d'une culture, prémisses ou présuppositions psychologiques, sociales, noétiques) est qualifié de « *motivacija* » ; sa déformation et transformation en système de relations immanentes à l'œuvre d'art [...] sont

52 *Cf.* Alber et Fludernik (2010, p. 12) : « [...] we understand narratives by understanding the minds of the characters and narrators, that is, their intentions and motivations » et Colm Hogan (2010, p. 147) : « In simulation, we primarily experience the character's (or real person's) motivation as comprehensible through our imagination of his or her experiences and feelings. »

> qualifiées de « *motivirovka* ». Ce sont donc les procédés [...] qui transforment la motivacija en motivirovka [...]. C'est ainsi que les motivations (motivacija) psychosociales et autres, par le simple fait de leur intégration à l'œuvre d'art, se trouvent « démotivées » et déformées : elles passent sous la domination de lois spécifiquement artistiques [...].

La notion de *transformation* employée ici se réfère au mécanisme de l'art décrit par les formalistes, celui qui dote la matière extralittéraire d'une forme artistique. Elle n'implique pas que la causalité réelle disparaîtrait. Plutôt que d'être « démotivées[53] » ou « déformées », comme le dit Hansen-Löve, il serait sans doute mieux de dire que les motivations de nature référentielle deviennent *remotivées* et *formalisées*, enfin doublement motivées par un mécanisme où les niveaux référentiel et fictionnel se superposent. Au-delà du choix de vocabulaire, l'essentiel est de voir que Hansen-Löve cerne une autre opposition binaire de la motivation littéraire par sa mise en relief de sa référentialité à la fois interne (au texte) et externe (au cadre de référence). Pour revenir à notre exemple de *Madame Bovary*, la volonté d'aller au théâtre relève de la *motivirovka* (Chklovski dirait *motivirovka bytovoe*, nous disons motivation mimétique)[54]. L'action est transformée en *matériau littéraire* par le seul fait d'être intégrée au récit. Dans la vie, on qualifierait la même action comme de la *motivacija*, qui fournit à l'auteur de la *matière extralittéraire*. C'est ce qu'explique encore Hansen-Löve (1988, p. 637) :

> La séquence spatio-temporelle « normale » d'une « fable » est dissociée [...] par les « inversions » qui constituent le sujet ; cette séquence est recomposée dans le but d'accroître le contraste entre la « structure de fable » attendue (et son système de motivations – *motivacija* – psychologiques, sociologiques, idéologiques) et la « structure de sujet » proposée (et sa propre « logique » de motivation – *motivirovka*).

Nous avons déjà remplacé les deux dimensions de la *motivirovka* par motivation *diégétique* et motivation *téléodiégétique*. Le terme de *motivacija*, qui désigne le cadre de référence externe au récit, sera remplacé selon le même modèle narratologique par le terme de motivation *exodiégétique*. La

---

53 À ne pas confondre avec la *démotivation* chez Genette (1982), qui désigne un rapport transtextuel, où l'on défait des liens entre des éléments qui étaient présents dans l'hypotexte.

54 Compte tenu de la distinction qu'il faut établir entre *motivirovka* et *motivacija*, la traduction de *bytovoe* par « extralittéraire » (*extraliterary*), proposée par Steiner (1984, p. 51), prête à confusion, puisqu'elle correspond davantage à la *motivacija*.

préférence donnée au préfixe « exo » au lieu de celui d'« extra » s'explique par le souci de ne pas confondre le cadre de référence du récit avec le niveau extradiégétique, qui décrit plutôt un positionnement narratif eu égard au récit raconté. En termes linguistiques, si la motivation téléodiégétique est la connotation de la motivation diégétique, la motivation exodiégétique est bien son référent, entièrement extralittéraire. Par la distinction des niveaux exodiégétique (le cadre de référence externe) et téléodiégétique (l'effet de la composition), nous désignons tout simplement deux aspects de la composition littéraire par deux termes différents.

En ce qui concerne le cadre de référence externe, le mode mimétique puise dans le cadre réel objectif ou dans un réel alternatif. Le mode artistique puise dans d'autres cadres, que nous présenterons de façon plus détaillée dans les chapitres à suivre (le clair de lune a déjà suggéré les topoï littéraires comme répertoire exodiégétique). En attendant ces précisions, le lecteur trouvera nos résultats préliminaires résumés dans le tableau 5.

La motivation se construit aussi en établissant des cadres de référence *internes*. Si le comportement de Charles renvoie à une certaine psychologie humaine « externe » (exodiégétique), il se justifie aussi par la cohésion narrative : chaque intervention conjugale de sa part s'explique du moins en partie par sa volonté de vouloir tout faire pour Emma. De ce fait, le personnage ne correspond pas seulement à un modèle référentiel possible, mais se construit aussi d'après son portrait spécifique et son comportement continu dans l'histoire. Quand les éléments du récit établissent des liens narratifs qui reposent avant tout sur une logique interne, construisant et annonçant pour ainsi dire son propre « horizon d'attente » (Jauss, 1972), nous désignons ceci par le terme de motivation *endodiégétique*.

Ce dernier niveau motivant se retrouve lui aussi dans les écrits formalistes, plus précisément chez Tomachevski (2001, p. 287), qui présente une motivation *compositionnelle*, troisième variante de *motivirovka* (à côté de ses variantes *réaliste* et *artistique*). Pour comprendre le fonctionnement de cette variante supplémentaire, il faut savoir que Tomachevski analyse la motivation à travers l'étude des éléments narratifs du récit, qu'il appelle « motifs », libres ou associés, dynamiques ou statiques[55]. Parmi ses exemples

55 D'après Tomachevski (2001, p. 274) : « Les motifs que l'on ne peut exclure sont appelés motifs associés ; ceux que l'on peut écarter sans déroger à la succession chronologique et causale des événements sont des motifs libres. » Et, plus loin (*ibid.*, p. 276) : « Les motifs qui changent la situation s'appellent des motifs dynamiques, ceux qui ne la changent

de motifs qui occupent un rôle motivant et « compositionnel », on trouve la mention désormais classique d'un revolver mentionné au début du récit qui sera utilisé plus tard (c'est l'exemple type d'un motif associé et dynamique) et le cas déjà cité du motif du clair de lune qui renforce une scène d'amour. Cette variante motivante contribue donc à la mise en intrigue soit directement (par la mention du revolver) soit indirectement (par le motif du clair de lune). Transposable au réel, le mode *mimétique* participe de la causalité du monde diégétique : le fait d'avoir accès à un revolver rend possible une scène où un personnage utilise cette arme. Si le motif fait partie plutôt de la mise en scène, sans exprimer une causalité référentielle, il relève du mode *artistique* : le clair de lune montre une adéquation avec la situation, sans établir une véritable chaîne causale[56].

Pour être endodiégétiques, et pas seulement diégétiques, les motifs doivent construire des réseaux justificateurs dans le texte. Les exemples du motif de revolver et du comportement de Charles montrent clairement, pensons-nous, comment le texte établit ses propres conditions de fonctionnement durant le récit. L'autre exemple de Tomachevski, le motif du clair de lune, est en fait « seulement » diégétique, car isolé à une seule scène. Pour devenir endodiégétique, il faut que la mise en scène se répète dans le récit, de sorte à créer sa propre logique configurative. C'est le cas, par exemple, d'un personnage ou d'un type de situation sur lequel l'auteur ironise de façon continue. Comme le remarque Hamon (1996, p. 32), cela crée une normativité indicielle, car consistante : « Cette norme représentée et incarnée dans des personnages et des lieux oriente l'opération de lecture du lecteur, de même que le contexte précédent ». C'est-à-dire que le lecteur aborde le texte moins comme une histoire, dans laquelle le personnage *est* d'une façon qu'il aurait pu être dans le réel, mais comme un récit construit, dans lequel le personnage *doit* montrer un certain comportement selon le travail de composition[57].

---

pas, des motifs statiques. » – Il est aisé de voir que ces motifs se trouvent à la base de l'analyse du récit chez Barthes (1966) et ses distinctions de fonctions et d'indices.

56 Sternberg (2012, p. 382) classe la motivation compositionnelle comme une sous-catégorie du mode artistique, puisqu'elle relève clairement du *sjužet*. Cela semble raisonnable dans la perspective de l'approche binaire, qui identifie uniquement les modes mimétique et artistique.

57 Citons le superbe exemple de Hamon (1996, p. 32) tiré du *Le Bourgeois gentilhomme* : « [...] il n'y a sans doute pas un lecteur sur mille qui sache ce que c'est [...] qu'une trompette marine. Mais tout le monde comprend que la trompette marine *doit* être un instrument de musique idiot, *puisque* Monsieur Jourdain l'aime. »

	Exodiégétique	Diégétique		Téléodiégétique
Définition	Cadre de référence externe (*motivacija*)	Causalité ou corrélation opérante dans le monde diégétique (*motivirovka*)		Niveau métalittéraire, effet compositionnel (*motivirovka*)
Exemple (mode mimétique)	La visite au théâtre correspond à une certaine psychologie humaine	Motivant (*fabula*)	Motivé (*fabula*)	Moyens de l'auteur pour faire progresser l'intrigue (*sjužet*)
		« Charles ne céda pas, tant il jugeait cette récréation lui devoir être profitable. »	Emma rencontre Léon au théâtre	
Exemple (mode artistique)	Le *clair de lune* fait partie du répertoire littéraire	Motivant (*sjužet*)	Motivé (*fabula*)	
		Clair de lune	Le couple tombe amoureux	

TABLEAU 5 – Niveaux diégétiques et modes de la motivation.

À ce point de notre raisonnement, nous avons peut-être causé des confusions ou des interrogations chez le lecteur quant au classement des motivations : l'intention chez Charles de persuader Emma d'aller au théâtre est-elle finalement diégétique, exodiégétique, endodiégétique ou téléodiégétique ? Pour éviter tout malentendu, répétons que la motivation entretient des rapports pluriels avec le récit et le réel. Ceux-ci ne s'excluent pas mutuellement, mais *se complètent* et *se superposent*. L'insistance de Charles relève d'une causalité référentielle explicitée dans l'histoire (diégétique) ; cette action renvoie aussi à un cadre de référence externe au récit (exodiégétique) ; elle peut sembler d'autant plus convaincante du fait qu'elle est cohérente avec son comportement antérieur dans l'histoire (endodiégétique) ; enfin, elle occupe certainement une place importante dans la progression de l'intrigue, étant conditionnée par le besoin de faire rencontrer de nouveau Emma et Léon (téléodiégétique)[58].

BILAN

D'une originalité incontestable, les formalistes, véritables « instaurateurs de discursivité » (Foucault, 1969), s'introduisent avec une force sans précédent dans le champ de la théorie littéraire, ce qui n'exclut pas d'identifier certaines influences russes ou européennes dans leurs travaux. Parmi leurs principes centraux se trouve l'ambition de définir la littérature comme objet scientifique par la distinction de ses propriétés uniques, à savoir ce qui relève de la *littérarité*, au lieu de voir la littérature comme un objet secondaire qui exprime autre chose qu'elle-même (la vision de l'auteur, l'image du réel, une pensée philosophique, etc.). En poésie, c'est le langage lui-même qui prend une forme artistique ; dans la prose, c'est le *sjužet*, la composition, qui assure cette tâche. Contrairement à ce qu'on a souvent reproché aux formalistes, Trotski et Bakhtine en tête, cette concentration sur la forme littéraire n'exclut pas l'idée d'étudier

58 À comparer aux différentes compétences du lecteur qui doit déchiffrer le texte, d'après Baroni (2017, p. 78) : générales, spécifiques, endo-narratives et narratives. Cette terminologie se comprend cependant plutôt dans le sens de l'*intégration* que de la *motivation* (voir notre discussion sur ces notions, p. 193-195).

des circonstances extralittéraires ni de réfléchir sur la matière investie dans l'œuvre d'art ; cependant ces dimensions ne pourront jamais, aux yeux des formalistes, détrôner la supériorité de la littérarité en tant que critère scientifique pour définir la littérature ni occuper le centre de leurs intérêts, qui est d'analyser la construction des textes individuels.

Pour les formalistes, le *sjužet* n'équivaut pas à la manifestation concrète d'une structure sous-jacente. Quant à l'auteur, il n'est pas un pôle absent, mais abordé plutôt comme un auteur implicite, c'est-à-dire comme l'image de l'auteur formée par les stratégies narratives du texte. L'influence qu'exerceront les formalistes sur le structuralisme, entre autres à travers le Cercle linguistique de Prague (avec Jakobson comme médiateur), ne rend pas légitime l'application rétrospective des principes structuralistes sur l'école formaliste. Ce n'est que vers la fin du mouvement, notamment par le biais de Tynianov et de Jakobson, que se forme une pensée plus structurelle (mais non encore structurale, à l'exception de Propp, de qui part une ligne directe vers Greimas).

Quant aux formalistes et au formalisme, les critiques opèrent souvent des renvois collectifs et synchroniques pour rendre compte de leurs travaux, c'est-à-dire qu'ils traitent ce groupe de chercheurs comme une unité figée, sans présenter leurs pensées individuelles et sans considérer l'évolution pourtant manifeste. Ainsi, telle idée qui relève par exemple des premiers écrits de Chklovski peut être exposée comme un principe de l'école formaliste, considérée comme un ensemble homogène et statique. Pourtant, avec Eichenbaum, on peut distinguer deux phases essentielles de l'aventure formaliste, qui dura une quinzaine d'années (environ 1915-1930). Partis pour montrer comment le *sjužet* donne une forme artistique à la *fabula*, les formalistes s'interrogent de plus en plus sur la fonction du procédé dans le texte et sur le renouvellement des formes à travers l'évolution littéraire.

Enfin, pour notre notion clé, la motivation littéraire, voici les trois points essentiels de notre synthèse méthodologique, qui systématise les théorisations existantes sur la motivation littéraire :

1. La *terminologie* analytique de la motivation, obtenue grâce au retour aux sources formalistes et à la séparation des niveaux et des modes, n'entre pas en opposition théorique avec la recherche antérieure, dont la plupart des représentants ont recours à une terminologie binaire. Elle vise seulement à créer davantage de clarté méthodologique.

2. Les *modes* rendent compte du fond conceptuel de la motivation littéraire. Le mode *mimétique* renvoie à un cadre référentiel (du réel ou d'un réel). Il instaure des relations de causalité dans l'histoire (*fabula*), relations qui sont transposables du cadre référentiel au récit (et du récit au cadre référentiel). Le mode *artistique* renvoie à des cadres non référentiels (qui restent à définir dans les chapitres qui viennent). Il expose des relations de corrélation entre le *sjužet* et la *fabula*. Comme nous le verrons, ces modes se détectent dans tous les niveaux de la motivation.
3. Les *niveaux* de la motivation reprennent essentiellement les distinctions des formalistes, basées sur la *motivirovka* et la *motivacija*. Leurs variantes sont reformulées en termes narratologiques, partant du terme « diégétique », qui se rapporte à la fois à la *fabula* et au *sjužet*. Les niveaux désignent la fonctionnalité de la motivation et les rapports généraux qu'elle entretient avec le récit et ses cadres de référence.

   - La motivation *diégétique* renvoie à la motivation concrète dans le monde diégétique. Elle peut être présente ou absente, acceptée ou rejetée par le lecteur. En utilisant le terme de « motivation » ou de « motivation littéraire », nous désignons dans cet ouvrage normalement la motivation diégétique. S'il en est besoin pour la clarté du raisonnement, nous détaillerons sa morphologie ou son mode.
   - La motivation *téléodiégétique* dénote la finalité de la composition. Elle peut être considérée comme intention de l'auteur, effet textuel ou interprétation du lecteur. Elle conditionne la présence (éventuelle) des autres motivations et décrit leurs effets par des termes métalittéraires (exposition, *ostranenie*, dénouement, suspense, fausse piste, etc.). Les relations entre la motivation téléodiégétique et la motivation diégétique recoupent le terme de *motivirovka* chez Chklovski.
   - La motivation *exodiégétique* appartient à un cadre de référence externe au récit auquel renvoie la motivation diégétique (ou dans lequel puise l'auteur). Ce cadre, qui correspond au terme russe de *motivacija*, fournit la matière extralittéraire ou extratextuelle à la création littéraire individuelle. Il est soit mimétique (c'est

le cadre référentiel qui règle la causalité du monde diégétique) soit artistique (ce sont les autres cadres, à préciser par la suite).

– La motivation *endodiégétique*, inspirée par la motivation compositionnelle de Tomachevski, qui est une troisième variante de la *motivirovka*, construit la logique interne du récit, soit par la cohérence de la causalité opérante dans la *fabula* (mode mimétique) soit par l'adéquation de *sjužet* avec la *fabula* (mode artistique).

Les niveaux de la motivation créent des rapports superposables par les relations qu'ils permettent de détecter dans le récit et par rapport au récit. La perspective téléodiégétique peut toujours être inférée par le lecteur, même si elle n'est pas indiquée dans le texte. La motivation diégétique occupe par définition un rôle téléologique – c'est la double fonctionnalité de base de la motivation littéraire – et elle renvoie toujours à un cadre exodiégétique. De plus, elle peut établir un réseau endodiégétique. Il ne s'agit donc pas de décider si telle motivation est extradiégétique, endodiégétique ou téléodiégétique, mais de voir quelle pourrait être la pertinence de quel niveau ou de quel rapport pour la compréhension et l'interprétation du récit. Par conséquent, le chercheur a la possibilité de privilégier un certain aspect de la motivation littéraire au détriment d'un autre. Les quatre chapitres qui vont suivre clarifieront les positions critiques majeures par rapport à la motivation, chez les formalistes et dans le paysage postformaliste, en théorie et en pratique. Pour Chklovski, c'est la fabrication du récit et donc la finalité artistique de la motivation (téléodiégétique) qui est mise en relief. Comme ce sont les procédés poétiques qui garantissent la littérarité du texte, la motivation diégétique n'occupe qu'une fonction auxiliaire. Cette approche, emblématique de la première phase des formalistes, constitue notre première « dominante » à explorer.

CHKLOVSKI

La motivation comme prétexte artistique

CHKLOVSKI

Pour illustrer comment Chklovski promeut la fabrication du récit, commentons l'analyse qu'il fait de son texte fétiche, *Tristram Shandy*. Selon le chercheur russe, ce roman serait dépourvu de motivation (en fait, il en donne quelques exemples dans son analyse), présentant une composition parfaitement arbitraire et ouvertement artificielle. On pourrait penser qu'un tel récit serait par essence déficitaire. Rien de tel chez Chklovski, qui valorise ce type de texte puisque cela le rend subversif et, par conséquent, plus littéraire. Le roman de Sterne serait même le plus « typique » des romans, selon lui (1990, p. 170). Non par sa représentativité, mais en raison de son exposition ouverte des conditions de la construction romanesque. Cette stratégie narrative, appelée *mise à nu*, représente l'essence littéraire pour Chklovski, étant en quelque sorte l'ultime stade de la fabrication arbitraire du récit[1].

Parmi les formalistes, c'est de loin Chklovski qui exploite le plus la mise à nu dans ses analyses[2]. Elle couvre au moins trois emplois. La

1 Sternberg (2012, p. 350) : « [...] "laying bare the device," actively opposing or disabling the world-like facade and running the unmotivated to its limit, counts as the height of the poetic. » – À ce procédé, on peut joindre celui du fameux *skaz*. Comme la mise à nu, c'est une stratégie qui annule « l'authentification du récit », selon Doležel (1998, p. 162-163). L'analyse classique de ce procédé reste celui d'Eichenbaum (2001c), qui explore la narration de Gogol dans une étude célèbre.

2 Le propos d'Erlich (1980, p. 192-193), qui attribue à tous les formalistes le goût constant de mettre en avant la mise à nu, nous semble exagéré : « The Formalists were quick to accord preferential treatment to cases where the conventional nature of literary art was, to use the Opojaz term, "laid bare"; they consistently played up those literary works the only content of which was form. »

première variante désigne le fait de composer le récit de façon si arbitraire que le procédé, sans être explicité, saute aux yeux du lecteur[3]. Par la deuxième variante, l'intrusion métapoétique, l'auteur annonce explicitement sa façon gratuite de composer le récit en s'adressant directement au lecteur (l'exemple classique dans la littérature française reste *Jacques le fataliste*). Les choses arrivent au gré de l'auteur, qui compose ouvertement son récit en dialogue avec le lecteur (ou le narrataire). L'usage du paratexte, qui concerne les épigraphes et les rubriques des chapitres, est la troisième variante de la mise à nu. Elle montre plutôt ce qui « doit » arriver. Par exemple, les intertitres dans *Le Tour du monde en quatre-vingts jours* installent un programme narratif à suivre, souvent complété par l'explicitation de la leçon à apprendre par la lecture du chapitre : « Qui témoigne une fois de plus de l'inutilité des passe-ports en matière de police » (chap. VII), « Dans lequel Passepartout parle un peu plus peut-être qu'il ne conviendrait » (chap. VIII), « Dans lequel Passepartout prouve une fois de plus que la fortune sourit aux audacieux » (chap. XIII), « Dans lequel il est prouvé que Phileas Fogg n'a rien gagné à faire ce tour du monde, si ce n'est le bonheur » (chap. XXXVII), etc. De même, « La vérité, l'âpre vérité » de Stendhal occupe la fonction d'indiquer la véracité du récit. À cet égard, Parmentier (2020, p. 128-129) explique, en parlant du *Rouge et le Noir* justement, que le contenu de l'épigraphe chez Stendhal peut même tendre vers l'exceptionnel tout en gardant une force vraisemblablisante : « Si Marguerite de Valois s'est conduite de manière improbable, inaccoutumée, alors il est plus possible crédible, qu'une autre jeune fille se conduise d'une façon semblable[4]. »

Les formalistes opposent catégoriquement la motivation à la mise à nu. C'est que la motivation doit rendre le texte plus naturel et plus crédible, tandis que la mise à nu, surtout sous forme de composition arbitraire et intrusions de l'auteur, affiche la fabrication du texte, ce qui annule ces mêmes effets. Suivant cette logique, Tomachevski (2001, p. 305) discerne deux attitudes narratives fondamentales :

3 C'est dans ce sens que Steiner (1984, p. 221) définit la mise à nu : « [...] the pure unfolding of verbal material in poetic constructions lacking any psychological, natural, or metaphysical motivation ».

4 À cela, il faudrait ajouter le fait bien connu, et souligné par l'auteur lui-même, que toutes les épigraphes de Stendhal ne sont nullement univoques ; elles peuvent aussi ouvrir vers une lecture plurielle.

> La première, qui caractérise les écrivains du XIXe siècle, cherche à dissimuler le procédé. Tout le système de motivation s'efforce de rendre invisibles les procédés littéraires, de développer le matériau littéraire de la manière la plus naturelle, c'est-à-dire imperceptible. Une autre attitude s'oppose à celle-ci ; elle n'essaye pas de dissimuler le procédé et tend même à le rendre évident.

La première attitude est en fait celle des auteurs dits réalistes, qui servent ici de synecdoque pour tous les auteurs du XIXe siècle. On pense en particulier à Flaubert et à Zola, prônant tous les deux la nécessité de se positionner comme auteurs absents de la création afin de laisser se dérouler l'histoire sans intervention visible de l'extérieur, dans la mesure du possible. L'autre attitude est celle de la mise à nu, qui signale la fabrication du récit.

Tout semble donc nous inciter à considérer la motivation et la mise à nu comme des antipodes narratifs, représentant l'imperceptible et le perceptible respectivement. Or, dans un passage intéressant, rarement commenté à notre connaissance, Chklovski suggère que cette opposition ne soit qu'apparente, ou formelle. Par une simple modification narrative, le contenu d'une épigraphe se transforme en motivation diégétique. Au lieu d'insérer tel poème comme épigraphe, l'auteur laisse un personnage lire ce poème ; au lieu d'inclure tel proverbe comme rubrique, l'auteur laisse prononcer les mêmes mots sages dans le récit. Au fond, c'est pour lui le même procédé, qui se réalise de deux façons différentes[5]. C'est dans cette perspective que Sternberg (1978, p. 247) appelle la mise à nu une sorte de « motivation esthétique ouverte », ce qui veut dire, selon ses termes, qu'elle n'est pas médiatisée par l'histoire[6].

Cela confirme le propos de Chklovski : la mise à nu peut être considérée comme un certain type de motivation. Nous allons aussi suivre ce principe, en précisant la nature de cette « ouverture » énonciative identifiée par Sternberg. Il est essentiel pour nous de différencier entre *cadre de référence* et *mode d'énonciation*. L'auteur peut bien entendu intervenir dans le récit sans renvoyer à ses propres caprices. Dans le cas de Balzac, par exemple,

5 Chklovski (1990, p. 201) : « Novelists frequently introduce poems into their works [...]. In order to introduce them into the text, different kinds of motivation are employed: they are either epigraphics, or else they are the creations of the leading or secondary protagonists of the novel. The first one lays bare the device, while the second one represents a plot motivation. In essence, however, it is one and the same device. »

6 Sternberg (2012, p. 366) : « Rather than being unmotivated [...], this device, with the underlying artistic doctrine, is in fact unmediated by the novel's world—by the alternative, reality-like motivation—because addressed straight to the reader. »

l'auteur transgresse souvent le contrat fictif (il affiche qu'il est en train d'écrire de la fiction) pour fortifier ce même contrat (il assure qu'il écrit la vérité et qu'il doit composer le récit tel qu'il le fait). L'auteur fait ici figure de simple transmetteur de vérités, qui renvoient toutes au cadre référentiel. Pour le dire en termes simples, si Diderot, dans *Jacques le fataliste*, proclame « j'écris comme je veux », Balzac assure au lecteur qu'il « présente la réalité telle qu'elle est et comme il faut[7] ». Blin (1954, p. 167) analyse une ambiguïté représentationnelle semblable en caractérisant les intrusions de Stendhal : « D'une part l'artificialité de la narration s'en trouve renforcée [...]. D'autre part le réalisme est consolidé [...]. » C'est le cas, par exemple, du célèbre passage du *Rouge et le Noir* : « Hé, monsieur, un roman est un miroir qu'on promène... » Par cette intrusion, le narrateur justifie la narration et l'inclusion d'une matière qui risquerait d'être considérée comme immorale, sans pour autant attribuer la présence de ce matériau à un acte gratuit de composition.

Dans les cas mentionnés, Balzac et Stendhal renvoient clairement à un cadre de référence externe, à savoir à la réalité. Ils ne font que transmettre, par leur écrit, une image correcte (Balzac) ou sincère (Stendhal) du réel, acte narratif justifié par ce même réel. Pour cerner cette autre nuance de la mise à nu, où l'auteur s'affiche lui-même, explicitement ou implicitement, comme source d'autorité, nous parlerons de *motivation auctoriale*. C'est alors le cadre de référence qui décide du classement de la motivation comme auctoriale, non le mode d'énonciation. Comme l'indique l'épithète « auctoriale », cela veut dire que le cadre de référence n'est autre que l'auteur (ou l'image de l'auteur implicite). Ce type de motivation appartient naturellement à un autre niveau diégétique que l'histoire : il fait partie du *sjužet* (mais il agit sur la *fabula*). Par conséquent, on ne saura parler d'une causalité transposée ou transposable au monde diégétique à partir d'un cadre mimétique. La motivation auctoriale constitue ainsi la première variante *artistique* à incorporer dans nos cadres *exodiégétiques*, à côté du mode mimétique (voir tableau 6)[8].

---

7 Même si Balzac insiste sur la correspondance parfaite entre réalité, histoire et narration, le résultat de ce procédé est matière d'interprétation. Genette (1968) a montré que Balzac utilise souvent ses intrusions explicatives de façon gratuite afin de justifier le bien-fondé du comportement de ses personnages. Voir aussi Bordas (1997, p. 324-335), qui discute en profondeur l'ambiguïté entre marque de création et visée réaliste chez Balzac.

8 Il aurait bien entendu été possible d'élaborer des sous-catégories mimétiques (sociale, biologique, socio-psychologique, psychologique, inconsciente, etc.), comme l'ont fait Flaker

<table>
<tr><th>Mode</th><th colspan="2">Définition</th></tr>
<tr><td>Mimétique</td><td colspan="2">causalité du réel (ou d'un réel) transposée au monde diégétique</td></tr>
<tr><td rowspan="2">Artistique</td><td colspan="2">modèle extérieur non médiatisé par le monde diégétique, mais avec lequel la fabula montre une corrélation suivant l'élaboration du sjužet</td></tr>
<tr><td>auctoriale</td><td>autorité de l'auteur implicite</td></tr>
</table>

TABLEAU 6 – Cadres exodiégétiques, première variante artistique.

L'importance de Chklovski pour l'étude de la motivation et l'avènement de l'école formaliste ne saurait être sous-estimée. C'est le plus controversé des formalistes, leur *enfant terrible* selon Erlich (1980, p. 67). Il cultive un style polémique, parfois provocateur, et surtout catégorique. Par exemple, en commentant un cas de motivation sur la parenté entre certains personnages dans *Guerre et Paix*, Chklovski (2001b, p. 190) n'hésite pas à déclarer que c'est « une motivation habituelle à Tolstoï et peut-être à tous les romanciers [...] ». De plus, on l'associe (avec raison) à la première phase des formalistes, qui est celle qu'on retient et celle qu'on critique[9]. En fait, les renvois collectifs négatifs au sujet de la notion de la motivation (ou de l'approche formaliste en général) concernent souvent l'approche de Chklovski. À partir des quatre contestations principales invoquées contre l'emploi « formaliste » (épithète qu'on pourrait souvent remplacer par « chklovskien ») de la motivation, on pourrait ainsi clarifier sa position « par négation », en prenant sa défense, dans la mesure du possible.

1. *Par la notion de la motivation, les formalistes incorporent des éléments étrangers, non artistiques, dans l'œuvre d'art.*

Ce reproche, formulé par Medvedev et Bakhtine (1978) en 1928, concerne surtout les travaux initiaux des formalistes. Les deux chercheurs les accusent d'identifier, par la notion de la motivation, des éléments

(1964a) pour la motivation et Nøjgaard (1996) pour les forces du récit (voir « Perspectives diachroniques » dans le chapitre sur Tynianov). On peut aussi, comme dans la théorie des mondes possibles et l'approche cognitive, découper en sous-catégories la motivation psychologique (voir p. 152, note 32). Il nous a cependant semblé suffisant et avantageux de désigner globalement un mode mimétique exodiégétique pour réfléchir davantage sur les variantes artistiques.

9 Mills Todd (1985, p. 16) : « With few exceptions, the Western reception of Formalism has likewise focused upon its early activities. »

qui formeraient un corps étranger dans le texte. Cette entité extralittéraire, non artistique, dissoudrait selon eux l'unité du texte, qui doit être, selon les formalistes, un message verbal entièrement formalisé. Dans cette tradition, Milošević (1974) argumente que la causalité du monde réel introduite dans le récit entrerait par définition en conflit avec l'effet esthétique voulu puisque ces deux logiques seraient de nature différente. En réponse à cette critique, on peut simplement rappeler la déclaration de Tynianov (2001a, p. 117) : « [...] le matériau est également formel[10] ». Dans nos termes, toute motivation exodiégétique (*motivacija*) prend la forme de motivation diégétique (*motivirovka*) par le seul fait de figurer dans le récit, considéré comme une construction artistique. L'œuvre ne comporte aucune « matière brute », car cette matière (extralittéraire) se transforme en matériau (littéraire) par son insertion dans la composition artistique.

2. *Pour les formalistes, la motivation est tout ce qui n'est pas procédé littéraire.*

Ce reproche vise à dénoncer les principes intenables des formalistes et concerne en particulier l'approche de Chklovski. La critique est partiellement valable. Eichenbaum (2001a, p. 50-51) admet l'existence de ce principe, mais le situe dans la phase initiale de l'école formaliste : « Il est naturel que, dans les années de combat et de polémique contre ce genre de tradition, les formalistes concentrent tous leurs efforts pour montrer l'importance des procédés constructifs, et qu'ils écartent tout ce qui reste comme n'étant qu'une motivation. » Cette hiérarchisation méthodologique se combine avec un discours de confrontation parfois assez violent contre les études littéraires institutionnalisées. En parlant de Chklovski, Lotman (1973, p. 325) a bien vu que ce type de proclamation était « une attaque polémique et non une interprétation exacte de la position de l'auteur ». Eichenbaum (2001a, p. 51) souligne qu'il est essentiel de noter cet aspect pour bien évaluer les propos initiaux des formalistes :

> Quand on parle de la méthode formelle et de son évolution, il faut toujours tenir compte du fait que bien des principes postulés par les formalistes dans les années de discussion intense avec leurs adversaires [1916-1921] avaient une importance, non seulement comme principes scientifiques,

10 Pour rappel, c'est ce qu'avait aussi expliqué Hansen-Löve (1988), voir p. 48-49.

> mais aussi comme slogans qui, dans un but de propagande et d'opposition, s'accentuaient jusqu'au paradoxe.

Slogans et polémiques mis à part, le contenu total du récit est à distinguer de la part spécifique qui forme le matériau de la motivation diégétique. Dans ses analyses, en pratique et en dehors des « slogans », Chklovski désigne toujours des éléments narratifs précis qui forment la motivation diégétique. La *motivation*, même considérée dans sa concrétisation mimétique, n'est alors pas à confondre avec l'*intégration*, qui désigne le fait d'incorporer des éléments dans le récit, sans nécessairement leur attribuer un rôle justificateur dans la mise en intrigue[11]. La motivation diégétique doit toujours sa présence à la motivation téléodiégétique, c'est-à-dire à l'effet artistique produit par un procédé littéraire que la motivation diégétique aide à préparer ou à justifier. C'est pourquoi Aucouturier (1994, p. 25) a raison de dire que la motivation est, pour Chklovski, la « notion corrélative à celle du procédé ». Plus précisément, l'emploi de la motivation se présente pour lui comme un *prétexte référentiel*.

Dans ce contexte, soulignons que la motivation conduit à toutes sortes de procédés : retardement, complication, fausse piste, indice et ainsi de suite. Elle s'affiche simplement comme un élément textuel qui établit des liens entre différentes unités narratives. Il n'y a pas lieu de relier ou d'opposer la motivation au seul procédé de l'*ostranenie*, comme on l'a parfois fait[12]. Certes, cette dernière notion est capitale, et particulièrement présente dans les analyses des formalistes (et surtout chez Chklovski). Mais, si l'on doit nécessairement opposer l'*ostranenie* à une autre notion, ce ne serait pas à la motivation, mais plutôt à celle de l'*automatisation* (voir « Procédés et fonctions » dans le chapitre précédent). L'emploi réitéré de la motivation littéraire peut certes contribuer à former une certaine automatisation lectoriale, mais sans se confondre avec cet effet, ou cette habitude, de lecture.

---

11 Voir notre passage sur la naturalisation chez Culler, p. 193-195.

12 *Cf.* Jefferson (1986, p. 35) : « In literature either a device is presented exclusively for its defamiliarizing effect, or else it may be motivated—that is to say its presence as a device is disguised by a veneer of realism. » Même imprécision chez Jameson (1972, p. 64-65) : « Thus Propp establishes a distinction between horizontal and vertical which is a little like the Saussurean categories of the syntagmatic and the associative on the one hand, and the Shklovskian distinction between the basic device (the actual defamiliarization) and the motivation on the other. »

3. La matière de la motivation n'a aucune importance pour les formalistes.

Ce reproche est relié au point précédent : la motivation est une matière mise en récit qui a pour seul rôle de rendre plus souple l'insertion de divers procédés. De ce fait, elle serait dépourvue de valeur propre[13]. Cette critique est ancienne. Trotski ([1923] 1960) fait partie des premiers à blâmer les formalistes pour leur négligence envers les perspectives extralittéraires (historiques, philosophiques, sociales, psychologiques, etc.). Il a été suivi par maints critiques : en particulier par ceux qui étudient la dialectique entre société et littérature (Bakhtine, [1924] 1978a et Jameson, 1972), mais aussi par des spécialistes de l'école formaliste (Erlich, [1955] 1980 et Striedter, 1989). La polémique marxiste a déjà été commentée dans le chapitre précédent ; il sera ici question de la critique d'Erlich et de Striedter.

Hostile à l'idée de la motivation littéraire, Erlich (1980, p. 197) va jusqu'à soutenir que la pertinence de la notion de la *motivirovka* serait invalidée par l'analyse du contenu (apparemment d'après l'idée que la présence d'un contenu riche et profond rendrait impossible l'analyse de la fabrication du récit). Il dénonce en particulier l'analyse de *Crime et châtiment* par Chklovski, où ce dernier propose de voir un dialogue sur l'immortalité de l'âme comme une façon de justifier un retardement dans l'intrigue. Venons ici au secours du chercheur russe en mentionnant deux arguments en sa faveur : premièrement, rien n'empêche de caractériser le passage en question comme un retardement dans une perspective compositionnelle ; deuxièmement, ce constat n'implique nullement que le contenu serait dépourvu d'importance dans une perspective philosophique, mais seulement qu'il ne contribue pas, pour Chklovski, à fonder la littérarité du texte[14].

Pour sa part, Striedter (1989) désapprouve fortement la mise entre parenthèses du contenu dans la célèbre analyse de *Don Quichotte* par Chklovski[15]. Cette critique se réfute avec notre deuxième argument :

---

13 *Cf.* Erlich (1980, p. 57) : « All other components of the literary work, its "ideology," its emotional content, or the psychology of the characters were found secondary, if not totally irrelevant; they were airily dismissed as post factum "motivation" of the devices employed [...]. »

14 Eichenbaum (2001a, p. 47) confirme ceci : « Chklovski ne rejette pas le lien général de la littérature avec la vie réelle [...], mais il ne l'utilise plus pour expliquer ces particularités du fait littéraire. »

15 Striedter (1989, p. 32) : « Here his neglect of thematics on principle, and his inclination to dismiss as insignificant all the ideas that are given voice within a work, or at best to admit them as motivations, prove deleterious. »

Chklovski se focalise sur les procédés littéraires, non sur les implications philosophiques de la matière investie dans le récit. Pour le chercheur russe, l'essentiel est en effet de montrer que la transformation du chevalier catalan en homme plus sage ouvre la possibilité pour Cervantès d'insérer des visions plus censées de la réalité, conformément à ses intentions modifiées. Le héros relie aussi les épisodes du roman. Cette fonction est nécessaire, selon Chklovski, étant donné que *Don Quichotte* se présente comme une étape intermédiaire entre le recueil de nouvelles et du roman plus organique qui devait se développer plus tard (notons en passant que Chklovski inclut donc, lui aussi, des paramètres historiques dans ses analyses)[16]. Cette nouvelle approche du personnage, considéré comme une fonction dans la composition, s'inscrit résolument contre toute idée de le voir comme une personne ou d'identifier sa psychologie[17]. Le personnage est une unité artificielle, purement fictionnelle, qui aide à justifier l'enchaînement du récit et qui fonctionne comme une force motivante pour animer l'intrigue.

De façon générale, Chklovski estime en effet que l'ancrage mimétique ne relève pas d'un procédé littéraire propre, mais qu'il se réduit à rendre possible l'introduction d'un procédé littéraire[18]. Se référer à un réel connu tend à naturaliser le récit alors que l'art propre, selon lui, consiste à *déformer* ce même réel : « Pour faire d'un objet un fait artistique, il faut l'extraire de la série des faits de la vie », dit Chklovski (2001b, p. 186). La conséquence en est que le mimétisme ne pourra être l'objectif artistique de l'auteur[19]. Cette perspective sera à retenir par la suite, et surtout pour la réflexion sur le discours réaliste, où l'on pourrait

16 *Cf.* Eichenbaum (2001a, p. 51) sur l'analyse de *Don Quichotte* par Chklovski : « Ce roman est pris comme exemple parce que le procédé et la motivation n'y sont pas encore suffisamment entrelacés pour former un roman entièrement motivé, dont toutes les parties seraient bien soudées. »

17 *Cf.* Chklovski (1990, p. 104) sur certaines fonctions de Watson dans les livres de Sherlock Holmes : « He could have been replaced in this case by a special arrangement of the story in the form of chapters. » Voir aussi Tomachevski (2001, p. 301) : « Le héros [...] représente d'une part un moyen d'enchaînement de motifs et d'autre part une motivation personnifiée du lien entre les motifs. »

18 Pour Haferland (2016, p. 49), les motivations font partie de la « boîte à outils » (*Werkzugkasten*) de l'écrivain, métaphore qui reflète parfaitement les principes de Chklovski.

19 Sternberg (2012, p. 360) : « That motivational factors may be elevated into ends, as always in realistic and otherwise world-oriented art [...] is of course alien to the Shklovskyan theory's spirit. » – *Cf.* Hodgson (1985, p. 196), qui parle d'un « mépris envers l'imitation » (*disdain for imitation*) de Chklovski.

dire que l'intention artistique est justement de représenter le réel tel qu'il est (voir la section « Puisque motivation il y a » dans le chapitre suivant). Toujours selon cette dévalorisation de la dimension mimétique, Chklovski ne condamne pas la composition de *Don Quichotte* au nom de la vraisemblance, bien que la transformation du chevalier errant en un homme sage soit faiblement motivée, selon lui[20]. En bref, il accorde toujours la priorité aux règles du jeu narratif établies par l'auteur. D'où le commentaire célèbre de Chklovski (1973, p. 65) par rapport à la réaction de Tolstoï concernant les possibles défauts du déroulement du théâtre shakespearien : cela ne doit pas nous déranger plus que l'idée que le cavalier n'a pas le droit d'aller tout droit aux échecs !

4. *La hiérarchisation établie entre procédés et matière peut être contestée.*

Le quatrième et dernier reproche, formulé par Medvedev et Bakhtine ([1928] 1978), est de la plus haute importance pour l'étude de la motivation et pour les études littéraires en général. Ils rappellent aux formalistes que rien dans le texte narratif n'indique une quelconque hiérarchie selon laquelle la motivation (et donc la thématique ou l'idéologie qu'elle véhicule) serait une sorte de fonction soumise au procédé littéraire. C'est-à-dire qu'on ne pourrait dire objectivement, comme le prétend Chklovski, que le contenu investi dans le récit serait toujours dépendant du – et inférieur au – jeu artistique. Rien n'autorise le critique à privilégier l'étude de la littérarité du texte en vertu de sa prétendue nature scientifique, au détriment des autres dimensions du texte. Tout cela, disent Medvedev et Bakhtine, relève de choix méthodologiques. Si cela n'invalide pas l'approche formaliste (il est légitime de s'intéresser à la mise en intrigue ou aux procédés littéraires au lieu de se pencher sur la représentation idéologique du monde), cela révoque leur prétention d'avoir trouvé une formule scientifique pour étudier la littérature de façon objective[21]. En cela, Medvedev et Bakhtine suivent

20 Erlich (1980, p. 196) : « Shklovsky spoke disdainfully of the critics who seemed puzzled by the fact that Cervantes' sorrowful knight now acted as a madman, then delivered erudite and coherent orations on literary and philosophical topics. A literary character, he argued, cannot be expected to be consistent or credible. »

21 Pour Bakhtine (1978a, p. 27), il s'agirait même d'une « simplification extrême du problème scientifique ». Jugement semblable de Jirmounski, selon Erlich (1980, p. 97) : « The fallacy of the Opojaz doctrine, maintained Zhirmunskij, lay in confusing a sphere of scientific investigation with a method of inquiry [...]. »

Trotski, qui avait déjà noté que la prétendue scientificité des formalistes n'était qu'apparente, cachant une approche essentiellement subjective qui reposait en large partie sur leur intuition. Ce point, très important, n'est certainement pas un « faux problème », comme le prétend Jameson (1972, p. 92). Medvedev et Bakhtine font une véritable déconstruction de la conviction chez les formalistes d'avoir trouvé une notion « neutre » (l'idée de la littérarité) à partir de laquelle le chercheur pourrait hiérarchiser objectivement les aspects du texte littéraire. En d'autres termes, ils démontrent, bien avant le poststructuralisme, l'inévitable caractère logocentrique de tout principe conceptuel.

(D')APRÈS CHKLOVSKI

Sans reprendre la position radicale de Chklovski, la narratologie française a exploré la fabrication du récit en appliquant soit la notion (Genette, Hamon) soit les principes (Barthes) de la motivation (« Le “classicisme français” »). En passant aux études plus récentes, la critique a retenu en particulier les études de la description motivée par Hamon. En général, on ne cite pas Chklovski (pour ce qui est de la motivation), ce qui n'empêche pas d'y voir parfois des reprises de ses pensées, peut-être à l'insu des chercheurs (« Études postclassiques »).

LE « CLASSICISME » FRANÇAIS

La parution de l'anthologie *Théorie de la littérature* en 1965 (Todorov, 2001) semble avoir été déterminante pour l'influence des formalistes russes sur le structuralisme français des années 1960. Quant à la motivation, cet ouvrage contient le chapitre « Thématique » de Tomachevski, qui conduit à une approche centrée sur la vraisemblance et la cohérence du récit (voir l'avant-dernier chapitre du présent ouvrage). Quelques écrits de Chklovski font partie du volume, mais non ses analyses classiques de la motivation dans *Don Quichotte*, *Tristram Shandy* ou *Sherlock Holmes*. Le choix éditorial de Todorov, conseillé par Jakobson, a pu influencer la destinée de la motivation dans le discours théorique, étant donné que son anthologie a été pendant longtemps l'œuvre de référence par rapport aux formalistes russes, et non seulement en France (l'anthologie est par exemple traduite en italien et en espagnol dans les années qui suivent sa publication en France). Cela ne nous empêche pas de trouver des réminiscences des idées de Chklovski déjà dans l'essai « Les catégories littéraires » par Todorov (1966, p. 151), où le critique bulgare identifie dans les *Liaisons dangereuses* le « conflit entre deux ordres : celui du livre et celui de son contexte social ». L'ordre du livre correspond au niveau téléologique tandis que celui de l'ordre social se concrétise au niveau diégétique. Dans « La quête du récit » (1971c, p. 138-145), Todorov lance ensuite un autre régime double qui rappelle celui de la motivation : un système de *causalité philosophique*, qui présente des actions afin d'illustrer une pensée, et un système de *causalité événementielle*, qui étale des conséquences dans l'histoire racontée. Encore une fois, il est aisé de voir la parenté avec la motivation téléodiégétique et la motivation diégétique. On retrouvera par ailleurs l'idée d'une motivation (ou d'une causalité) « finale » bien plus tard, chez Martínez (1996).

Mais c'est avant tout l'article de Genette (1968) sur « Vraisemblance et motivation » qui a marqué le champ de la critique littéraire. En effet, cet essai est considéré comme fondamental, par une appréciation quelque peu institutionnalisée, même chez des narratologues de premier ordre : Adam (2005, p. 54) puise chez Genette, et non chez les formalistes, pour expliquer la « motivation narrative » ; Kremer (2012, p. 11) semble attribuer à Genette la découverte que « la logique causale du récit [...] n'est qu'une justification apparente, dont le but est de camoufler la finalité réelle », au lieu de se référer aux formalistes ; Pennanech (2009, p. 2) affirme que « c'est dans le roman balzacien que nous trouvons les formes de "motivation" les plus spectaculaires », sans doute en s'inspirant des exemples analysés par Genette ; dans la même lignée, Prince (1973, p. 63) va jusqu'à dire que les romans de Balzac et de Proust sont largement constitués de motivations. L'influence indéniable de cet article mise à part, il n'en reste pas moins qu'il reprend, par bien des aspects, les idées de l'école formaliste, même si cela est difficile à voir du fait que l'auteur de *Palimpsestes* « affiche une dette assez vague à l'égard des "formalistes russes" », pour citer la formule courtoise d'Escola (2009, p. 6). L'essai contient seulement deux (!) phrases sur les formalistes, que Genette présente par le biais d'Erlich ([1955] 1980), sans citer ni commenter directement leurs propres écrits.

Considéré comme une étude majeure de la critique structuraliste, cet essai contient des aspects à commenter sous différents dominants. Dans l'esprit de Chklovski, auquel se limite le présent chapitre, Genette explicite que l'effet artistique conditionne l'insertion préalable de la motivation dans le récit, fait illustré par ses nombreuses remarques pertinentes sur *La Princesse de Clèves* et les romans de Balzac. Il y aborde la motivation comme prétexte, que Genette (1968, p. 19-20) reformule en « alibi causaliste ». Quant à la terminologie, il choisit de parler de la *fonction* d'un élément textuel (« ce à quoi il *sert* ») et de sa *motivation* (« ce qu'il lui *faut* pour dissimuler sa fonction »). Ces deux termes correspondent à la double fonctionnalité de la *motivirovka* présentée par Chklovski[22]. Il semble ensuite associer la fonction « immédiate » à la motivation diégétique et la fonction « à terme » à la motivation téléodiégétique, double analogie qui n'est certainement pas toujours valable.

Pour des emplois plus chklovskiens de la motivation, on peut aussi puiser dans les écrits de Barthes (1966, 1968 et 1970), fortement influencé par les formalistes. Sans reprendre leur terminologie, il identifie dans ses études plusieurs aspects à rapprocher de la motivation. C'est le cas d'une situation narrative dans « Sarrasine » où « le personnage et le discours sont complices l'un de l'autre », selon Barthes (1970, p. 184). Cette formule, très barthésienne, désigne un passage où Balzac interrompt un dialogue qui risquerait de révéler la vérité sur le personnage principal. Barthes (*ibid.*) analyse ceci de la façon suivante :

> Si l'on a une vue réaliste du personnage, si l'on croit que Sarrasine vit en dehors du papier, on cherchera les mobiles de ce geste d'interruption [...]. Si l'on a une vue réaliste du discours, si l'on considère l'histoire racontée comme une mécanique dont il importe qu'elle fonctionne jusqu'au bout, on dira que la loi de fer du récit voulant qu'il continuât encore, il était nécessaire que le mot de castrat ne fût pas prononcé.

Les « mobiles » correspondent à la motivation diégétique et la « loi de fer du récit » à la motivation téléodiégétique. Comme chez les formalistes, cette dernière motivation se superpose à la première et

22 Selon toute probabilité, Genette ne connaissait pas le terme de *motivirovka* : il mentionne seulement celui de la *motivacija*, qui correspond uniquement à la matière extralittéraire et non aux analyses qu'il fait effectivement du matériau littéraire dans son célébré essai.

remporte le jeu : puisque l'auteur veut prolonger le récit (soutenir le suspense, développer encore la thématique, introduire d'autres motifs, etc.), il construit une causalité psychologique et circonstancielle qui peut sembler acceptable au lecteur. Cette approche, par laquelle la perspective téléologique occupe le rang supérieur, revient dans la définition du code proaïrétique (*ibid.*, p. 25) : « Se référant à la terminologie aristotélicienne qui lie la praxis à la proaïrésis, ou faculté de délibérer l'issue d'une conduite, on appellera *proaïrétique* ce code des actions et des comportements (mais dans le récit, ce qui délibère l'action, ce n'est pas le personnage, c'est le discours). » Ainsi, le « discours » (l'équivalent ici de la motivation téléodiégétique) conditionne le code proaïrétique, ce qui rejoint les considérations de Chklovski sur le statut du personnage dans *Don Quichotte.* Barthes (*ibid.*, p. 29) note aussi la technique de la « description motivée » en identifiant un scénario où la position et le regard du personnage ouvrent vers l'insertion du descriptif : « Je pouvais contempler veut dire : je vais décrire. [...] il y a manipulation du discours, non de l'histoire [...]. » Cette « manipulation » renvoie au niveau téléodiégétique (« je vais décrire ») tandis que « l'histoire » recoupe la motivation diégétique (« je pouvais contempler »). La description à venir est ici justifiée par la mise en récit : le personnage occupe une position pratique et se trouve dans un état idéal pour que le récit passe du régime narratif en régime descriptif.

En ligne directe de Barthes se trouve Hamon, l'universitaire francophone qui a étudié la motivation littéraire avec le plus de précision, dans ses études importantes sur le discours réaliste. Parmi les quinze traits qu'il identifie pour cerner la construction « contrainte » du texte réaliste (Hamon, 1982), deux répondent en particulier à l'idée de la motivation comme prétexte : les n° 6 et n° 8. Ce dernier trait est « la concrétisation narrative (alibi) de la performation du discours » (*ibid.*, p. 149). Il s'agit du *contrat narratif*, élément du récit déjà analysé par Barthes (1970, p. 96) dans sa qualité de « marchandise » : le conteur admet de raconter son histoire en échange d'une récompense. Hamon ajoute que le futur conteur peut aussi sentir le besoin de dévoiler son histoire au premier venu, ce qui donne l'exemple d'une psychologie du personnage qui justifie la narration du récit encadré. Les nouvelles de Maupassant offrent des variantes de ces deux procédés, où un cercle d'amis ou les membres d'une petite société demandent à entendre un récit, dont la thématique vient d'être évoquée lors d'une conversation[23].

Par le trait n° 6, Hamon développe de façon considérable les remarques de Barthes sur la description motivée. Il cerne plus généralement la distribution et la circulation du *savoir* en identifiant l'idée chez Zola de communiquer de l'information au lecteur sans insérer des pauses descriptives dans le récit. Hamon (1982, p. 141) montre que le passage descriptif correspond au temps qui s'écoule pendant que se déroule un scénario (promenade, contemplation par la fenêtre, regard dans le miroir, entrée dans un nouveau lieu, etc.)[24]. Celui-ci met en scène un personnage « fonctionnaire » (le savant, le curieux, le pédant, l'ignorant, le « nouveau », etc.) dont les qualités servent à justifier l'introduction de passages divers[25]. Le scénario et le fonctionnaire type forment ainsi le prétexte à l'insertion d'une fiche documentaire, ce qui permet à l'auteur de transmettre de l'information (description du milieu, renseignement sur le personnage, « leçon » encyclopédique, etc.) au lecteur par l'intermédiaire de l'histoire au lieu de prendre en charge la description lui-même. Cette analyse se vérifie par la lecture des dossiers préparatoires de Zola. Dans l'ébauche de *Nana*, on trouve par exemple la réflexion suivante sur le travail de composition à entreprendre : « Voyons le personnel d'hommes que je puis employer » (folio 4). Zola note aussi que certains personnages lui « servent pour la description » (folio 68) et que tel dispositif « [l]'aide pour la description » (folio 69).

La technique de la description motivée chez Zola est un véritable marqueur du récit naturaliste. Aussi importante qu'elle soit pour la poétique zolienne, elle n'est pourtant pas un élément *obligé* de tout discours naturaliste ou réaliste. Elle n'appartient pas non plus *exclusivement* à ces courants littéraires. Après avoir énuméré quelques lieux

---

23 Cela répond à ce que Ryan (1991, p. 152-153) appelle *external points*, c'est-à-dire des raisons « externes » de raconter une histoire (mettre en question, choquer, surprendre, répondre à une attente, etc.), à opposer aux *internal points*, par lesquels l'histoire se justifie elle-même.

24 Bal (2017, p. 95) associe à tort le procédé zolien avec un arrêt temporel (« the flow of the fabula-time was of secondary importance ») et déclare que la pause aurait été une solution acceptée : « During the era of Naturalism, the pause was less of a problem; the explicit goal of these novels was to sketch a picture of reality. »

25 Dans *Le Personnel du roman* (1998, p. 66-106), Hamon distinguera ses trois rôles thématiques principaux : le *regardeur-voyeur*, le *bavard volubile* et le *technicien affairé*. Voir aussi Hamon (1993).

motivants privilégiés dans le discours réaliste pour justifier l'insertion de descriptions, Hamon (1993, p. 178) énonce cette remarque générale : « De telles constructions descriptives peuvent, selon les époques, devenir emblématiques de telle ou telle école littéraire, de telle ou telle conception des relations de l'homme avec la nature, de telle ou telle théorie éthologique ou écologique [...]. » Cette réserve importante contre une application trop catégorique de la description motivée ne semble pas toujours avoir été prise en compte dans les études postclassiques, comme nous allons le voir.

ÉTUDES POSTCLASSIQUES

À la suite des études de Hamon sur le descriptif, Bal (2005 et 2017) fournit trois exemples représentatifs de catégorisations quelque peu malheureuses concernant la motivation, le descriptif et le discours réaliste/naturaliste : (1) toutes les descriptions réalistes sont motivées ; (2) dans le discours réaliste en particulier, la fonction de la motivation est de naturaliser le discours ; (3) les post-naturalistes gèrent les descriptions excessives à l'aide du personnage-fonctionnaire[26]. Ces propos trop généraux ne sauront être entièrement défendus. Comme l'avait déjà suggéré Hamon, toute école littéraire naturalise le discours à sa façon. Schöch (2015, p. 46) a validé ce propos en montrant que la motivation descriptive des romans du XVIIIe siècle sert le plus souvent « plutôt à ménager ou à assouplir la transition, et à naturaliser les limites, entre description et narration ». Il rappelle aussi que les contemplations romantiques des paysages répondent parfaitement au procédé du personnage focalisateur. Le descriptif médiatisé par le regard du personnage devient même fréquent vers la fin du XVIIIe siècle en raison de la vogue de la narration à la première personne, dont le rapport individuel avec le monde environnant conduit à des descriptions du cadre. À travers les époques, différents types de discours motivent ainsi les descriptions à leur façon, et parfois de manière similaire aux « romanciers du réel » (dans le sens de Dubois, 2000, qui étudie le discours mimétique de Balzac à Simenon).

---

26 « In the nineteenth-century realistic novel descriptions, if not made narrative, were at least motivated » (Bal, 2017, p. 27) ; « En régime réaliste, la motivation diégétique est censée *naturaliser* la description » (Bal, 2005, p. 152) ; « [...] their presence was justified by tying them to the vision of an onlooker. Post-Naturalist novelists adopted this last solution » (Bal, 2017, p. 95).

Il faut également signaler que les stratégies motivantes caractéristiques du réalisme, et notamment la volonté chez Zola d'intégrer le descriptif dans le déroulement temporel de l'histoire, ne provoquent pas nécessairement l'impression chez le lecteur de lire un discours naturel. Pour Hamon (1998), l'écriture zolienne peut entraîner des « explications à la limite du vraisemblable pour justifier l'intrusion d'une description » (p. 74) et « une "mise en scène" parfois d'autant plus lourde qu'elle se veut discrète et vraisemblable (c'est la "motivation" vraisemblablisante du personnage) » (p. 103). Le lecteur peut trouver que tel « pédant », « néophyte » ou « obsédé » entre de façon exagérée dans les détails, ou bien que le regard du personnage s'étend pendant une durée excessive pour couvrir une description (trop) longue. Dans ces cas, les descriptions seront vécues comme construites et artificielles, voire comme des pauses dans le récit, si le lecteur oublie après quelques pages qu'il est censé suivre le regard du personnage. Cette dernière possibilité est confirmée par Dufour (1998, p. 259), connaisseur éminent du réalisme littéraire, pour qui le fonctionnaire type de personnage zolien peut être « là à l'ouverture d'une description qui ensuite se passe parfaitement de lui ».

Par ailleurs, pourquoi l'introduction d'une description non médiatisée par le personnage serait-elle non naturelle ou moins naturelle ? Inclure des descriptions (que ce soit de la nature, d'un lieu, d'un bâtiment, d'un arrière-plan historique, d'un personnage, etc.) fait partie des conventions littéraires. L'incipit de *L'Éducation sentimentale* (« Le 15 septembre 1840, vers six heures du matin, la Ville-de-Montereau, près de partir, fumait à gros tourbillons devant le quai Saint-Bernard ») aurait-il la fonction de dénaturaliser le récit parce qu'il n'est pas médiatisé par un personnage qui regarde la scène étendue dans l'histoire ? Il faudrait certainement répondre par la négative. Il semble donc plus raisonnable de dire que l'étude de la technique motivante nous aide à identifier certaines caractéristiques de style dans l'histoire littéraire, sans qu'il y ait besoin de réserver cette technique à une époque particulière ni de hausser une certaine technique motivante au statut de narration forcément considérée comme naturelle ou vraisemblable.

Autre point théorique à commenter chez Bal (2017, p. 28) : son idée de faire de la description motivée une fonction de la focalisation. Le point de départ est que tout passage narratif est nécessairement raconté avec une certaine focalisation. Si cela est juste, la « manipulation de l'histoire », pour emprunter l'expression de Barthes (1970), se double toujours d'une « manipulation du discours ». Hamon (1993, p. 172) nous rappelle que, si l'auteur veut insérer telle information dans le récit, créer telle situation dramatique, tel effet de lecture, etc., il doit motiver le procédé en restreignant, modifiant, précisant la vision et la faculté de voir ou de comprendre le réel chez le personnage-fonctionnaire : « [...] toute "scène", tout "tableau" demande aussi une mise en scène [...]. Le regard du personnage assumant la description doit être lui-même justifié [...]. » Par exemple, si Zola veut décrire le quartier, il arrange la scène en conséquence, par des motivations diégétiques repérées par Hamon (1998) : positionnement en hauteur, bonne vue, attente d'un rendez-vous, etc. La motivation téléodiégétique, ici l'insertion d'un procédé poétique (la description), conditionne la mise en récit, dans laquelle la focalisation est plutôt une fonction de la motivation que l'inverse.

Enfin, dans son manuel de narratologie, Bal (2017) range la section consacrée à la motivation dans le chapitre « Description », comme si la question de la motivation était liée à ce domaine seul, sans fournir aucune explication de ce choix. Schöch (2015, p. 40) suit cette idée en déclarant que la motivation descriptive (qu'il appelle « motivation narrative ») correspondrait aux « évènements diégétiques qui aident à intégrer de manière plus ou moins complète les passages descriptifs dans le contexte narratif. » De même, Gardes-Tamine et Hubert (1993, p. 127) acceptent cette perspective restreinte en précisant que « les descriptions peuvent avoir une motivation interne, si elles découlent du regard d'un personnage, par exemple, ou externe, si elles résultent d'une décision du narrateur[27] ». Cette délimitation de la motivation aux domaines du descriptif et de la focalisation reste fort difficile à défendre, ce qui ne doit pas pour autant nous faire oublier que la focalisation est un élément puissant pour stratifier et choisir quelle information présenter au lecteur[28].

---

27 Par ailleurs, en plus de réduire la portée poétique de la motivation, Gardes-Tamine et Hubert ne semblent pas non plus concevoir la possibilité de voir le personnage comme narrateur (à juger des divisions interne/personnage et externe/narrateur dans le passage cité).

28 *Cf.* Sternberg (1978, p. 254) sur la focalisation : « [...] the most comprehensive principle (or framework) motivating the selection, combination, and distribution of elements in the narrative text ». – Voir aussi la discussion de Stanzel (1991, p. 127-129) sur la relation entre la narration, le point de vue et la motivation.

Mis à part ces remarques sur la motivation en tant qu'outil pratique pour véhiculer des descriptions, on retrouve rarement, dans les études plus récentes, l'emploi de la notion de la motivation joint à l'étude de la fabrication artificielle du récit dans le sens de Chklovski. Les deux spécialistes actuels de la motivation, Sternberg (1978, 2007, 2012) et Schmid (2020), envisagent tous les deux leurs analyses à partir de la double fonctionnalité de la *motivirovka* (répondant chez eux aux modes mimétique et artistique), ce qui conduit à un grand nombre d'exemples de la motivation comme prétexte, ou du moins comme part de la stratégie de la composition artistique, ce qui rapproche ces chercheurs de Chklovski. Cependant ils sont loin d'adapter sa perspective radicale. Sternberg (2012, p. 353-364) le critique sur plusieurs points, comme pour ce qui est de son quasi-rejet du matériau ou de sa tendance à trancher entre des oppositions binaires. Comme Schmid, Sternberg semble plus proche de l'esprit de Tynianov. Cela vaut en particulier pour l'étude historique de la motivation chez Schmid, mais Sternberg (2012) applique lui aussi la motivation sur des écrits d'époques différentes (il commente entre autres Homère, Dostoïevski, Trollope et James), sans toutefois tracer une évolution diachronique de la motivation.

Ces deux chercheurs exceptés, rares sont ceux qui étudient la fabrication du récit en renvoyant à Chklovski. Il arrive néanmoins que des chercheurs postclassiques présentent des pensées quasi identiques à celles du chercheur russe, mais sans se référer à lui (ni aux formalistes). L'excellente étude de Dannenberg (2008) en est un premier exemple. Sans utiliser la notion de la motivation, elle parle d'une *causation* qu'il est possible d'identifier entre autres sous forme de *manipulation auctoriale*. Dans les textes mimétiques, cette manipulation du récit est camouflée selon elle par des connexions intradiégétiques empruntées à la vie réelle[29]. De son côté, Ryan (2009) analyse des « astuces simplistes » (*cheap plot tricks*) et des « blancs dans l'intrigue » (*plot holes*), éléments de composition qui apparaissent en raison de l'opposition entre l'intention

29 Dannenberg (2008, p. 25) : « [...] realist texts (and semirealist texts, such as the genre of science fiction) attempt to camouflage the ultimate, extradiegetic causal level of the author (who actually writes the text and thus causally manipulates all events within it) by constructing a narrative world with its own intradiegetic connective systems. »

esthétique de l'auteur et la logique de l'histoire[30]. Ces deux approches proposent des reformulations de la problématique de la motivation, telle que les formalistes l'esquissaient et la pratiquaient. La « causation » et « logique de l'histoire » recoupent la motivation diégétique tandis que la perspective téléodiégétique se retrouve dans la « manipulation auctoriale » et les « astuces simplistes ». Les travaux de Dannenberg et de Ryan, leurs évidentes qualités intrinsèques mises à part, illustrent de façon manifeste la manière dont la théorie littéraire peut avoir tendance à réinventer la roue. Cette constatation n'est pas à lire comme une critique contre ces deux études commentées, mais comme une simple observation sur la nature du domaine des lettres, où les idées et les perspectives se recyclent d'une école à une autre, sans devenir forcément périmées par l'évolution des sciences.

À LA CHKLOVSKI

Cette section sera l'occasion de montrer quelques analyses entreprises dans l'esprit de Chklovski. Cela passera d'abord par deux sections inévitables : « L'effet-personnel » et « La description motivée ». L'art motivant que nous allons y décrire a déjà été analysé en détail par Hamon (1993 et 1998). Il s'agira simplement d'en illustrer certaines variantes pour voir comment elles s'harmonisent avec l'esthétique de l'auteur respectif. Ces analyses seront ensuite complétées par quelques remarques sur des effets narratifs proches de la mise à nu (« La motivation auctoriale »)[31].

30 Ryan (2009, p. 56) : « The author needs to make the characters take particular actions to produce a certain effect on the reader, such as intense suspense, curiosity, or emotional involvement; but acting toward this situation defies narrative logic, because is not in the best interest of the characters, or not in line with their personality. »

31 Les textes analysés ont déjà fait l'objet de publications dans *Bulletin Flaubert-Maupassant* (« La poétique du parasite – quelques exemples d'éléments motivants dans les nouvelles de Maupassant », 2007, n° 21, p. 131-144), *Litteratur & språk* (« Motivation et description dans *Nana* », 2007, n° 3, p. 89-106), *Le Petit Chose* (« Procédés motivants dans *Sapho* », n° 96, p. 155-183), *L'Année stendhalienne* (« Pratiques poétiques – remarques sur la motivation dans *Le Rouge et le Noir* », 2007, n° 6, p. 301-331) et *Orbis Litterarum* (« Représentations – observations sur *Le Tour du monde en quatre-vingts jours* », vol. 63, n° 3, p. 199-216).

L'EFFET-PERSONNEL (MAUPASSANT, VERNE ET ZOLA)

À la suite de Hamon, Jouve (1998), distingue l'*effet-personnel*, par lequel le lecteur voit le personnage comme une fonction narrative, de l'*effet-personne*, par lequel le lecteur considère plutôt le personnage d'après son apparence humaine et réelle[32]. L'approche de Chklovski, pour qui l'évolution de Don Quichotte (d'abord fou, puis plus sage) permettait à Cervantès d'inclure différents épisodes dans le roman, privilégie clairement l'effet-personnel. Cet effet s'adapte aussi à l'étude de la [pré]disposition caractérielle de ces nombreux personnages dans les nouvelles de Maupassant qui s'adonnent à une certaine activité ou à un certain domaine d'intérêt :

- *Chasse* : « C'était, avant tout, un chasseur frénétique qui perdait le bon sens à satisfaire cette passion, et dépensait de l'argent gros comme lui pour ses chiens, ses gardes, ses furets et ses fusils. » (« Farce normande », I, p. 498)[33]
- *Décoration* : « M. Sacrement n'avait, depuis son enfance, qu'une idée en tête, être décoré. » (« Décoré ! », I, p. 1065)
- *Faits divers* : « La première page ne l'intéressait guère ; la politique le laissait froid ; il passait toujours la finance, mais les faits divers le passionnaient » (« Le Crime au père Boniface », II, p. 169)
- *Maladie* : « M. Panard était un homme prudent qui avait peur de tout dans la vie. Il avait peur des tuiles, des chutes, des fiacres, des chemins de fer, de tous les accidents possibles, mais surtout des maladies. » (« Voyage de santé », II, p. 719)

Le portrait paradigmatique est en même temps une programmation syntagmatique : au cours de l'histoire, le personnage agira en corrélation avec sa personnalité (le chasseur perdra le bon sens, Panard sera paranoïaque, Sacrement mettra toute autre considération de côté pour être décoré). Le procédé crée une motivation endodiégétique mimétique très

32 Le troisième effet est celui du *prétexte* de la lecture, par lequel le « plaisir du texte » (Barthes 1973) séduit ou stimule le lecteur. Le désir de l'intrigue de Brooks (1984), selon lequel le lecteur veut arriver à la fin pour satisfaire un manque essentiel, qui n'est autre que le désir de mourir d'après Freud, est un exemple de cet effet.

33 « I » et « II » renvoient aux deux tomes de la Pléiade des nouvelles de Maupassant. Voir *Œuvres littéraires* dans la *Bibliographie*.

forte. Le moindre signe peut être mal interprété par le personnage, dont l'idée fixe met aisément l'intrigue en marche : « M. Panard apprit par son journal que Paris subissait une légère épidémie de fièvre typhoïde : une inquiétude aussitôt l'envahit, qui devint, en peu de temps, une obsession » (« Voyage de santé », II, p. 720). La motivation téléodiégétique qui conditionne cette mise en scène, à savoir celle de présenter un développement farcesque, conduit Maupassant à insérer une motivation diégétique suffisamment forte pour justifier le comportement aberrant du protagoniste. Régissant une histoire comique dans « Voyage de santé », un tel moteur narratif est apte à gouverner toutes sortes de récits par sa faculté d'engendrer des thématiques, des tonalités et des effets variés : la blague (« Farce normande »), la parodie (« Un coup d'État »), l'adultère (« Décoré ! »), l'incident imprévu (« Le Signe »), la désillusion « La Parure »), la vengeance (« Une vendetta »), l'assassinat (« L'Ivrogne »), la tuerie (« Coco »), l'exécution (« Deux amis »), la folie (« La Chevelure »), etc.

Le dernier exemple, sur la folie, montre qu'il faut aussi inclure dans cette poétique maupassantienne les contes fantastiques, que la critique aime pourtant étudier comme un phénomène à part. Selon une certaine tradition, légèrement institutionnalisée, l'idée fixe du personnage fou s'interprète souvent comme le symptôme révélateur d'un auteur hanté[34]. Crouzet (1980, p. 235) a tôt tenté de dénoncer cette approche, qui fait du travail artistique « un simple moyen d'extérioriser des obsessions », dans un article qui aurait dû faire date dans les études maupassantiennes. Au lieu de s'interroger sur le mécanisme d'écrire « parce que » (qui relèverait d'une motivation profonde et plus ou moins inconsciente), Crouzet propose d'explorer chez Maupassant l'ambition d'écrire « pour que », ce qui rejoint parfaitement l'idée de la motivation téléodiégétique (ou de l'effet artistique) à produire. Sans prendre position dans cette question impossible à trancher concernant les véritables causes de la création littéraire (que ce soit chez Maupassant ou chez un autre auteur), nous nous contentons de remarquer, dans l'esprit de Chklovski (et de Crouzet,

34 En effet, ce type d'analyse du fantastique chez Maupassant est abondant. Pour ne donner que quelques exemples, Baron (1994, p. 59) parle de « thèmes qui ne cessent de hanter Maupassant » ; Fauvin-Lunetta (1994, p. 33) admet que *Le Horla* « fait écho à la mode fin de siècle », mais ajoute qu'il « renvoie aussi probablement aux fantasmes personnels de l'auteur » ; pour Fonyi (1994, p. 759), tous les récits de Maupassant seraient même « calqués [...] sur le même fantasme inconscient de l'utérus meurtrier », etc.

pensons-nous) que la mise en scène de l'être aliéné, et surtout la délégation de la parole à celui-ci, justifie la vision défamiliarisante du réel qui va suivre. Le fou fonctionne comme le motivant parfait pour créer l'*ostranenie* au sein d'un récit qui se veut pourtant réaliste (puisqu'il est cohérent, voire vraisemblable, qu'un fou raconte des folies)[35].

Passons-en maintenant à Jules Verne, dont la poétique ne reçoit peut-être pas toute l'attention qu'elle mérite. Lui aussi anime ses intrigues par des personnages fonctionnaires, dont l'emblématique Passepartout dans *Le Tour du monde en quatre-vingts jours*. Comme l'indique le nom du domestique, il est celui qui passe partout ; en tant que personnel, il va contribuer à dramatiser l'intrigue par ses déviations multiples par rapport à la ligne droite que doit suivre Fogg. Son égarement à Bombay est à ce propos exemplaire : « Malheureusement pour lui et pour son maître, dont il risqua de compromettre le voyage, sa curiosité l'entraîna plus loin qu'il ne convenait » (p. 96). À travers les réactions de Passepartout, Verne rappelle aussi au lecteur l'enjeu de telle arrivée à tel port et la menace de tel obstacle sur le chemin, fonction d'autant plus importante que Fogg reste constamment impassible : « C'était une perte de temps qui ne paraissait affecter Phileas Fogg en aucune façon, mais dont Passepartout se montrait extrêmement irrité » (p. 158) ; « Mais celui qui devait être le plus pressé de tous, Phileas Fogg, était demeuré à sa place et attendait philosophiquement qu'il plût aux buffles de lui livrer passage. Passepartout était furieux du retard que causait cette agglomération d'animaux » (p. 239).

Certes, d'autres voyageurs participent occasionnellement à ce jeu, comme dans la scène où la compagnie envisage l'épineuse tâche de libérer Aouda : « Sir Francis Cromarty se rongeait les poings. Passepartout était hors de lui, et le guide avait quelque peine à le contenir. L'impassible Fogg attendait sans manifester ses sentiments » (p. 125). Cependant, c'est bien entendu Passepartout, véritable mine de modalités, qui joue le rôle de contrepoint majeur de son maître dans la composition[36] : enthousiasme à Moka (« Passepartout fut ravi de contempler cette ville célèbre », p. 89), amusement dans la forêt indienne (« quelques singes, qui fuyaient avec

35 Sans utiliser le terme de motivation, Schapira (1990), dans une étude trop rarement citée, a identifié l'exploitation du thème de la folie comme part de la stratégie littéraire de Maupassant. Ce travail a été poursuivi dans notre thèse de doctorat (Färnlöf, 2000).

36 Pour le jeu avec cette mise en scène traditionnelle, voir Compère (2006).

mille contorsions et grimaces dont s'amusait fort Passepartout », p. 113), indignation devant le *sutty* (« Ah ! les gueux ! s'écria Passepartout », p. 118), consternation devant certaines mœurs à Hong Kong (« Passepartout trouva cela fort drôle », p. 169), etc. Dans une perspective métalittéraire, le domestique s'affiche comme un lecteur exemplaire du romanesque : il se perd dans l'intrigue, s'identifie au personnage principal, se rallie aux buts de Fogg tout en profitant du voyage (fictif) pour vivre l'expérience du monde (imaginaire) qui s'étale devant lui. Sa réaction en apprenant qu'il doit faire le tour du monde fait pleinement partie de ce schème narratif : « Passepartout, l'œil démesurément ouvert, la paupière et le sourcil surélevés, les bras détendus, le corps affaissé, présentait alors tous les symptômes de l'étonnement poussé jusqu'à la stupeur » (p. 61). Grâce à la présence du domestique, Verne dirige ainsi tout autant le récit que le lecteur dans les directions voulues.

Loin de Passepartout, force diégétique qui va, on pourrait penser que les protagonistes de Zola seraient prédisposés à agir de façon plus réglée, comme produits nécessaires de l'hérédité et du milieu. Pourtant, lorsque Zola esquisse le portrait de Nana dans son dossier préparatoire, il insiste sur le comportement imprévisible de son héroïne : « Tête d'oiseau, cervelle toujours en mouvement, avec les caprices les plus baroques » (folio 191-193). Baguley (1993, p. 68) remarque que ce mode dispositif gouverne le récit entier : « [...] le roman apparaît comme un ensemble de séquences, un immense spectacle des variétés, animé par l'inépuisable énergie et par la volonté tout à fait capricieuse de la courtisane. Tous les jours, elle a son jour. Elle admet tous, et tous se plient à la tyrannie de ses toquades. »

Baguley a raison d'employer le mot *toquade*, qui revient avec plus de fréquence dans *Nana* que dans tous les autres *Rougon-Macquart* additionnés. Il apparaît déjà dans les ébauches, lorsque Zola forme le personnage de Fauchery : « Trois jeunes gens. Un né à Paris, voyant Nana par toquade [...] » (folio 209) ; « [...] un garçon qui procède par toquade. Spirituel, très parisien, mais se toquant, mangeant une belle fortune » (folio 236). Si Fauchery est effectivement « l'homme aux toquades » (folio 174), selon les ébauches, Nana est bien le pendant féminin dans le roman, comme lors de son brusque départ à l'étranger :

> [...] on apprit un beau matin qu'elle devait être partie la veille pour Le Caire ; une simple discussion avec son directeur, un mot qui ne lui avait pas convenu,

> le caprice d'une femme trop riche pour se laisser embêter. D'ailleurs, c'était sa toquade : depuis longtemps elle rêvait d'aller chez les Turcs. (p. 460)

Ce caractère de l'héroïne procure à Zola une liberté certaine dans la composition du roman. Il peut la faire agir de façon illogique ou amener rapidement le récit d'un point à un autre, tout en gardant la cohérence entre la psychologie du personnage et l'histoire. De cette façon, il peut lier les épisodes entre eux, tout comme le faisait Cervantès par l'intermédiaire de Don Quichotte, selon Chklovski. À première vue, la motivation endodiégétique (interne) semble prendre le relais de la forte motivation exodiégétique (externe) mimétique qui caractérise l'art zolien. Il serait cependant plus correct de dire que ces aspects se superposent et se complètent : c'est bien l'hérédité de Nana qui la prédispose à agir de manière impulsive, ce qu'elle fait de manière conséquente.

Zola tire un bon profit du tempérament de son héroïne dans la disposition du récit. Par ses propres désirs multiples, et par les désirs qu'elle provoque, elle s'infiltre dans tous les milieux sociaux, ce qui montre jusqu'à quel point la société se gangrène à travers l'image symbolique de la prostitution. En même temps, elle occupe une position éminemment centrale. Outre le fait d'être le personnage principal du roman, elle décide de la distribution des autres personnages en créant un mouvement *centripète* constant. Dans l'ébauche du roman, Zola exprime ceci de façon assez crue : « Le sujet philosophique est celui-ci : toute une société se ruant sur le cul » (folio 207). Ainsi, les représentants de toutes les classes sociales se subordonnent à la femme du demi-monde : « Il me faut donc montrer Nana, centrale, comme l'idole aux pieds de laquelle se couchent tous les hommes, pour des motifs et avec des tempéraments différents », conclut Zola dans l'ébauche (folios 207-208). Aussi les critiques ont-ils souligné la structure dynamique du roman, en suivant le commentaire original de Desprez (1884, p. 233) : « les épisodes gravitent autour du personnage principal[37] ». Comme personnage fonctionnaire, Nana est apte à faire dévier l'histoire dans différentes directions et à conduire le lecteur à divers coins de la réalité tout en restant solidement au centre du récit (et de l'attention !).

37 Pour Becker (1994, p. LVI), les personnages « gravitent autour de son héroïne » ; pour Baguley (1993, p. 67), « Nana est la force magnétique autour de laquelle gravite toute l'action du roman. »

LA DESCRIPTION MOTIVÉE (ZOLA, DAUDET ET VERNE)

Le premier chapitre de *Nana* est hautement représentatif de l'écriture motivante de Zola. Au fur et à mesure qu'arrivent les spectateurs au théâtre des Variétés pour la première de *La Blonde Vénus*, où Nana joue le rôle principal, l'auteur procède à l'exposition du roman. L'enjeu est de poser le milieu du théâtre et les personnages (leurs personnalités, leur situation, leurs relations) afin de fournir les préambules nécessaires à la compréhension de la suite du roman. Le défi esthétique consiste à réduire au strict minimum l'intervention de la voix omnisciente, selon l'idée que ce type de narration apporterait une perspective supplémentaire, « du dehors », qui afficherait la fictionnalité du texte. Le lecteur doit avoir l'impression d'être là, avec les personnages, en partageant leurs regards et leurs perspectives, grâce à l'emploi de la focalisation interne et externe.

Pour réussir ce défi, Zola construit un cadre dans lequel les personnages, le lecteur et la narration doivent rester autant que possible. Dans ce cadre évolue un personnage central : c'est Fauchery, « très parisien, qui pourra être le lien des personnages dans ce premier chapitre », réfléchit l'auteur dans le dossier préparatoire (folio 11). Après un premier paragraphe qui décrit le théâtre vide, Fauchery fait son entrée avec son cousin Hector de la Faloise. Comme l'a montré Hamon (1993, p. 166) : « Tout déplacement de personnage, entrée ou sortie, déplacement de temps ou de lieu, mention d'un seuil ou d'une frontière franche, en effet, tend à introduire du "nouveau" dans un texte, donc à déclencher "naturellement" une description [...]. » C'est également le cas ici :

> Deux jeunes gens parurent à l'orchestre. Ils se tinrent debout, regardant.
>
> – Que te disais-je, Hector ? s'écria le plus âgé, un grand garçon à petites moustaches noires, nous venons trop tôt. Tu aurais bien pu me laisser achever mon cigare.
>
> Une ouvreuse passait.
>
> – Oh ! monsieur Fauchery, dit-elle familièrement, ça ne commencera pas avant une demi-heure.
>
> – Alors, pourquoi affichent-ils pour neuf heures ? murmura Hector, dont la longue figure maigre prit un air vexé. Ce matin, Clarisse, qui est de la pièce, m'a encore juré qu'on commencerait à neuf heures précises.
>
> Un instant, ils se turent, levant la tête, fouillant l'ombre des loges. (p. 36)

Dans la terminologie de Hamon, les deux amis sont des *regardeurs-voyeurs*. Comme de coutume chez Zola, leur regard fouillant se combine avec la progression temporelle de l'histoire (ils contemplent le milieu pendant un instant de silence). De cette manière, l'activité descriptive crée une *scène* et non une *pause*, d'après la terminologie de Genette (1972). La thématique temporelle introduit aussi un autre motivant, puisque les deux hommes sont en avance, ce qui leur offre le temps de contempler le théâtre. Cette arrivée en avance est motivée à son tour, car elle s'explique par une double information fausse (venant des affiches et de Claire). Ce remplissage constant de chaînes causales d'actions « simples », ou peu « signifiantes », constitue d'ailleurs un des traits du discours réaliste métonymique (nous y reviendrons dans le chapitre suivant).

Dans les répliques est inséré un maximum d'information. Déjà après quelques lignes, le lecteur connaît trois personnages (Hector, Fauchery et Clarisse) et il se doute que Fauchery vient régulièrement au théâtre, probablement en faisant des visites derrière les coulisses (l'ouvreuse le reconnaît et lui parle d'un ton familier). Le chapitre entier contient des répliques chargées de ce type d'information dite en passant, comme celle de Bordenave, révélant la situation professionnelle de Fauchery : « C'est comme ça que vous m'avez fait une chronique… J'ai ouvert ce matin *Le Figaro* » (p. 38). Le cadre et le moment installent un monde de bavardage, de confidences et de rumeurs, dans ce qu'on pourrait appeler, au risque de créer un oxymore conceptuel, un « chronotope motivant[38] » : dans cet endroit, à ce moment d'une première représentation où figure une fameuse vedette, tout le monde veut être présent tout en désirant acquérir un maximum de savoir sur les autres. C'est aussi dans une telle situation qu'apparaît la première mention de la protagoniste. Le directeur Bordenave demande à Fauchery : « Et Nana, l'étoile nouvelle, qui doit jouer Vénus, est-ce que tu la connais » (p. 37) ? Il se fait ensuite prier d'informer ses interlocuteurs au sujet de sa vedette : « […] comme Fauchery l'interrogeait, il consentit à donner des détails » (p. 39).

38 En effet, il y a lieu de se demander si l'on ne doit pas voir cette notion lancée par Bakhtine (1978c) comme un contre-concept de la motivation littéraire, tel qu'il se présente chez Chklovski. Le chronotope fonctionne au fond comme un motivant, mais il attire notre attention sur la vision du monde et les valeurs idéologiques d'une époque exprimées à travers le récit (voir Färnlöf, 2007f). Voir aussi Mitterand (1990, p. 90), pour qui le chronotope « est la première donnée de base, celle par laquelle, d'entrée de jeu, les taxinomies formalistes de la narratologie se trouvent mises en question. »

Ce manque de savoir chez les personnages, parfois indiqué par leurs réactions, joue un rôle capital pour cataloguer les personnages, comme dans l'exemple suivant :

> – Quelle est donc cette dame, au balcon ? [...]
> – C'est Gaga, répondit simplement Fauchery.
> Et, comme ce nom semblait ahurir son cousin, il ajouta :
> – Tu ne connais pas Gaga ? (p. 45)

L'ignorance d'Hector est plus qu'un motivant simple du descriptif : elle établit une hiérarchie entre les personnages. Mis à part le fait d'apprendre que Gaga doit jouir d'une certaine réputation, le lecteur entend que Fauchery possède un savoir du monde parisien et du théâtre qui est supérieur à celui d'Hector : ce dernier fait figure de « nouveau », venu de la campagne (alors que Fauchery est « très parisien », d'après l'ébauche de Zola). Cela explique aussi la satisfaction d'Hector lorsqu'il trouve l'occasion d'étaler ses connaissances sur le comte Muffat et ainsi, momentanément, de monter en grade dans le domaine du savoir :

> Mais il s'interrompit, en voyant la Faloise saluer des personnes qui occupaient une loge de face. Il parut surpris.
> – Comment ! demanda-t-il, tu connais le comte Muffat de Beuville ? [...] Et, par vanité, heureux de l'étonnement de son cousin, il appuya sur des détails [...]. (p. 46)

On le voit, le focalisateur n'est pas toujours un simple foyer motivant « vide » qui tendrait son regard vers un motivé « plein ». Même dans des passages qui paraissent purement justificatifs, la narration peut jouer sur les valeurs du récit (origine sociale des personnages, statut hiérarchique, relations internes, etc.) et ces valeurs peuvent concerner le focalisateur tout aussi bien que le focalisé. C'est ce que souligne Hamon (1993, p. 325-327) dans la postface du *Personnel du roman* (mais a-t-on vraiment suivi cet appel ?), où il insiste sur la nécessité de compléter l'étude fonctionnelle du récit par une interrogation sur la complexité idéologique des thèmes soutenus par les trois fonctionnaires principaux, à savoir les relations personnelles, le langage et le travail, thématiques explorées dans *Texte et idéologie* (Hamon, 1984). Une telle analyse dépasse bien entendu l'approche « matérialiste » de Chklovski, mais semble faire le pont avec les pensées de Bakhtine (1978a).

Passons maintenant à *Sapho* de Daudet, étude de mœurs parisiennes, comme l'indique le sous-titre, qui date de 1884, pour étudier la variabilité des procédés motivants liés au descriptif au sein même du naturalisme. Quelque peu oubliée de nos jours, la poétique daudetienne montre des points communs avec celle de son confrère. Dans le cas de *Sapho*, le roman commence aussi par un spectacle, à savoir un bal masqué où se rencontrent les deux protagonistes, Jean et Fanny. La curiosité et le manque de savoir de Fanny y conduisent, presque de façon théâtrale, à une exposition des plus informatives :

> Et elle voulait savoir depuis combien de temps il habitait Paris, si c'était très difficile cet examen pour les consulats qu'il préparait, s'il connaissait beaucoup de monde et comment il se trouvait à la soirée de Déchelette, rue de Rome, si loin de son Quartier latin. (p. 774)

Pour insérer le descriptif dans le récit, Daudet utilise dans le roman entier des topoï qui sont semblables à ceux de Zola, comme l'entrée dans un nouveau lieu (p. 785), le document lu (p. 802), la photographie décrite (p. 809), la sortie sur le balcon (p. 814) ou la terrasse (p. 834), la promenade (p. 829), le regard par la fenêtre (p. 869) et l'attente (p. 906). La hiérarchisation des personnages est également présente à travers le descriptif, comme lors de la première visite de Jean chez Fanny : « Jamais Jean n'avait vu d'ameublement aussi coquet » (p. 785). Suit une brève description de l'intérieur, qui motive autant (ou plus) la caractérisation du personnage qu'elle n'est justifiée par le regard de celui-ci : la fascination exercée par l'ameublement à Jean a surtout pour fonction de caractériser ce jeune provincial qui ne connaît pas le milieu dans lequel il vient d'entrer.

Cependant, comme le dit Dufief (1997, p. 375) sur l'art de Daudet en général, « [...] le rôle fonctionnel dévolu aux personnages est très épisodique. » En effet, l'auteur des *Lettres de mon moulin* se sert moins de la focalisation interne que Zola, et lorsqu'il le fait, il n'est pas rare de voir se développer entre le personnage et le milieu une dialectique qui dépasse le simple mécanisme descriptif. Chez Zola, le personnage contemple parfois le milieu sans le contempler vraiment, pour ainsi dire ; chez Daudet, l'individualité du sujet contemplant ressort bien plus, car elle transperce dans des descriptions fortement expressives. Il revient à Cabanès (2003, p. 211) d'avoir lancé le terme pertinent de *phénoménisme* pour cerner cette particularité poétique chez Daudet : « Plutôt que d'un impressionnisme, on pourrait parler d'un phénoménisme, dans la mesure où Daudet ne cesse de rappeler que toute perception renvoie à l'activité scrutatrice d'un sujet […][39] ». Parmi les exemples les plus significatifs de ce procédé se trouvent les images changeantes du paysage lorsque Jean perd et retrouve sa confiance en une vie avec Irène. La vision initiale, correspondant à un moment de déception (« Et les champs filant aux portières, splendides tout à l'heure, lui semblaient lugubres, éclairés d'une lumière d'éclipse », p. 871), se transforme sous l'influence de l'espoir renaissant (« Et le Paris qu'il traversait pour revenir lui paraissait tout nouveau, féerique, élargi, radieux », p. 872).

Pour ce qui est de l'insertion de fiches didactiques, la comparaison s'impose plutôt entre Zola et Verne. Comme on le sait, ce dernier a pour objectif d'instruire ses (jeunes) lecteurs. Dans cette perspective, nous allons relever quelques techniques romanesques utilisées dans *Le Tour du monde en quatre-vingts jours* qui recoupent celles de Zola. C'est tout d'abord Passepartout qui sert de « regardeur-voyeur », conformément à son statut prononcé de fonctionnaire (du) romanesque que nous venons de commenter. Cela commence déjà dans le deuxième chapitre : « Pendant les quelques instants qu'il venait d'entrevoir Phileas Fogg, Passepartout avait rapidement, mais soigneusement, examiné son futur maître. C'était un homme qui […] » (p. 44). On appréciera ici comment Verne justifie le portrait détaillé qui va suivre en insérant l'adverbe « soigneusement ».

Fogg, de son côté, semble représenter le « non-focalisateur » par défaut. Conformément au jeu onomastique, l'homme « brouillard » (angl. *fog*) ne ressent aucun intérêt pour les lieux qu'il doit passer[40]. Cette inclination du protagoniste pour la modalité « non-vouloir voir », voire de « vouloir non-voir », selon le jargon de Greimas, n'empêche pas Verne de l'utiliser comme une sorte de faux focalisateur. L'auteur a souvent recours à une sorte de prétérition, où il décrit tout simplement ce que Fogg préfère

39 Cela rejoint les remarques de Fleury et de Remacle (d'après Dufief, 1997, p. 616) : « [Daudet] n'emploie la description que comme accessoire, comme fond de tableau, destiné à faire valoir l'analyse psychologique » ; respectivement, « […] les descriptions ne servent qu'à nous pénétrer les intérieurs d'âme des personnages par l'évocation des milieux […]. »

40 *Cf.* Sempère (2000, p. 334) : « […] promis au voyage par son prénom, emprunté à un géographe grec (auteur d'un *Périple* au Ve siècle avant J.-C.), il est homme de l'ombre par son nom […]. »

ne pas voir[41]. C'est le cas lorsque Fogg passe la mer Rouge (p. 87) : « Il s'inquiétait peu d'observer [...]. Il ne venait pas reconnaître [...]. Il ne rêvait même pas aux [...]. » L'arrivée à Bombay offre une variation remarquable de ce procédé réitéré. Verne y scande la description par non moins de treize (!) *ni* : « [...] il ne songeait à rien voir, ni l'hôtel de ville, ni la magnifique bibliothèque, ni [...] » (p. 94), etc.

Dans d'autres cas, Verne saute des descriptions, probablement des endroits qui n'offraient pas de matière romanesque ou didactique intéressante (ou qu'il avait moins bien documentés). L'auteur règle ce défi en ajustant les périples du voyage par rapport au calcul établi par le *Morning Chronicle*, qui fait autant office de plan de Fogg que de programme narratif de Verne. L'arrivée à un endroit à un jour d'avance permet à Verne d'inclure un épisode relatif à l'endroit en question, comme à San Francisco ou en Inde (où Fogg propose de sauver Aouda parce qu'il en a le temps), tandis qu'un passage plus hâtif le dispense d'étaler des descriptions, comme à Omaha. C'est une poétique à rapprocher de celle de Zola : nous venons de voir que Fauchery et Hector contemplaient le théâtre puisqu'ils en avaient le temps.

LA MOTIVATION AUCTORIALE (DAUDET ET STENDHAL)

Dans le cas où la motivation *auctoriale* expose la gratuité de la narration par une intrusion désinvolte, cela brise normalement l'illusion réaliste (Sterne, Diderot). Les critiques, à commencer par Chklovski (1990), ont solidement commenté cette variante de la mise à nu du procédé. Aussi ce cas ne sera-t-il pas traité dans cette section. L'idée est plutôt de s'inspirer de Chatman (1978, p. 116-119), qui esquisse toute une échelle de degrés entre ce qu'il appelle le narrateur « ouvert » et le narrateur « couvert[42] ». Si la mise à nu de Sterne équivaut à une « ouverture » maximale, on peut identifier des procédés auctoriaux plus discrets et moins axés sur la gratuité de la composition. Dans ces cas, le narrateur serait plus « couvert ».

Cette interrogation ne porte pas sur l'absence de la motivation, qui a fait l'objet d'interrogations depuis les formalistes. Les chercheurs russes

41 Buisine (1981, p. 84) a noté l'emploi du même procédé dans *Vingt mille lieues sous les mers* : « La prétérition [...] complète pour parvenir à la totalité. »

42 *Cf.* Chatman (1978, p. 197) : « Shifting to the overt narrator, we consider a spectrum of features, ranging from least to most obtrusive markers [...]. »

ont bien identifié la variante où les conventions littéraires postulent une certaine mise en intrigue, ce qui dispense l'auteur de justifier certaines actions. Propp (1970, p. 92) constate que la motivation de certaines actions pouvait faire défaut dans le conte merveilleux : « [...] les actions du dragon, et des très nombreux autres personnages jouant le rôle de l'agresseur, ne sont aucunement motivées dans les contes. » Genette (1968) a transposé cette problématique au plan idéologique : le lecteur peut compléter l'histoire en se représentant une motivation *implicite* (qui répond à l'acceptation du public chez Genette). Si la narration n'invite pas à une telle coopération lectoriale, le récit bascule dans l'arbitraire.

Le phénomène que nous appellerons désormais *motivation incomplète* ne se confond pas avec ces catégories de motivations absentes, puisqu'il équivaut aux cas, peu étudiés à notre connaissance, où le texte indique que la motivation fait défaut dans le récit. Une variante consiste à déclarer ceci ouvertement, comme dans *Le Colonel Chabert*, où le héros avoue qu'il ne saurait expliquer comment il était capable de remonter de la fosse commune où il était enterré par mégarde : « [...] je ne sais pas aujourd'hui comment j'ai pu parvenir à percer la couverture de chair qui mettait une barrière entre la vie et moi » (p. 325). Une autre variante consiste à mettre en relief la question du motivant, sans offrir de solution, comme dans *Sapho*, où Jean arrive à quitter Fanny, vers qui il est pourtant irrésistiblement attiré durant le récit entier : « Comment eut-il la force de se dégager, de bondir jusqu'à la gare [...] » (p. 889) ? La question posée n'aura pas de réponse, bien que la thématique se poursuive : « Il s'en étonnait encore, tout haletant dans un coin de wagon [...] » (p. 889). La motivation incomplète se repère donc toujours grâce à sa manifestation discursive. Ceci est à distinguer des nombreux cas où la motivation est absente, sans que le narrateur souligne ce fait, ou présente, mais jugée insuffisante de la part du lecteur.

Le cas le moins discret, et donc le plus « ouvert » d'après Chatman (1978), est sans doute celui où l'auteur affiche son ignorance en feignant de rapporter une histoire déjà incomplète en elle-même, comme dans ce passage de « L'Élixir du révérend père Gaucher » de Daudet : « Comment le bon frère parvint-il à retrouver la recette de tante Bégon ? au prix de quels efforts ? au prix de quelles veilles ? L'histoire ne le dit pas » (p. 101). Ce cas se rapproche fortement de la mise à nu des formalistes, d'autant plus que le narrateur annonce des éléments importants de l'intrigue pour ensuite les laisser sans explication. Dans d'autres cas, l'absence marquée de la motivation relève d'une écriture où la psychologie semble être hors de la portée de l'écrivain, comme c'est le cas dans l'exemple de *Sapho* que nous venons de citer. Tout modalisateur (il semble, sans doute, peut-être, on dirait que, etc.) joue un rôle semblable, de même que la présentation d'une alternative causale. En voici un exemple, toujours de *Sapho* (p. 833) : « Était-ce la courte scène entre elle et Jean, comprise en y pensant, et plus qu'elle n'eût voulu, ou l'émotion d'avoir vu pleurer la pauvre mère tout le jour silencieusement ? » Enfin, l'usage du modalisateur et l'alternative motivante peuvent bien entendu se combiner : « peut-être le roman qu'elle lisait, peut-être l'inquiétude, l'attente » (p. 800).

Ces derniers cas laissent des « blancs » (Iser, 1978) dans le monde diégétique sans signaler une composition gratuite en invoquant la forme littéraire elle-même, comme le faisait Daudet dans notre premier exemple (« L'histoire ne le dit pas »). Le manque de motivation s'affiche à travers une écriture où la psychologie semble détenir son existence propre. Crouzet (1995, p. 73) a commenté cette technique narrative et les effets qu'il produit de manière particulièrement éclairante :

> Le romancier « naturel », celui qui se montre à l'œuvre et qui met en scène son conte (exactement celui que le contre-sens narratologique considère comme un élément d'arbitraire et d'autoréférentialité) parvient au contraire à suggérer qu'il assiste lui-même à un récit indépendant de lui, qu'il ne maîtrise pas une réalité qui déborde le récit, qu'il intervient du dehors dans les faits qu'il construit en feignant de les subir [...].

C'est comme si ce type de narrateur assistait à un réel alternatif qu'il ne faisait que transcrire en récit. Stendhal (qui est l'auteur commenté par Crouzet) peut aller jusqu'à admettre l'incrédibilité de certains comportements de ses personnages sans essayer de les justifier par les données du monde diégétique, comme dans *Le Rouge et le Noir* : « Une chose singulière qui trouvera peu de croyance parmi nous, c'était sans intention directe que Mme de Rênal se livrait à tant de soins » (p. 63). En marquant son étonnement du comportement bizarre du personnage, Stendhal attire l'attention sur l'acte de la composition tout en créant un discours narratif cohérent : le comportement étrange est signalé comme tel, et l'auteur semble simplement observer le personnage, vivant indépendamment de son créateur. Il serait sans doute fructueux de s'interroger davantage sur les relations entre ce manque de motivation et l'impression du vraisemblable[43]. Si le lecteur appréhende la motivation incomplète (incertaine, bizarre, etc.) comme part d'une motivation auctoriale (artistique), cela tend vers une impression de gratuité ; si l'histoire semble vivre sa propre vie, le même procédé pourrait conduire à une sorte de mimétisme endodiégétique, clos en lui-même et d'autant plus réel qu'il semble se détacher de la création du récit. Le texte peut-il créer l'impression du vraisemblable en évitant de présenter un discours plein et entièrement « lisible » (Barthes, 1970), sans remplir toutes les chaînes causales, d'après le principe métonymique du réalisme ?

Disons aussi quelques mots sur la fameuse motivation « pseudo-objective » de Spitzer (1980 [1931]), toujours dans l'esprit de Chklovski. Il s'agit de ce type de motivation qui semble objectif par la vertu de sa formulation et que Bakhtine (1978b, p. 126) définit ainsi :

> Les conjonctions subordonnées et les conjonctions de coordination (puisque, car, à cause de, malgré, etc.) et les mots d'introduction logique (ainsi, par conséquent, etc.) se dépouillent de l'intention directe de l'auteur, ont un ton étranger, deviennent réfractants, ou même s'objectivent totalement.

Le texte affiche alors ce que Jakobson (1977a, p. 66) appelle, dans son étude sur la prose de Pasternak, « des phrases à la causalité purement fictive ».

Dans la perspective de Chklovski, on peut considérer cette forme de fictionnalité comme l'empreinte d'une composition plus ou moins gratuite de l'auteur. C'est aussi dans ce sens que nous allons faire quelques observations sommaires sur son emploi dans *Le Rouge et le Noir*[44]. La motivation pseudo-objective y sert souvent à expliquer la psychologie des personnages, comme dans ce passage sur les sentiments intenses de Madame de Rênal :

---

43 En fait, nous n'avons trouvé aucune étude sur ce sujet. Mentionnons toutefois que Sternberg (2007) note l'impossibilité pour le narrateur omniscient (qui sait tout par définition) de justifier son ignorance par rapport aux données du monde diégétique.

44 Une analyse plus fine de la motivation pseudo-objective nécessiterait l'application des méthodes développées par les théoriciens de l'analyse du discours, à l'exemple de Rabatel (2004), et des réflexions sur la valeur ou le degré de la causalité au sein d'une narration ironique, comme le montre l'étude subtile des connecteurs dans *Bouvard et Pécuchet* par Pellegrini (2007).

> Mme de Rênal brûlait de se trouver seule avec Julien ; elle voulait lui demander s'il aimait encore. Malgré la douceur inaltérable de son caractère, elle fut plusieurs fois sur le point de faire entendre à son amie combien elle était importune. [...] Elle était dévorée d'un remords. Elle avait tant grondé Julien de l'imprudence qu'il avait faite en venant chez elle la nuit précédente, qu'elle tremblait qu'il ne vînt pas celle-ci. Elle quitta le jardin de bonne heure, et alla s'établir dans sa chambre. Mais ne tenant pas à son impatience, elle vint coller son oreille contre la porte de Julien. Malgré l'incertitude et la passion qui la dévoraient, elle n'osa point entrer. (p. 105)

La force des sentiments est frappante (« brûlait », « dévorée », « dévoraient »). Or, curieusement, ces sentiments intenses poussent parfois Madame de Rênal à agir (« ne tenant pas »), parfois à rester passive (« sur le point de », « n'osa point »). Nulle analyse psychologique du personnage ne pourrait expliquer ces choix d'après une quelconque régularité ou un principe logique. L'auteur aurait pu motiver le comportement inverse par une formule opposée tout en gardant la même crédibilité psychologique, comme ceci : « Malgré la douceur inaltérable de son caractère, l'envie d'être seule avec Julien était tant intense qu'elle fit entendre à son amie combien elle était importune. »

La proposition consécutive avec *tant* (« tant grondé Julien [...] qu'elle ») exemplifie une structure syntaxique qui revient fréquemment dans *Le Rouge et le Noir* : *être tant/tellement* X *que faire/non-faire* Y. Cette formule justifie tout comportement, si étonnant soit-il, comme l'absence de remords chez Madame de Rênal qui, « transportée du bonheur d'aimer, était tellement ignorante, qu'elle ne se faisait aucun reproche » (p. 69) au début de la liaison avec Julien, ou bien comme l'attitude admiratrice de ce dernier envers le comte Norbert, réaction qui va pourtant contre sa personnalité orgueilleuse : « Julien était tellement séduit, qu'il n'eut pas l'idée d'en être jaloux et de le haïr, parce qu'il était plus riche et plus noble que lui » (p. 265).

Stendhal a encore plus souvent recours à une formule apparentée, *être trop X pour faire/non faire Y*, qu'il applique en particulier à tout mouvement relatif à la passion. Malgré le comportement confus de Julien au début de sa liaison avec Madame de Rênal, Stendhal peut aisément motiver la séduction continue : « Mme de Rênal avait été trop agitée, trop étonnée, pour apercevoir la sottise de l'homme qui, en un moment, était devenu tout au monde pour elle » (p. 104). Les caprices de Mathilde, croyant pour un moment avoir surmonté son amour pour Julien et s'efforçant de lui déplaire, échappent de façon semblable au héros « trop malheureux et surtout trop agité pour deviner une manœuvre de passion aussi compliquée » (p. 381). D'autres exemples ne manquent pas. Dans la célèbre scène où Julien prend la main de Madame de Rênal pour la première fois, la formule apparaît à trois reprises en l'espace d'une dizaine de lignes : Julien a « trop de méfiance et de lui et des autres, pour ne pas voir l'état de son âme » ; « La violence que Julien était obligé de se faire était trop forte pour que sa voix ne fût pas profondément altérée », « L'affreux combat que le devoir livrait à la timidité était trop pénible, pour qu'il fût en état de rien observer hors lui-même » (p. 67).

Ces formules (« malgré X… », « tellement X que… », « trop X pour… », etc.) confirment en fin de compte la gratuité de la narration. Régi par un mobile qui semble résider *en* lui, le personnage peut pourtant agir *malgré* lui ; emporté par son comportement, il peut agir contre ses intérêts ; guidé par sa raison, ses passions seront temporairement mises entre parenthèses. Les personnages agissent parfois d'après un principe, parfois d'après une appréciation lucide de la situation, parfois sur des coups de tête. Ainsi, d'après Crouzet (1995, p. 108), Julien est « pris dans une continuelle tension des contraires », contraires résumables dans l'opposition classique entre la *passion* (exaltation, amour, orgueil, etc.) et la *raison* (ambition, calcul, hypocrisie, etc.). De façon paradoxale, la motivation pseudo-*objective*, dans le cas de Stendhal, construit donc des personnages éminemment *subjectifs*, ce qui confirme le propos de Caramaschi (1985, p. 155) : « […] le romanesque stendhalien exige dans le jeu du protagoniste l'espace illimité de l'imprévisible. »

La présence de cette subjectivité, ou imprévisibilité, ou enfin gratuité narrative à travers la motivation auctoriale, a sûrement contribué au désaccord chez les critiques quant au coup de feu final du *Rouge et le Noir*, qualifié, entre autres, d'acte bizarre, délibéré, inexplicable ou finalement intelligible[45]. Pour ce qui est de sa place dans le roman, Ansel (2020, p. 40) le considère comme un épisode exceptionnel, puisque le narrateur « conte les faits bruts […] sans les motiver, sans les "vraisemblabliser" ». Dans la perspective de la motivation endodiégétique, cet épisode obéit pourtant au même principe de composition que le reste du roman dans

45 Voir par exemple les commentaires de cette scène chez Martineau (1952, p. 204-210), Genette (1969, p. 184), Jefferson (1988, p. 126) et Crouzet (1995, p. 143-146).

la mesure où c'est encore un exemple de comportement passionnel qui déborde le champ de contrôle du personnage. C'est suivant une telle logique que Girard (1961, p. 164), de façon quelque peu schématique, voit en Julien un « être de passion », appartenant à un type de personnage qui « semble toujours un peu fou », ce qui expliquerait son comportement final[46]. En accordant plus d'importance à la poétique stendhalienne, Parmentier (2020, p. 134) démontre de façon plus précise comment Stendhal combine la particularité du protagoniste avec des propos plus généralisateurs pour justifier le comportement de son héros et créer un récit cohérent : « Le personnage reste globalement singulier, mais ses actions ponctuelles sont motivées, justifiées de façon interne par les maximes produites par l'exemplarité » (cette justification interne est ce que nous appelons dans cet ouvrage *motivation endodiégétique*). Enfin, pour ce qui est de la morphologie de la motivation, la scène du coup de feu relève d'encore un cas de l'ordre motivé-motivant, utilisé systématiquement par Stendhal, comme l'avait déjà remarqué Blin (1954, p. 158-159) : ce n'est qu'une fois dans la prison que Julien se rend compte, réellement, de l'acte du crime qu'il a commis et de l'état de demi-folie qui l'avait poussé à agir[47].

Intervient ici encore un autre paramètre pour décider de l'effet de la motivation : la portée spécifique de tel motivant dans l'économie du récit. C'est ce rapport entre motivation diégétique et téléodiégétique que discute Genette (1968) par rapport à la vraisemblance (le public pèse le « coût » de la motivation contre le « profit » de sa fonction). Cependant, ce dernier semble dire que le public accepterait telle motivation avec plus d'indulgence en vertu de sa finalité narrative. Le débat sur le dénouement du *Rouge et le Noir* nous suggère le contraire. Si le coup de feu se démarque tant, c'est peut-être parce qu'il marque le dénouement du récit et que le lecteur s'attend à voir une action mieux justifiée par rapport à la structure artistique que des actions parsemées tout au long du récit[48]. L'idée serait à peu près celle-ci : plus la finalité

46 À ce propos, Felman (1971, p. 24-25 et 150-154) a montré que le champ lexical de la folie montre une fréquence élevée vers la fin des romans de Stendhal.

47 *Cf.* l'analyse de *La Chartreuse de Parme* par Thompson (1982, p. 70-85) : la cohérence du récit et des vies des personnages s'y installe tardivement, en laissant ceux-ci découvrir les moments décisifs de leur existence après coup.

48 Dans son étude perspicace du roman, Brooks (1984, p. 88) relève justement la fin non naturelle *en tant que fin*, et non comme acte : « Stendhal's somewhat perverse refusal

est importante, plus on exige une motivation satisfaisante. Ce serait éventuellement une équation à suppléer à celle que propose Genette pour cerner la relation entre la vraisemblance et la motivation (qui sera scrutée dans le chapitre sur Tomachevski).

BILAN

Même si Chklovski est rarement cité ni mentionné dans les études postformalistes pour ce qui est de la motivation littéraire, on retrouve ses idées dans beaucoup d'études importantes sur la poétique du récit. Les études de la narratologie française « classique » (Genette, Barthes et Hamon) portent parfois leur empreinte, de même que certains travaux « postclassiques » qui reprennent (ou plutôt réinventent) ses principes méthodologiques. Ainsi, nous avons vu l'utilité des pensées de Chklovski pour étudier la description motivée ou le personnage fonctionnaire. Dépersonnalisé et dé-psychologisé, ce dernier se présente comme l'outil le plus important à manipuler par l'auteur afin de diriger le récit d'après la motivation téléodiégétique, qu'il s'agisse de mener au bout des histoires surprenantes (Cervantès, Maupassant), de lier les épisodes du récit (Cervantès, Zola), de compliquer et de mettre en relief l'intrigue (Verne), de distribuer de l'information (Cervantès, Zola) ou d'insérer le descriptif (Daudet, Zola, Verne).

Dans le dessein de nuancer la nature de la fameuse mise à nu du procédé, nous avons aussi relevé quelques cas de motivations « incomplètes » qui provoquent des discours narratifs dont le statut fictif est parfois difficile à établir. On pourrait voir certains cas comme des marqueurs de fictionnalité, et donc comme des motivations auctoriales gratuites (ou « ouvertes »). D'autres exemples suggèrent l'idée d'y voir une référentialité créée et affermie, en considérant le manque de motivation comme la conséquence d'une existence « propre » du monde diégétique, d'un mimétisme endodiégétique. Quant à l'emploi de la motivation dite

---

to end 'naturally'—his postponement of conclusion, superseeded by the catastrophic eclipse—places us before the problem of standard narrative form, the ways in which we usually understand beginnings, middles, and ends. »

pseudo-objective, qu'on considère traditionnellement comme un outil vraisemblablisant, elle peut paradoxalement créer l'impression d'une gratuité auctoriale si son emploi réitéré tend à dénoncer une certaine liberté compositionnelle (Stendhal).

Ces questions de référentialité ou de vraisemblance ont peu d'intérêt pour Chklovski, considérant que la motivation diégétique mimétique est dépourvue de *littérarité*. C'est une matière – dans son sens le plus concret – à transformer par l'auteur artisan, à l'image d'un sculpteur qui travaille sa matière brute pour la transformer en une forme artistique. Ce principe guide la composition et appelle parfois la présence de motivations « communes », simples auxiliaires qui justifient l'emploi de procédés poétiques. La particularité de Chklovski est son insistance sur cette fabrication du récit, et par conséquent sur la motivation téléodiégétique, qui se traduit chez lui comme l'intention artistique de l'auteur. C'est pourquoi il loue l'absence de motivation et applaudit toute forme de mise à nu (que les formalistes ne considèrent pas comme une motivation), puisque cela signale le caractère artificiel de la construction littéraire.

Aussi n'a-t-il pas été question, dans ce chapitre, de s'interroger sur la lisibilité ou la vraisemblance engendrées par les stratégies narratives analysées. Ceci illustre la façon dont chaque dominante influence la perspective qui nous guide dans l'étude de la motivation littéraire. De la focalisation sur la manipulation du récit dans une perspective fortement artistique (dominante Chklovski), nous allons maintenant passer à Jakobson, où les aspects mimétiques seront mis en avant, conformément à ses écrits sur la motivation littéraire. En effet, le linguiste célèbre rapproche dans plusieurs études la notion de la motivation à la métonymie et au réalisme, ce qui nous amènera à examiner les liens entre la matière extralittéraire (*motivacija*) et le matériau investi dans le récit (*motivirovka*) ainsi que le prétendu statut réaliste de la motivation littéraire. Par association aux travaux importants de Jakobson dans le domaine des sciences du langage, nous inclurons aussi quelques remarques sur la motivation linguistique, considérée par rapport à la motivation littéraire.

JAKOBSON

Le réalisme de A à E
et la motivation linguistique

JAKOBSON

Parmi nos quatre formalistes clés, Jakobson est celui qui a écrit le moins sur la motivation littéraire. Les deux grands théoriciens de la motivation, Sternberg (2012) et Schmid (2020), ne le mentionnent qu'en passant. Les travaux de Jakobson ont pourtant été décisifs pour la compréhension des fonctions de la langue, dont la fonction poétique et la fonction référentielle concernent du moins indirectement la motivation, même si le fait de pointer sur le réel (fonction référentielle) et d'assumer une fonction artistique (fonction poétique) n'équivaut pas forcément à l'idée d'établir des rapports justificatifs entre des éléments narratifs dans une perspective artistique[1]. L'autre pont possible vers la motivation littéraire passe par l'idée du réalisme. Comme on le sait, Jakobson (1963, p. 62) a caractérisé le réalisme littéraire comme un art « métonymique », qu'il oppose au romantisme « métaphorique » :

> La primauté du procédé métaphorique dans les écoles romantique et symboliste a été maintes fois soulignée, mais on n'a pas encore suffisamment compris que c'est la prédominance de la métonymie qui gouverne et définit effectivement le courant littéraire qu'on appelle « réaliste ».

C'est la contiguïté progressive de la prose dans un continuum spatiotemporel référentiel qui est le signe du réalisme, au contraire du romantisme, qui voit l'existence à travers des filtres symboliques du mythe et la

1 Pour la différence entre *motivation* et *intégration*, voir la section sur Culler, p. 193-195.

logique de la similitude[2]. D'après cette pensée, Jakobson (1977a) analyse en détail le lien entre le personnage et son environnement dans la prose de Pasternak afin de montrer la pratique du principe métonymique lié à la prose en général et au réalisme en particulier. Ceci constitue une contribution majeure à la théorisation du réalisme et de la motivation[3]. La critique postformaliste a pris soin d'explorer le fonctionnement de ce principe dans le discours réaliste jusqu'au point où les notions du « réalisme » et de la « motivation » semblent désormais inséparables, voire parfois interchangeables.

Pour développer ces points sur la métonymie, le réalisme et la motivation littéraire, commentons la source principale, à savoir l'étude célèbre « Du réalisme en art » (de 1921), où le grand linguiste souhaite clarifier la notion du réalisme. Selon Jakobson (2001, p. 108), ses définitions multiples, de nature variée et de portée différente, entrent parfois, mais pas nécessairement, en rapport l'une avec l'autre, ce qui ne laisse pas de provoquer une certaine confusion : « Dans la mesure où les théoriciens et les historiens de l'art (et surtout de la littérature) ne distinguent pas les différentes notions dissimulées dans le terme "réalisme", ils le traitent comme un fourre-tout infiniment extensible : on peut y cacher n'importe quoi. » Afin de remédier à cette imprécision, Jakobson (*ibid.*) identifie cinq (ou sept, si l'on compte les deux variantes des réalismes A et B) acceptions du réalisme :

A. but du projet de l'auteur, qui produit une œuvre en conformité [A^1] ou non [A^2] avec la tradition littéraire ;
B. résultat de la réception du lecteur, qui juge une œuvre selon sa conformité [B^1] ou non [B^2] avec la tradition littéraire ;
C. expression d'une école artistique historiquement définie (le réalisme du XIXe siècle) ;
D. statut d'un texte fictif régi par les procédés de métonymie et de synecdoque ;
E. statut d'un texte fictif régi par une motivation conséquente.

2 *Cf.* Frye (1976, p. 37) : « The realistic tendency moves in the direction of the representational and the displaced, the romantic tendency in the opposite direction, concentrating on the formulaic units of myth and metaphor. »

3 *Cf.* Striedter (1989, p. 67), qui commente ainsi le principe métonymique de Jakobson: « This state of affairs makes it clear why Realism as a particularly highly motivated art was to a great extent a school of prose, and of emphatically metonymic prose at that. »

Ces différents réalismes peuvent se superposer ou se différencier[4]. Comme dans bien d'autres études, Jakobson (*ibid.*, p. 106) rapproche ici encore la littérature réaliste du principe métonymique : « [...] nous trouvons souvent D dans C. » En revanche (et contrairement aux propos qui seront ensuite répétés à satiété dans la critique postformaliste), il ne dit jamais que le réalisme E (la motivation) serait *par définition* un exemple du réalisme D (métonymie) ; il ne postule pas non plus que la motivation littéraire doit *par définition* expliquer le comportement du personnage par le milieu, l'hérédité, les facteurs socioéconomiques, etc. pour être vraiment une motivation. Tout en reconnaissant l'importance de la dimension métonymique et des chaînes causales dans le discours réaliste que signale Jakobson, il convient de noter deux aspects complémentaires dans sa présentation de la motivation et du réalisme historique, qui rendent moins absolu le lien entre ces deux notions.

Premièrement, Jakobson (*ibid.*, p. 108) définit bien, comme le faisait aussi Chklovski, la motivation comme « la justification des constructions poétiques ». Il met ainsi l'accent sur la stratégie auctoriale qui appelle l'insertion de motifs afin de préparer les procédés littéraires. Dans son essai, tous les exemples donnés de la motivation diégétique sont des cas où elle sert de prétexte artistique. Jakobson n'insiste donc pas sur l'idée que l'auteur doit rester fidèle au réel afin de pouvoir insérer des motivations diégétiques. Certes, par le rapprochement entre motivation et réalisme, il sous-entend que les motivations doivent être mimétiques, mais il ne formule pas la problématique de manière à dire que l'emploi de la motivation aurait pour but *principal* de créer un texte réaliste. Son approche est plus structurelle : c'est l'accumulation des motivations qui provoque l'impression réaliste (et non le renvoi spécifique à des données particulièrement réalistes), à condition que la motivation soit employée de façon « conséquente » (*ibid.*). S'il se forme un discours réaliste, c'est à voir presque comme un effet secondaire de la nécessité de justifier les procédés. Ce n'est pas tant la cohérence endodiégétique qui crée cette impression, mais les renvois constants au cadre exodiégétique mimétique.

Deuxièmement, Jakobson n'écrit pas que le réalisme E (la motivation) serait toujours une sous-catégorie du réalisme ou même un procédé

4 Voir l'analyse de Dufour (1998, p. 72), opposant le courant réaliste au XIXe siècle, qui veut briser les conventions (réalisme A[1] de Jakobson), à l'attente d'une vraisemblance traditionnelle chez le public (réalisme B[2]).

d'essence réaliste (en fait, il constate qu'on a l'habitude de confondre les réalismes C et E). Comme devait le faire Hamon plus tard (propos déjà cité, p. 72), il émet une réserve importante contre toute catégorisation trop hâtive et schématique concernant les possibles constituants du discours réaliste :

> Une analyse plus serrée substituera sans doute à C une série de caractéristiques au contenu plus précis, elle découvrirait que certains procédés que nous rapportons à la légère à C sont loin de caractériser tous les représentants de l'école dite réaliste, et qu'inversement on peut également découvrir ces procédés en dehors d'elle. (*ibid.*, p. 105)

En d'autres termes, on trouve certaines variantes de la motivation littéraire dans le courant réaliste du XIXe siècle, mais ces motivations ne jouissent pas pour autant d'un statut exclusif, puisqu'elles se retrouvent ailleurs (comme l'a montré Schöch, 2015, pour la description motivée). Comme nous allons le voir, cette idée s'inscrit contre un lieu commun dans la critique postformaliste, selon lequel seule la motivation de type réaliste serait une véritable motivation.

Avant d'aborder ce point, disons quelques mots sur la *motivation linguistique*, autre notion analysée par Jakobson. D'après Grübel (1981, p. 121), déjà Tomachevski, dans ses écrits sur *Vers et rythme*, avait analysé la motivation dans la poésie d'après la forme de l'expression de la langue : cette forme, sous forme de phrase esthétique, reflèterait selon lui le message par le niveau signifiant. Le discours peut ainsi être surcodé par une manifestation textuelle qui mime le message. Dans cet esprit, Jakobson (1963) a décortiqué le fonctionnement de la motivation *phonétique* dans le célèbre slogan politique *I like Ike*, où l'appréciation de l'homme politique est comme induite par la forme des signifiants, qui crée une association entre les trois vocables, comme si la forme correspondait au fond (et qu'il fallait « naturellement » apprécier Ike). Jakobson (1966) a développé ailleurs des réflexions sur la motivation *morphologique* en notant entre autres que la forme plurielle dans les langues est normalement plus longue que la forme singulière : quand on ajoute des référents, on ajoute aussi un suffixe. De cette manière, le contenu multiplié et « élargi » (au pluriel) se reflète dans la forme signifiante plus développée (par la désinence ajoutée). Nous reviendrons à la question de la motivation linguistique, vue par rapport à l'étude de la motivation littéraire, après notre mise en point des rapports établis entre la motivation littéraire et le courant réaliste par la critique postformaliste.

(D')APRÈS JAKOBSON

Dans le survol critique qui va suivre, nous tenterons de faire la différence entre deux approches voisines : la première, tout à fait légitime, tente de cerner le réalisme en tant que discours littéraire, entre autres par la perspective de la motivation mimétique et de la métonymie, qui sont deux éléments essentiels du discours réaliste ; la deuxième, qui risque d'être un peu abusive, tend à définir la motivation *en tant que telle* comme essentiellement mimétique, métonymique et finalement réaliste. L'objectif n'est pas de nier les jonctions entre motivation et réalisme relevées à la suite de Jakobson, mais de nuancer certaines remarques faites à ce sujet et de mettre en question, voire de déconstruire, un certain discours normatif sur la motivation et le courant réaliste caractéristique de la deuxième approche (« Puisque motivation il y a »)[5]. La question inévitable de la motivation linguistique, déjà évoquée en passant, fera ensuite l'objet d'une section sommaire. L'idée est d'évaluer la pertinence de son analogie éventuelle avec la motivation littéraire, suivie par la reformulation de la motivation linguistique en motivation sémiotique (« De la motivation linguistique à la motivation sémiotique »)[6].

5 La problématique de la vraisemblance (lisibilité, cohérence, référentialité, naturalisation, effet de réel, etc.) entretient bien entendu des rapports étroits avec toute forme de réalisme. Dans cette section, nous nous limiterons cependant à la question de savoir comment on a conçu la motivation par rapport au courant réaliste en particulier. Nous reviendrons à la problématique plus générale de la vraisemblance dans notre chapitre sur Tomachevski.

6 C'est bien l'article de Jakobson sur le réalisme et la motivation littéraire comme possible trait définitoire de la littérature réaliste qui constitue le noyau théorique du présent chapitre. Nous profitons simplement du statut de Jakobson comme grand linguiste pour insérer, de façon assez arbitraire (!), la partie sur la motivation linguistique sous sa dominante.

PUISQUE MOTIVATION IL Y A

La première approche décrite inverse en quelque sorte la hiérarchie de la double fonctionnalité de la motivation établie par Chklovski. L'ancrage dans le réel était pour ce dernier un prétexte plus ou moins insignifiant qui permettait à l'auteur d'insérer des procédés littéraires pour déformer le réel (ou la littérature). Dans le discours réaliste, le rôle de la dimension mimétique dépasse cet emploi préparatoire, en particulier dans la littérature du XIXe siècle. Certes, comme le montre Auerbach (1974), la littérature a toujours représenté le réel de diverses manières afin d'en donner une représentation plus ou moins fidèle. Toutefois, le courant réaliste (comme le naturalisme plus tard) ambitionne d'expliquer objectivement le réel en tant que donnée brute. Tout en déployant sa poétique et sa dimension artistique propres, la littérature réaliste impose le mode mimétique comme principe téléologique. Dès lors, on abandonne l'idée que l'auteur se réfère au réel comme un *moyen* afin de construire le récit (ce qui est le cas habituel de toute mise en intrigue) : son acte mimétique représente désormais l'*objectif* du récit[7]. Dans une telle perspective, l'auteur ne cherche pas à illustrer en premier lieu une certaine idée (principe, morale, thèse, message, etc.) en s'appuyant sur le réel, et encore moins à laisser le référentiel former la simple base de divers effets de lecture (divertissement, *catharsis*, surprises, suspenses, etc.) ; il veut exposer et expliquer le réel en tant que tel. Wellek et Warren (1971, p. 305) expriment ce fait ainsi : « Dans une œuvre littéraire, la"motivation" doit augmenter l'"illusion de réalité", c'est-à-dire sa fonction esthétique. La motivation"réaliste" est un procédé artistique[8]. » C'est aussi dans ce sens que Hamon (1982, p. 123) s'interroge sur les possibilités de cerner un « discours à la fois poétique et réaliste », où les stratégies narratives visent à donner l'illusion réaliste. Dans le *tableau* 7, nous résumons ce mimétisme en l'articulant par rapport aux niveaux de la motivation.

7 *Cf.* Booth (1983, p. 57) : « There is a radical difference between those who seek some form of realism as an end in itself [...] and those for whom realism is a means to other ends. »

8 Sternberg (2012, p. 354) : « Even the pursuit of convincing motivation, just like its exposure or abandonment, may itself form a "device" (function, end) [...]. And this, of course, is what happens throughout the illusionist practice in all media, realism and its rhetoric of authenticity included. »

Exodiégétique	Diégétique	Endodiégétique	Téléodiégétique
le monde réel (objectif, rationnel, plausible, etc.)	fréquente, lisible, univoque, complète	cohérence, répétition, chaînes métonymiques	création d'une image fidèle au réel

TABLEAU 7 – Le mode mimétique du discours réaliste.

Accepter le projet mimétique de la littérature réaliste n'exclut pas l'idée d'identifier des effets artistiques dans les textes appartenant à ce courant (ou à ce type de littérature). Déjà la volonté de créer l'illusion du réel relève d'une intention artistique, et cet effet de lecture passe nécessairement par l'appréciation de procédés divers (exposition, dénouement, élaboration de thématiques, mise en contraste, coup de théâtres dissimulés sous un masque de causalité ou probabilité naturelles, etc.). Tout au plus, on pourrait dire que l'auteur réaliste, faisant concurrence à l'état civil, *prétend* construire son récit comme s'il n'utilisait pas des procédés, en déclarant qu'il montre simplement le réel tel qu'il est. Même jeu pour ce qui est de la motivation téléodiégétique : c'est comme si l'auteur n'avait pas pour objectif de créer une œuvre littéraire, mais communiquer une image transparente du réel où la médiation entre le monde réel et le message verbal serait minimale[9].

Pour créer cet effet de lecture, le discours réaliste déploie un certain nombre de procédés, dont la motivation littéraire. On peut à ce propos revenir aux quinze traits caractéristiques du réalisme définis par Hamon (1982). Ceux-ci répondent tous à la volonté de créer l'illusion réaliste et il pourrait être tentant de les classifier tous comme des motivations. Cependant, on serait alors de retour à l'idée que toute matière (ou toute « intégration ») est motivation, ce qui ferait de la motivation une notion insignifiante, car trop générale. Il nous semble qu'on gagne en clarté en distinguant certains traits comme relevant de la motivation (comme le fait aussi Hamon) du fait qu'ils occupent des fonctions identifiables dans la construction littéraire en tant qu'éléments justificateurs.

9 *Cf.* la métaphore de l'écran chez Zola (1864), qui est selon lui plus ou moins transparent selon les courants littéraires : « L'écran réaliste est un simple verre à vitre, très mince, très clair, et qui a la prétention d'être si parfaitement transparent que les images le traversent et se reproduisent ensuite dans toute leur réalité. »

Sont déjà commentés, dans la perspective de Chklovski, la justification de la narration encadrée (n° 6) et la technique de la description motivée (n° 8), considérées plutôt comme prétextes pour justifier l'insertion de procédés littéraires. En suivant la tradition de Jakobson, Hamon souligne aussi le principe métonymique, et surtout l'influence du milieu sur les personnages (c'est le trait n° 7), en montrant entre autres comment la mention de tel type social conduit naturellement à la description de sa sphère socioéconomique ou de son travail, qui à son tour rend possible le découpage de cette sphère ou de ce travail en petites scènes rangées, hiérarchisées et ordonnées. Cela illustre parfaitement la motivation métonymique mise en œuvre dans le texte réaliste.

Les critiques ont décrit cette logique métonymique par des termes divers, à commencer par la nécessité chez Aristote. Barthes (1970) introduit la notion du « dépli » pour décrire l'enchaînement des actions appartenant au code proaïrétique. Par ce code se déploient des actions unanimement acceptées par le public comme « naturelles » ou « évidentes ». Cela se rapproche des *scripts*, qui n'ont pas besoin d'être motivés, puisqu'ils renvoient à une suite d'actions codée et à des comportements considérés comme allant de soi (par exemple, au restaurant, servir la nourriture sur une assiette posée sur la table et non la verser dans un seau par terre). Cela se rapproche du « scénario » chez Eco (1985, p. 100), qui est « une structure de données qui sert à représenter une situation stéréotype ». Selon Barthes (1970, p. 26), le texte transgresse ces actions codées « au prix d'un scandale », pensée qui reste toujours présente dans la narratologie postclassique. Pour Herman (2009), la rupture avec l'ordre canonique d'un évènement peut même conduire à une « révolution », dans le cas où le discours n'assimile pas l'élément discordant. On trouve une réflexion semblable chez Hühn (2016), pour qui le statut de l'évènement en tant que « déviation » de l'attendu décide de son degré d'« événementialité » (*eventfulness*).

C'est dire jusqu'à quel point l'auteur réaliste doit éviter d'opérer une négation de la motivation mimétique, du moins dans sa forme la plus attendue par le public, faute de quoi sa mise en récit pourrait briser l'illusion réaliste. Pour employer les termes de Nøjgaard (1996, p. 188), tout récit qui veut représenter une réalité objectivement explicable et vérifiable doit faire découler les actions de forces « internes » du récit, toutes conditionnées par les données du cadre de référence mimétique. Les forces

« externes » peuvent être de toute sorte (psychologiques, économiques, sociales, historiques, etc.) pourvu qu'elles ne soient pas transcendantales (Providence, fatalité, etc.). De cette manière, l'histoire procède selon une logique qui donne l'impression d'exposer une causalité réelle.

La littérature réaliste entraîne alors par sa nature une certaine logique de composition, liée au principe métonymique. Ce principe fait partie de la construction du texte « plein », où l'auteur remplit les chaînes causales, ce qui peut aller dans le sens d'un excès chez Zola, selon Dufour (1998, p. 121) : « L'explication scientifique surdétermine la narration, surmotive les actions. » Cela amène l'auteur à son tour à éliminer autant que possible tout élément accidentel du récit en rattachant les détails à des actions suivies et ainsi plus complètes. Dubois (2000, p. 99-100) fournit une bonne synthèse de ces particularités du discours réaliste :

> Tout récit instaure un enchaînement chronologique et logique de faits. Déterministe, le récit réaliste a tendu la chaîne et voulu que causes et effets s'engendrent de la façon la plus serrée. Mais, de plus, il fait entrer dans cette chaîne une masse de phénomènes que l'on pouvait tenir jusque-là pour contingents et qui vont ainsi participer du grand système causaliste.

À la lumière de ces remarques, on se doit de conclure qu'il est tout à fait judicieux d'inclure l'étude de la motivation, surtout dans sa forme métonymique, dans l'analyse du réalisme historique, comme le fait par exemple Čiževskij (1974)[10]. La variante métonymique de la motivation apparaît aussi, avec grande pertinence, dans l'ouvrage historique de Schmid (2020), qui y décèle des relations omniprésentes entre personnage, action, langage, vision du monde et ainsi de suite[11]. Pour mentionner quelques autres exemples, la motivation littéraire tient naturellement sa place dans les ouvrages majeurs sur le réalisme, comme chez Dufour (1998), ou sur les romanciers qui cherchent à représenter le réel plus généralement, comme chez Dubois (2000). Plusieurs présentations du réalisme, comme celles de Larroux (1995, p. 81-85), de Chatman (1978, p. 48-53) et de Fontaine (1993, p. 65-66), démontrent aussi pourquoi et comment la motivation se

10 *Cf.* Čiževskij (1974, p. 6-7) : « The metonymical quality of realism led writers to try to explain the personality and actions of their characters. [...] It is assumed that a character is determined or at least influenced by his childhood, education, and heredity [...]. »

11 *Cf.* Schmid (2020, p. 170) : « In der realistischen Poetik [...] bestehen feste, geradezu als unumstößlich geltende Koppelungen von Charakter und Sprechweise, Bewusstsein und Weltwahrnehmung, Stimmung und Handeln [...]. »

présente comme une part essentielle de sa poétique et de ses interrogations sur le réel. Parmi les applications plus spécifiquement jakobsoniennes de la motivation conséquente et de la dimension métonymique, on peut mentionner en particulier l'excellente étude de la poétique chez Balzac et Flaubert par Thorel-Cailleteau (1998, p. 46-52 et p. 73-88).

Loin de nous l'idée de désavouer ces importantes contributions à la compréhension du discours réaliste. Il s'agira par la suite simplement de « libérer » la motivation littéraire, en tant que procédé général, de sa prétendue appartenance au discours réaliste seul. Pour commencer, ne confondons ni le texte lisible avec le texte motivé ni la lisibilité avec la motivation (même mimétique). Comme l'a montré Hamon (1974), la *lisibilité* est un phénomène bien plus large que la motivation. Elle peut inclure l'emploi d'un vocabulaire transparent, la répétition pour insister sur des faits, le choix d'une thématique familière au public, la structuration claire des épisodes, des intertitres qui guident le lecteur, l'écart rapproché entre des éléments corrélés, etc. Il convient aussi de ne pas postuler que la motivation serait d'essence réaliste. Citons à ce propos l'observation importante de Hamon concernant la méthode d'Auerbach (1974), qui semble partir de l'idée que l'école réaliste serait par essence la plus réaliste. Hamon (1982, p. 128) montre que la méthode du philologue allemand risque d'établir des critères d'investigation qui serviront ensuite de points de comparaison normatifs pour évaluer le degré du réalisme déployé durant l'histoire littéraire :

> Le danger, cependant, est de tomber dans une vision finaliste et évolutionniste d'un courant littéraire conquérant petit à petit des traits définitoires qui ont en réalité implicitement conditionné l'analyse elle-même, et dont l'archétype coïncide quasi fatalement avec l'école réaliste du XIXe siècle [...]. Auerbach n'y échappe pas parfois : un texte devient naturellement plus ou moins « parfait » selon qu'il s'éloigne ou s'approche de l'archétype réaliste, qu'il ne présente « pas encore », ou qu'il ne présente « déjà plus », ou qu'il a « perdu » les traits définitoires en question.

Dans certaines études sur le réalisme, cette conscience méthodologique semble absente en ce qui concerne la motivation littéraire. C'est la motivation de type réaliste qui sert de modèle pour définir la motivation en général. Par conséquent, le texte réaliste est considéré comme un texte motivé, comme chez Reuter (1991, p. 127) : « [l]'effet réaliste s'appuie encore sur un grand souci du vraisemblable et de la motivation. » Si cela n'est pas faux, il faudrait préciser qu'il s'agit d'un *certain type* de vraisemblance et d'un *certain* système motivant mis en œuvre, faute de quoi on pourrait comprendre que d'autres récits littéraires seraient dépourvus de motivation solide ou acceptable.

Nous sommes ici passé à la deuxième approche annoncée, d'après laquelle le réalisme semble s'emparer de la motivation pour l'incorporer comme un de ses traits exclusifs. L'univers narratif du réalisme impose les critères pour cerner la motivation, comme dans cette autre citation de Reuter (2000, p. 106) sur l'esthétique réaliste : « La motivation des actions exclut encore l'excès : événements extraordinaires ou trop inattendus (voir la place du hasard et des coïncidences dans le roman-feuilleton), passages trop brusques de scènes euphoriques à des scènes dysphoriques… » En lisant cette citation, il est aisé de voir que la normativité associée au discours réaliste pour ce qui est de sa capacité de fournir des motivations « correctes » (pas excessives, pas trop inattendues, pas trop brusques, etc.)[12]. Reuter étend le raisonnement sur la motivation jusqu'à concerner la progression du récit, avec le discours réaliste comme modèle (avec ses morceaux préparatifs et explicatifs bien développés et judicieusement situés dans le récit).

Le hasard s'affiche pour Reuter comme une force motivante inacceptable, de même que la narration romanesque. Prise de position semblable chez Gendrel (2012, p. 128-129), pour qui l'aspect romanesque serait « le négatif de l'aspect explicatif, puisqu'il ne propose aucun recours à la motivation et se sert uniquement des coïncidences et du hasard […] ». Gendrel conçoit la motivation entièrement d'après son aspect mimétique, rationaliste et objective. D'où l'idée que seule la motivation réaliste compterait comme une « vraie » motivation : « […] doit-on motiver les actions des personnages en ayant recours à une maxime psychologique ou sociale, ou doit-on nier toute motivation ? », se demande Gendrel (*ibid.*, p. 23). En d'autres mots, la motivation exprime la métonymie rationnelle ou bien elle n'existe pas.

Effectivement, si l'on conçoit la motivation comme étant d'essence réaliste, le hasard et le romanesque ne sont plus valables comme forces

12 *Cf.* Fludernik (1996, p. 172) sur le roman du XVIIIe siècle : « The genre's concentration on consciousness is therefore supported thematically by plots which authenticate excessive emotion and render the depiction of such emotion necessary despite, or maybe because of, its very extremity. »

motivantes. Čiževskij (1974) offre un exemple emblématique de cette approche de la motivation, selon laquelle on rejette toute discursivité non réaliste. Certes, note-t-il, il existe une causalité dans la littérature romantique, mais les motifs d'agir, comme les mouvements d'âme ou la force du destin, ne sont pas crédibles, à la différence des motifs qui fleurissent dans le réalisme. Pour Čiževskij, les auteurs romantiques ne s'occupaient en rien de la plausibilité du récit, voire faisaient exprès de doter le récit d'une dimension improbable. La motivation réaliste, comme contrepoint, serait l'état final et suprême de la composition du roman[13]. C'est comme si l'écriture réaliste, qui est aussi une construction, un artifice, une convention, profitait d'un statut de corrigé, de discours bien fait ou comme il faut[14].

C'est encore selon une logique semblable que Pennanech (2009) emploie la notion de la *démotivation*. Ce concept de Genette (1982, p. 457) décrit une transformation textuelle qui consiste à « supprimer ou élider une motivation d'origine ». Si le chercheur utilise cette notion en dehors du domaine de la transtextualité, il est obligé d'établir un « *sjužet* zéro » en comparaison duquel le texte analysé ne contiendrait pas assez de motivations (que l'auteur aurait pu ou aurait dû inclure dans sa composition). Ce modèle imaginé semble être le discours réaliste (ordonné, cohérent, causal, etc.), étant donné que le texte démotivé introduirait, selon Pennanech, « une forme de romanesque, en créant des tensions, du suspense, en rétablissant le hasard et en ouvrant le texte à ses multiples possibles » (p. 3)[15].

---

13 *Cf.* Čiževskij (1974, p. 7-8) : « Characters [in romanticism] are capricious and are driven by the mysterious "night side of the soul," by factors of which they are not conscious, and by fate and the destiny of their families. In realism, motivation must be credible above all else [...]. That is the final step in the development of the novel [...]. The romanticists did not think, of course, that plausibility mattered. They gave fantastic explanations—something is described as being the devil's fault, for instance—or they gave no explanation at all [...], or deliberately improbable explanations are offered [...]. »

14 *Cf.* l'observation de Brooks (2005, p. 5) : « Once a radical gesture, breaking with tradition, realism becomes so much the expected mode of the novel that even today we tend to think of it as the norm from which other modes [...] are variants or deviants. » Déjà Flaker (1964c, p. 213) notait l'usage d'évaluer tout discours d'après le réalisme comme point de référence de ce qu'on considère comme vrai.

15 Selon Pennanech (2012, p. 133-134), les formalistes auraient introduit le terme de *démotivation*. À notre connaissance, eux parlent seulement de texte motivé ou non motivé (ou encore de la mise à nu). L'idée de démotiver un hypotexte, ce qui implique une relation transtextuelle, vient de Genette (1982). – Pennanech (*ibid.*, p. 137) a aussi utilisé le terme

Il n'est pas dans notre intention de prétendre que les propos de ces chercheurs seraient erronés ni de nier les qualités de leurs ouvrages. Seulement il nous semble qu'ils poussent leur raisonnement trop loin, et qu'ils mènent celui-ci de façon trop catégorique pour ce qui est de la motivation. À cet égard, Sternberg (2012) et Schmid (2020) montrent qu'il est parfaitement possible d'étudier la motivation dans toutes sortes de récits sans partir de l'idée qu'il faudrait la valoriser d'après son degré de réalisme. On peut aussi, comme Schöch (2015), s'inspirer des modèles réalistes sans les suivre à la lettre. Inspiré par les écrits de Hamon sur la description motivée dans le réalisme, il étudie ce procédé dans le roman du XVIIIe siècle. Constatant que la motivation « apparaît souvent comme partielle, asymétrique, voire incohérente [...] lorsqu'on la juge par rapport au modèle de Hamon » (p. 42), Schöch choisit de façon exemplaire d'adapter son modèle à la poétique historique au lieu d'évaluer son corpus par des critères façonnés d'après les particularités du discours réaliste.

Pour faire un point rapide des deux approches de la motivation par rapport au réalisme, on peut dire que la première approche utilise la notion de la motivation (mimétique) pour mieux cerner le réalisme alors que la deuxième considère que la motivation est un outil réaliste par définition et qu'elle doit être de nature mimétique et métonymique. Quant à la deuxième approche, le danger consiste à confondre les réalismes B, C, D et E de Jakobson de manière à tourner en rond : ce que le lecteur rationnel et objectif considère comme réaliste est conforme au réel, et la motivation de type réaliste est par conséquent la bonne motivation, car celle-ci doit représenter une image rationnelle et objective du réel. Suivant un tel raisonnement normatif, Fludernik estime que le réalisme du XIXe siècle présenterait par définition une psychologie « raisonnable » et une « présentation convaincante » du réel ; de même, Ryan (2009, p. 60) constate la réduction patente d'« astuces simplistes d'intrigue » (*cheap plot tricks*) au XIXe siècle[16]. Mais la passion de Charles

---

de démotivation pour désigner l'activité critique de dénoncer le caractère arbitraire du texte par une « lecture contrauctoriale ».

16 D'après Fludernik (1996) : *reasonable* (p. 172) et *convincing presentation* (p. 131). *Cf.* Murfin et Ray (1997, p. 330) sur les romans réalistes : « [...] they establish convincing motivation for the thoughts, emotions and actions of the characters as well as for the turns and twists of the plot. » Voir aussi l'emploi du terme de « motivation réaliste » chez Cohn (1978, p. 175).

Bovary est-elle vraiment *objectivement* plus raisonnable et convaincante que celle du chevalier des Grieux ? Et selon quels critères *objectifs* pourrait-on valider un tel jugement ?

En même temps, nous tenons à souligner que le fait de réfuter le principe que la motivation littéraire devrait être réaliste par définition, comme nous venons de le faire, n'exclut pas l'idée d'étudier la référentialité du discours littéraire. Le système motivant est clairement susceptible de tendre *davantage* vers le référentiel (c'est le cas du roman réaliste), l'imaginaire (contes merveilleux, allégories, légendes, science-fiction, etc.), le fictionnel (genres romanesques, farce, mélodrame, etc.) et ainsi de suite. Tout en gardant une réserve bien forte contre la pertinence forcément limitée de toute catégorisation schématique, vu la multitude de mondes possibles et de réponses possibles que chaque catégorie pourrait contenir, on pourrait ainsi proposer une échelle de référentialité sommaire (tableau 8).

Monde diégétique	Exemple
Réalité contemporaine (ou presque)	*Le Rouge et le Noir*
Réalité historique	*Salammbô*
Réalité future (projetée à partir de la situation actuelle)	*Paris au XXe siècle*
Réel futur (imaginé)	*L'Île à hélice*
Réel alternatif	*Le Horla*
Réel imaginaire	*Cendrillon*

TABLEAU 8 – La référentialité du monde diégétique.
Du plus proche du monde réel (en haut) vers le plus éloigné (en bas).

Le récit qui se base sur la réalité contemporaine devrait être le plus conforme à la réalité commune, suivi par les récits historiques (pour lesquels il est possible de se documenter) et les récits sur une réalité projetée de l'avenir, considéré comme une prolongation du présent. Suivent les récits qui proposent une autre vision de la réalité. Le mode le plus référentiel est l'avenir, avec la science-fiction fantaisiste (car on ne saura rejeter catégoriquement un scénario de l'avenir d'après l'idée qu'il ne correspondra pas à un réel qu'on ne connaît pas encore). Suit le récit qui met en défi notre appréhension du monde. Enfin, tout récit qui propose un monde supplémentaire (imaginaire) au nôtre, sans mettre le fonctionnement du monde réel en cause, s'écarte le plus du réel. Pour l'appréciation définitive de ces catégories jouent bien entendu plusieurs paramètres, comme la compétence du public. Si celui-ci ne connaît pas le monde contemporain dépeint (par exemple parce que l'histoire se déroule dans un endroit exotique), cela pourrait certainement lui sembler moins référentiel qu'une épopée qui se déroule pendant une période bien documentée de l'Histoire. De même, si le récit est conforme à l'attente générique, il peut sembler plus vraisemblable, car correspondant à l'image du réel propre à la forme narrative en question, etc.

DE LA MOTIVATION LINGUISTIQUE À LA MOTIVATION SÉMIOTIQUE

Venons-en maintenant à la question supplémentaire de ce chapitre, celle qui concerne les associations qu'on pourrait établir entre les motivations littéraire et linguistique. Soulignons d'abord que ni Jakobson ni les formalistes ne développent une véritable analogie entre ces deux motivations, malgré les suggestions de Genette (1968, p. 19)[17]. Sur un plan général, elles occupent pourtant une fonction similaire : celle de rendre moins arbitraire un lien entre deux éléments. En pratique, leur emploi diffère de façon considérable, et c'est ce que nous allons essayer de démontrer.

Comme on le sait, la motivation du signe désignait au départ, d'après l'acception saussurienne, l'idée que le lien entre le signifiant et le signifié n'était pas arbitraire, mais motivé par une relation plus ou moins naturelle, car imitative (ou cratylique)[18]. Plus tard, on a précisé que ce lien devait s'établir entre le signifiant et le référent (puisque le lien entre le signifiant et le signifié, étant comme les deux côtés d'une feuille, d'après la métaphore célèbre, est nécessaire et non arbitraire). Sans se prononcer sur la validité de cette prémisse, on peut constater que la motivation

17 Herman et Vervaeck (2007, p. 218) sont les seuls, à notre connaissance, à poursuivre l'analogie linguistique de Genette, toutefois sans vraiment reprendre son analyse : « Story elements are arbitrary because they derive their meaning from their links with the other elements, and not from a connection with the logic of the real world [...]. » Cependant, pour Genette, l'arbitraire peut aussi concerner la relation avec le monde réel (c'est même son point central).

18 L'exemple classique reste l'onomatopée, qui « imiterait » le référent par son signifiant : la transcription d'un rire par [a a a], [i i i] ou [e e e] est motivée tandis que l'utilisation de l'image sonore [dis] pour désigner le chiffre « 10 » est arbitraire (*Cf. ten*, *zen*, *dieci*, *tio*, etc.).

linguistique concerne une relation entre une forme d'expression dans un système et un référent dans le réel, où entre en compte un nombre assez limité de paramètres. La problématique de la motivation nécessite des réflexions multiples sur le rapport entre l'élément narratif avec ses cadres exodiégétiques, ainsi que sur ses effets de composition et ses relations avec le cotexte. Les motivations littéraires sont de natures diverses et se retrouvent à différents niveaux par rapport à la construction textuelle. Elles sont aussi évaluées par le public à travers l'Histoire alors que le propre du système de la langue, d'après Saussure, est sa stabilité, résultat des relations internes qui décident de la place de chaque unité dans ce même système[19]. Enfin, la motivation diégétique n'est pas un fait innocent, simple produit du système de la langue, mais facteur essentiel dans l'analyse de la portée idéologique du récit : qu'est-ce que signifient l'absence, la présence, la figuration et la fonction des motivants[20] ?

L'analogie avec l'arbitraire du signe est tout aussi bancale. En absence de motivation, le signe linguistique est arbitraire (c'est le statut ordinaire du signe, à moins qu'il ne soit demi-motivé[21]). Comme le rappellent Sternberg (2012, p. 343) et Schmid (2020, p. 34), l'absence de motivation dans le texte littéraire n'implique pas que le lien entre les éléments textuels serait arbitraire, puisque le lecteur peut inférer des motivations implicites, comme l'avaient déjà montré Propp et puis Genette. Inversement, la présence de la motivation n'implique pas que le lien paraîtrait non arbitraire aux yeux du lecteur. Par ailleurs, la dimension arbitraire du récit peut s'apprécier différemment. Pour Chklovski, elle dénote une valeur positive (rien de mieux, et de plus artistique, que les mises à nu désinvoltes dans *Tristram Shandy*) ; pour Tomachevski, comme nous le verrons plus loin, l'arbitraire doit être évité puisqu'il nuit à la création d'un texte cohérent et organique.

En somme, la problématique de la motivation littéraire ne trouve pas son équivalence dans l'étude de la motivation du signe linguistique.

19 *Cf.* Pavel (1986, p. 3) : « [...] within the Saussurean framework semantic stability constitutes a universal trait of semiotic systems. »

20 Pour une discussion sur l'idéologie comme signe absent de la création littéraire, voir Hamon (1984, p. 10-19).

21 D'après Jakobson (1966). Par exemple le signe « dix-huit » : « dix » et « huit » sont des formes d'expression gratuites, mais une fois que ces signes sont établis comme part de la langue comme système, leur combinaison en « dix-huit » pour désigner le chiffre 18 est *demi-motivée*.

L'analogie entre ces deux domaines, même si elle est possible à formuler, n'offre donc pas d'entrée décisive pour mieux analyser la motivation littéraire. L'intérêt de la motivation linguistique, et plus généralement celle de la motivation *sémiotique*, réside ailleurs, à savoir dans les cas où elle occupe une fonction narrative. Dans sa manifestation la plus voyante, la motivation sémiotique prend la forme d'un jeu onomastique, comme dans la nomination des nains dans « Blanche-Neige ». Cela n'expose pas, normalement, une causalité diégétique, mais une corrélation dans le monde diégétique (ce n'est pas *parce que* Dormeur s'appelle Dormeur qu'il est somnolent ; ce nom signale ou renforce simplement ce trait caractériel, ou se superpose à ce trait). Cela constitue un parallèle avec le motif du clair de lune. Or, dans ce cas-ci, c'est le système de signes qui fonctionne comme cadre exodiégétique : la logique des signes crée comme une couche supplémentaire et complémentaire de signification, un cadre de référence figuratif qui est subordonné au cadre de référence mimétique. Dans le cas où l'on peut détecter un rôle justificateur de cette dimension dans la mise en intrigue, il y a lieu de parler de motivation. Comme cette motivation fonctionne par corrélation avec l'histoire racontée sans représenter une causalité diégétique, elle se présente comme une deuxième variante artistique (voir le tableau 9).

Mode	Variantes	
Mimétique	causalité du réel ou d'un réel, transposée au (et opérante dans le) monde diégétique	
Artistique	modèle extérieur non médiatisé par le monde diégétique, mais avec lequel la *fabula* montre une corrélation suivant l'élaboration du *sjužet*	
	sémiotique	système de signes
	auctoriale	autorité de l'auteur implicite

TABLEAU 9 – Cadres exodiégétiques, deuxième variante artistique.

En renouant avec la question du réalisme, on pourrait penser que cette variante serait absente dans ce courant littéraire, qui vit largement sur la logique métonymique (objective, rationnelle, référentielle, etc.). Par exemple, pour Schmid (2010, p. 125), le signe linguistique semble par définition jouir d'un statut arbitraire dans le texte réaliste.

Néanmoins, Hamon (1982) place parmi les quinze caractéristiques du discours réaliste le jeu onomastique et le surcodage du signifié grâce au signifiant (ce sont les traits n° 4 et n° 5). Par des analyses qui descendent jusqu'au niveau phonématique, Hamon (1998, p. 110-135) illustre aussi comment le signe linguistique établit une logique opérante dans les *Rougon-Macquart*, soit en s'harmonisant soit en contrastant avec telle donnée narrative. Il n'y a donc pas lieu d'écarter le discours réaliste de l'étude de la motivation sémiotique.

Dans ce contexte, mentionnons aussi que Greimas (1976) et son disciple Courtés (1991), sans se limiter à l'approche référentielle, excellent dans leurs analyses (dont celle de Greimas a été très controversée) des liens sémantiques dans les nouvelles de Maupassant. À partir d'oppositions comme haut/bas, intérieur/extérieur, vie/mort ou être/paraître, Greimas et Courtés y dégagent des structures signifiantes qui dotent les textes d'une certaine dimension symbolique. Par exemple, la logique du récit peut stipuler que tout ce qui est en haut est euphorique alors que tout ce qui est en bas est dysphorique (ou bien le contraire). Cela crée certainement des réseaux endodiégétiques au niveau sémantique. La question est de savoir si l'on peut réellement parler de motivation littéraire pour cerner ce phénomène. Il nous semble que la motivation doit apparaître plus clairement aux niveaux figuratif et discursif (« Dormeur », clair de lune, ironie discursive), être plus corrélée au déroulement de l'histoire pour qu'on puisse dire qu'elle occupe un rôle justificateur dans l'élaboration du récit.

Ceci ne doit pas obscurcir l'importance des travaux de la sémantique structurale, en particulier pour les études maupassantiennes. Sa poétique se prête admirablement à leur méthodologie du fait qu'il excelle en introduisant dans les récits des motifs et du vocabulaire qui ne sortent pas du cadre référentiel tout en suggérant des significations connotées. De cette manière, il se crée une harmonisation entre déroulement (métonymique) et configuration (métaphorique), ce qui serait d'ailleurs le propre du récit court, et de la nouvelle du XIXe siècle en particulier, selon May (1989)[22]. C'est donc une problématique à poursuivre dans

22 Cela serait même, selon Mitterand (1994, p. 8), de façon assez paradoxale, « la tendance naturelle du paysage réaliste, par une dérive de son caractère nécessairement métonymique (qui le fait apparaître en contiguïté avec les personnages et avec l'action) vers une fonction métaphorique ».

d'autres cadres théoriques, par exemple celui des principes métonymique et métaphorique de Jakobson ou celui des genres littéraires. Cependant elle n'a pas sa place entière dans cet ouvrage centré sur la motivation.

À LA JAKOBSON

Dans cette section, les applications portent sur différentes manifestations du réalisme, à placer sur une échelle qui va de « la motivation métonymique » (mimétique, causale, référentielle, contextuelle) dans *Madame Bovary* à « la motivation mythique » (artistique, symbolique, corrélative) dans *Le Colonel Chabert*[23].

LA MOTIVATION MÉTONYMIQUE (FLAUBERT)

Il peut paraître superflu d'entreprendre une étude de l'emploi de la motivation dans *Madame Bovary*, tant on a souligné la logique des actions et la cohérence du récit, et cela depuis le compte rendu classique de Duranty, dans *Le Réalisme* du 15 mars 1857, où le théoricien considérait le roman comme « une application littéraire du calcul des probabilités ». À sa suite, Bopp (1951, p. 29) apprécie la solidité du roman, « tant ses diverses parties s'appellent, se conditionnent les unes les autres » et Gothot-Mersch (1966, p. 90) estime que l'auteur « fait porter son effort sur la création de caractères qui justifient les actes et l'évolution des personnages », pour mentionner seulement quelques voix critiques qui font l'autorité dans les études flaubertiennes. Pour notre part, nous allons illustrer les principes de cette motivation métonymique en nous appuyant sur la visite au théâtre d'Emma et de Charles, qui nous a déjà servi d'exemple dans notre section méthodologique du premier chapitre. Voici le passage explicatif entier :

> Cette idée de spectacle germa vite dans la tête de Bovary ; car aussitôt il en fit part à sa femme, qui refusa tout d'abord, alléguant la fatigue, le dérangement,

23 Les textes analysés ont déjà fait l'objet de publications dans *Bulletin Flaubert-Maupassant* (« Pour un nouvel emploi de la motivation : l'exemple du couple Bovary », 2008, n° 21, p. 131-144) et *Australian Journal of French Studies* (« La place du déplacement – réflexions sur la dimension mythique du *Colonel Chabert* », 2019, vol. 56, n° 3, p. 287-306).

> la dépense ; mais, par extraordinaire, Charles ne céda pas, tant il jugeait cette récréation lui devoir être profitable. Il n'y voyait aucun empêchement ; sa mère leur avait expédié trois cents francs sur lesquels il ne comptait plus, les dettes courantes n'avaient rien d'énorme, et l'échéance des billets à payer au sieur Lheureux était encore si longue, qu'il n'y fallait pas songer. D'ailleurs, imaginant qu'elle y mettait de la délicatesse, Charles insista davantage ; si bien qu'elle finit, à force d'obsessions, par se décider. (p. 329)

La motivation justifie la décision d'aller au théâtre sur plusieurs plans. Flaubert balaie d'éventuels obstacles liés à la situation financière, entre autres grâce à l'argent inespéré de la mère, qui vient fort à propos. Cela exemplifie le remplissage des chaînes causales si caractéristique du discours réaliste et dont l'accumulation correspond à cette « motivation conséquente » dont parlait Jakobson (2001). L'auteur articule aussi deux motivations pseudo-objectives qui indiquent une logique discursive : « Charles ne céda pas, *tant* il jugeait [...] » ; « Charles insista davantage ; *si bien qu'*elle [...] ». Quant à la motivation psychologique, la réaction initiale d'Emma, qui peut paraître étonnante étant donné qu'elle adore la musique et lutte constamment pour échapper à l'ennui quotidien, s'explique par le fait qu'à ce point de l'histoire, elle reste toujours prise d'une certaine résignation, se rétablissant péniblement après sa rupture avec Rodolphe. Le paragraphe établit aussi une cohérence endodiégétique avec l'histoire, à travers les références explicites ou implicites à d'autres personnages (la mère, Lheureux, Rodolphe) et aux thématiques du récit (argent, famille, adultère).

C'est seulement le syntagme « par extraordinaire » qui ne semble pas obéir à la logique métonymique du récit, car cet aspect (le hasard, la chance, la coïncidence, l'exception, etc.) se présente comme une force motivante qui ne devrait pas avoir sa place dans le discours réaliste. Comme le rappelle Maupassant (1980a, p. 102), en parlant du romancier réaliste : « On veut faire, pour ainsi dire, une moyenne des événements humains et en déduire une philosophie générale, ou plutôt dégager les idées générales des faits, des habitudes, des mœurs, des aventures qui se reproduisent le plus généralement[24]. » Or, au fond, le comportement

---

24 Maupassant parle ici de l'esthétique réaliste en général. On sait qu'il développe des pensées complémentaires sur la vision personnelle du monde dans son étude sur le roman (souvent appelée la « Préface de *Pierre et Jean* »), vision qu'il met aussi en pratique notamment dans ses derniers romans.

de Charles relève d'une double régularité à lier à la motivation *endodiégétique* du récit.

La première régularité est d'ordre *mimétique*. Dans notre section méthodologique, nous avions déjà remarqué que le désir ardent de voir sa femme heureuse sous-tend pratiquement toutes les actions conjugales de Charles. Le côté extraordinaire répond donc, dans une certaine mesure, à un comportement ordinaire, selon laquelle Charles est en fait « conforme à lui-même » dans cette scène. L'aspect inhabituel réside dans la persistance de Charles face à la résistance d'Emma. Cette particularité s'explique par une deuxième régularité, d'ordre *artistique*. Comme l'a montré Culler (1974), les deux protagonistes agissent constamment sous le signe de l'« ironie syntagmatique » (Hamon, 1996). Celle-ci anime un réseau déceptif où le résultat ne correspond pas aux intentions des personnages (annulation de projet, renversement de situation, illusion perdue, etc.). Par cette logique discursive, le récit ne « peut » réaliser les désirs d'Emma (fuite avec Rodolphe, naissance d'un fils, réussite de l'opération du pied-bot, etc.), parce que cela désavouerait le statut du récit comme un roman de mœurs pessimiste, contrepoint au récit romanesque. La structure révèle un projet auctorial, traduit ici par une sorte de logique énonciative[25].

Cela veut dire que la motivation téléodiégétique impose une cohérence textuelle qui dépasse la causalité référentielle, au cœur même de sa manifestation éminemment métonymique. En s'inspirant de la lecture de Culler, on pourrait proposer le néologisme d'« ironie proportionnelle » pour rendre compte de cet aspect de la narration de *Madame Bovary* : plus le personnage ironisé espère que tel évènement se réalise, plus cet évènement s'avèrera fatal. Dans une telle perspective, les conséquences négatives de la visite pour Charles répondent à son degré d'enthousiasme. D'où cette insistance sur le comportement « extraordinaire » de Charles, qui s'explique par son idée que la soirée sera tant « profitable » à Emma (elle lui sera profitable, effectivement, mais pas dans le sens que l'entend Charles). D'où aussi le manque d'enthousiasme d'Emma, qui ne s'attend à ne rien vivre d'extraordinaire : nulle prévision ou espérance d'une amélioration de la situation ne pourrait se réaliser selon la logique du récit.

25 Culler (1974, p. 145) : « [...] if in reading *Madame Bovary* we feel that Emma is indeed doomed, it is not because a convincing analysis has been presented but because we have become accustomed to Flaubert's prose. »

En considérant la rencontre au théâtre comme une étape du récit, préparée par Flaubert, on voit donc que s'active la dimension endodiégétique, liée aux motivants et aux motivés : la *cohésion mimétique* (Charles veut toujours faire du bien à Emma), la *cohésion artistique* (toute entreprise de Charles doit échouer ; si tel évènement s'avère positif, cela ne peut être prévu ou voulu par Emma), la *possibilité* (Charles et Emma ont les moyens d'aller au théâtre) et la *plausibilité* (la rencontre dans le lieu spécifique du théâtre semble crédible puisqu'Emma et Léon apprécient tous les deux la musique). Cependant, l'art de la motivation chez Flaubert ne se limite pas au remplissage des chaînes causales et à l'instauration d'une logique discursive. Il existe un autre aspect fondamental, qui nous semble moins éclairé par la critique, quoique bien mis en relief par Reverzy (2017) et Pellini (2020). C'est sa faculté de « défictionnaliser » (plutôt que de « démotiver ») le récit[26]. Certes, la motivation reste d'habitude à l'arrière-plan d'après l'idée qu'elle est ou qu'elle semble naturelle, évidente, logique, probable, etc. La particularité chez Flaubert est le mode de dissimulation employé.

Apprécions d'abord la façon dont Flaubert insère la suggestion d'aller voir la pièce de l'opéra au milieu d'un passage consacré à Bournisien. Après quelques paragraphes centrés sur le curé, le lecteur apprend ceci sur son caractère : « Il était brave homme, en effet, et même, un jour, ne fut point scandalisé du pharmacien, qui conseillait à Charles, pour distraire Madame, de la mener au théâtre de Rouen voir l'illustre ténor Lagardy » (p. 326). L'homme ecclésiastique est le sujet grammatical et thématique de la phrase. La soirée au théâtre figure à peine comme virtualité narrative ; elle ne semble être qu'un motif (parmi d'autres) qui aide le lecteur à mieux comprendre Bournisien. De plus, au lieu de provoquer une réaction immédiate de Charles, la proposition est suivie d'une discussion sur les beaux-arts qui a pour but d'ironiser sur les idées reçues des personnages, et surtout de ridiculiser Homais. Le passage semble ainsi confirmer la configuration du monde diégétique

26 Certains lecteurs contemporains ont estimé que tout aspect romanesque disparaît dans le roman pour céder la place à la vie réelle. Voici la conviction exprimée par une certaine Marie-Sophie Leroyer dans une lettre adressée à Flaubert du 18 décembre 1856 : « Je l'ai reconnue [Emma], aimée, comme une amie que j'aurais connue. [...] non cette histoire n'est point une fiction, c'est une vérité ! cette femme a existé, vous avez dû assister à sa vie, à sa mort, à ses souffrances. »

plutôt que d'annoncer un changement de l'intrigue. Pourtant, par une « transition savante et dissimulée », pour emprunter la formule de Maupassant, la composition développe subtilement la progression de l'intrigue[27].

Le roman entier suit ce schéma, selon lequel les points forts de l'intrigue sont dissimulés par des procédés ironiques, dégradés et « défocalisateurs » : la mort de la première femme de Charles est présentée avec une pointe d'ironie (« Elle était morte ! Quel étonnement ! », p. 84), la première rencontre entre Charles et Emma est mentionnée en passant (« Une jeune femme, en robe de mérinos bleu garnie de trois volants, vint sur le seuil de la maison pour recevoir M. Bovary », p. 77), la grossesse d'Emma est mentionnée après coup et en passant (« Quand on partit de Tostes, au mois de mars, madame Bovary était enceinte. », p. 141), la rencontre entre Charles et Léon à l'opéra s'articule à travers la ridiculisation du mari (incompréhension de l'opéra, gaucherie et étourderie dans les couloirs du théâtre), Emma apprend où se trouve l'arsenic dans le capharnaüm de Homais lors d'une scène comique et théâtrale entre le pharmacien et son fils, etc.

Si Flaubert excelle dans le remplissage métonymique, la cohérence discursive et la dissimulation de l'intrigue, il semble rencontrer plus de difficultés à motiver la vie en couple d'Emma et de Charles. En lisant les multiples passages où Emma s'exaspère à la vue de son mari, on peut difficilement répondre à sa question : « Pourquoi, mon Dieu ! me suis-je mariée » (p. 113) ? Les critiques ont soit désapprouvé la liaison entre Charles et Emma (par exemple Furst, 1984 et Durey, 1993) soit fait leur possible pour la justifier. Faute de mieux, Desprez (1884, p. 30) suggère que Charles et Emma seraient séduits « peut-être par leurs contrastes » ; Levin (1907, p. 75) dit qu'Emma se contente de Charles à défaut de rencontrer le héros dont elle avait rêvé ; pour Brombert (1966, p. 60), Emma concevrait par principe tout changement comme un pas vers le bonheur, ce qui inclurait aussi le mariage avec Charles.

27 D'après l'art de composition du romancier « illusionniste », qui « consiste à user de précautions et de préparations, à ménager des transitions savantes et dissimulées, à mettre en pleine lumière, par la seule adresse de la composition, les événements essentiels et à donner à tous les autres le degré de relief qui leur convient, suivant leur importance, pour produire la sensation profonde de la vérité spéciale qu'on veut montrer » (Maupassant, 1987, p. 708).

Ces propositions diverses, plus ou moins convaincantes, indiquent que la motivation diégétique du récit est insuffisante (si la motivation était clairement articulée, l'analyse des critiques serait plus ou moins unanime). Pourtant Flaubert énonce (au moins) cinq arguments pour voir se réaliser le mariage entre Charles et Emma :

1. L'insistance sur le *délaissement total* d'Emma quand Charles apparaît : « [...] elle se considérait comme fort désillusionnée, n'ayant plus rien à apprendre, ne devant plus rien sentir » (p. 107).
2. La *réaction provoquée par Charles* qu'elle ne peut comprendre et encore moins analyser : « l'anxiété d'un état nouveau, ou peut-être l'irritation causée par la présence de cet homme » (p. 107)[28]. Le mot *irritation* doit sans doute être pris ici avant tout dans le sens de « sensibilité exacerbée » (avec une possible nuance de sexualité éveillée). En même temps, le vocable s'accorde parfaitement aux réactions ultérieures d'Emma.
3. La *compagnie d'abord agréable* (!) de Charles. Ceci est d'autant plus remarquable que le futur médecin est d'emblée stigmatisé, dans le roman, comme une personne qui ne sait même pas prononcer son nom. Une des premières (et des plus fortes) plaintes d'Emma est la conversation banale de Charles[29]. Pourtant les échanges initiaux entre les futurs époux coulent sans trop d'encombres : « [...] elle se mit à causer du couvent, Charles de son collège, les phrases leur vinrent » (p. 87).
4. L'*intervention médicale* chez le père Rouault, qui est de loin la plus réussie par Charles dans l'histoire entière, grâce à des circonstances particulièrement bénéfiques : « La fracture était simple, sans complication d'aucune espèce. Charles n'eût osé en souhaiter de plus facile » (p. 78).
5. Les *raisons suffisantes* additionnées par le père Rouault qui doivent compenser les côtés faibles du futur beau-fils : « [...] ce n'était pas là un gendre comme il l'eût souhaité ; mais on le disait de bonne conduite, économe, fort instruit, et sans doute qu'il ne chicanerait pas trop sur la dot » (p. 89)[30].

28 Notons la présence de « ou peut-être », qui est une *motivation auctoriale incomplète.* C'est seulement après coup qu'Emma se rend compte de son ignorance initiale de l'amour : « Avant qu'elle se mariât, elle avait cru avoir de l'amour [...] » (p. 101).

29 Selon Knight (1985, p. 31), Charles sait à peine parler (« can barely speak at all »).

30 Dans l'esprit métonymique, Flaubert précise bien entendu les affaires du père Rouault : « Or, comme le père Rouault allait être forcé de vendre vingt-deux acres de *son bien*,

Nonobstant tous ces motifs accumulés, dont certains relèvent de l'accidentel (l'intervention médicale réussie) ou de l'incohérence (la compagnie agréable de Charles), Flaubert choisit d'insérer une ellipse narrative d'une cinquantaine de minutes pendant que le père persuade Emma d'accepter le mariage[31]. Ce choix de composition semble révélateur de la difficulté de justifier le mariage par la motivation endodiégétique. Car, au fond, Emma a toujours nourri des rêves d'une existence supérieure et Charles a toujours été tout aussi médiocre. Comme l'exprime Gothot-Mersch (1966, p. 98) : « Charles est exactement le mari qu'il ne fallait pas à cette Emma. » Dans la perspective de la motivation, et celle de Crouzet évoquée dans le chapitre précédent (p. 78), cette remarque est à la fois correcte et incorrecte. Au niveau de la *fabula*, Emma mène une existence malheureuse qu'elle désespère de fuir *parce qu'*elle est clouée à un homme qui ne correspond nullement à ses attentes et qui est incapable de mériter son estime. Au niveau du *sjužet*, Emma doit être clouée à cet homme *pour qu'*elle soit malheureuse.

Après le mariage, c'est le *statu quo* de Charles qui pose le défi majeur de motivation. C'est d'abord un problème générique. Depuis l'étude classique de Watt (1957), on associe le roman réaliste au développement du personnage par l'interaction continue de celui-ci avec le milieu, ce qui n'empêche pas que Charles reste le même de la scène inaugurale, qui pose le futur mari comme un homme médiocre, jusqu'à la fin du récit. Les critiques ont tenté de justifier cette position statique de Charles de diverses façons : pour Desprez (1884, p. 30), « Charles reste trop bête pour s'apercevoir du mépris qu'on lui témoigne » ; selon de Cormenin (1857), « Bovary est né sous une étoile fâcheuse » ; d'après Johnson (2000, p. 89), il est le mâle castré ; aux yeux de Maraini (1998, p. 135-138), il faut faire un détour biographique et considérer la situation familiale de Flaubert pour s'identifier avec Charles.

Mais c'est encore plus un problème de l'intrigue. Dans sa fonction de mari sans valeur et pourtant profondément attaché à son épouse, il doit rester avocat du diable plutôt que médecin de campagne, c'est-à-dire garder sa passion pour Emma et ignorer son état véritable, quoi qu'il

qu'il devait beaucoup au bourrelier, que l'arbre du pressoir était à remettre : – S'il me la demande, se dit-il, je la lui donne » (p. 89).

31 Cette scène fait partie des remarquables « silences de Flaubert », trait de composition élucidé dans deux ouvrages importants : Genette (1966) et Dufour (1997).

arrive et quoi qu'elle fasse. C'est surtout son ignorance de l'adultère qui nuit à la crédibilité du récit. Pour Privat (1994, p. 69), l'histoire présente « mille indices qui passent inaperçus ». Or, même si l'on suppose que Charles aurait une certaine personnalité crédule, bête, etc., il n'en reste pas moins qu'il fréquente régulièrement les habitants dans sa qualité de médecin ainsi que les lieux publics. Comme les liaisons d'Emma sont connues dans le village (« [...] ceux qui doutaient encore ne doutèrent plus quand on la vit, un jour, descendre de *l'Hirondelle* », p. 266), la société paysanne traditionnelle, jugeant de façon rigoureuse les actes d'autrui en raison du bon fonctionnement de la communauté d'après Privat (1994), aurait dû dénoncer Emma. Dans ce contexte, Bopp (1951, p. 239) émet des réserves importantes à la crédibilité du récit : « [...] il nous paraît assez peu vraisemblable qu'ayant vu Mme Bovary s'afficher avec Léon, et plus encore avec Rodolphe, un des Yonvillais, client ou ami de Charles, n'ait pas dessillé les yeux à ce candide, à cet homme si trompable... »

En somme, il est possible d'identifier, à côté de l'enchaînement métonymique, une certaine tension compositionnelle dans *Madame Bovary* entre le monde diégétique représenté (qui se veut mimétique) et la fonction de Charles (qui doit rester dans l'ignorance)[32]. Dans notre perspective, et selon notre terminologie, cette tension concerne les rapports entre la motivation diégétique (qui se veut référentielle), endodiégétique (qui se veut cohérente) et téléodiégétique (qui se veut fonctionnelle) et elle concerne en particulier cet homme qu'il fallait et qu'il ne fallait pas à Emma, aux niveaux respectifs du *sjužet* et de la *fabula*. La section suivante explorera une autre tension narrative, toujours au sein de la littérature réaliste, occasionnée par l'insertion d'un autre élément problématique à adapter à la structure du récit.

32 Il nous semble raisonnable de parler d'une « tension » au lieu de postuler, comme le fait Culler (1974, p. 151), que la séquence d'évènements du roman serait libérée de toute contrainte interne : « [...] it is not governed by laws which determine how one thing follows another in what one might call syntagmatic sequences. Its system is rather that of an immense paradigm in which everything is equivalent and could replace anything else in the syntagma of chance. »

LA MOTIVATION MYTHIQUE (BALZAC)

Comme bien d'autres romans de *La Comédie humaine*, *Le Colonel Chabert* (de 1832) présente une intrigue pleinement conditionnée par les rouages sociaux, historiques et juridiques, où les intérêts et les actions des personnages, qui se rapprochent de types sociaux, illustrent l'évolution historique de la société. Le protagoniste représente le parvenu durant l'ère de Napoléon qui a perdu sa place dans la société lorsqu'il y retourne durant la Restauration. Par son apparition et sa présence comme élément dérangeant, il met en question les valeurs de l'Empire rejetées par la nouvelle société en train de se former, avec le retour de l'ancienne noblesse et la montée de la bourgeoisie. La dominante du récit affiche donc ce système clos du réalisme où les différents niveaux de motivation semblent relever solidement de l'ordre *mimétique* : l'histoire doit progresser selon une causalité (diégétique) transposable au réel comme il est (exodiégétique) afin d'illustrer correctement la marche de l'Histoire (téléodiégétique).

Cependant, dans le roman s'infiltre un certain nombre de références à la mythologie grecque, et donc à un ordre intertextuel ou *artistique*. Le protagoniste, parti pour la guerre, revient après une dizaine d'années et fait son entrée sous l'apparence d'un mendiant qui cherche à entrer de nouveau dans sa maison pour regagner ses droits, ses biens et sa femme. Pour Vachon (1994, p. 141), Agamemnon serait la référence principale ; Citron (1961, p. XXX) remarque que « c'est un peu celle d'Agamemnon, et c'est aussi celle d'Ulysse[33] ». Le récit contient aussi une scène où Chabert, enterré avec les morts, remonte de la fosse commune après la bataille d'Eylau. La narration de cette scène remplit tous les critères de la *catabase* (« le fait de descendre [aux Enfers] ») : le héros revient de son voyage parmi les morts pour raconter son expérience tout en souffrant du souvenir de l'épisode et de la difficulté même de narrer son aventure. La scène expose aussi des caractéristiques de la catabase, comme l'ambiance onirique, le mode grotesque et l'état d'emprisonnement[34].

33 Cave (1990) énonce une remarque semblable : « It is as if Odysseus had returned, almost unrecognizable, after his death had been legally confirmed, to find Penelope remarried and his goods expropriated. »

34 *Cf.* la définition de la catabase par Clark (1979, p. 32) : « [...] a Journey of the Dead made by a living person in the flesh who returns to our world to tell the tale ». Pour les traits spécifiques de la catabase, voir Frye (1976) et Falconer (2007).

La présence du mythe, c'est aussi la présence d'un autre système textuel, ce qui a des conséquences patentes pour l'analyse de la motivation. Le genre fonctionne comme régulateur central du monde diégétique puisqu'il instaure un cadre particulier à partir duquel les actions sont mesurées[35]. Dans les mots d'Eco (1985, p. 207), « l'hypothèse formulée sur le genre narratif détermine le choix constructif des mondes de référence » ; selon Ryan (1991), le « paysage générique » règle le champ mimétique en même temps qu'il hiérarchise l'information donnée[36] ; d'après Jouve (2019, p. 28), « [t]out genre est en effet fondé sur un ensemble de conventions qui dessinent un horizon d'attente et que le lecteur assimile comme faisant partie des règles du jeu. » Chaque genre élabore ainsi plus ou moins sa motivation spécifique[37]. Déjà Chklovski (1990) analysait le roman policier, ce genre qui crée sa propre vraisemblance selon Todorov (1968, p. 146) : « En s'appuyant sur l'anti-vraisemblable, le roman policier est tombé sous la loi d'un autre vraisemblable, celui de son propre genre » ; Bermel (1990, p. 26) montre que la farce prévoit des actions accomplies par des personnages qui ne maîtrisent pas la situation et qui agissent en partie inconsciemment ; Sternberg (2012, p. 331) identifie un « besoin générique » d'un « méchant » dans la tragédie ; Propp (1970) constate que la motivation pouvait faire défaut dans le conte merveilleux, etc.

Étant donné que le genre, en tant que cadre de référence, ne relève pas d'un réel, mais d'un modèle qui modifie le réel d'après ses propres lois, sans reprendre entièrement la causalité référentielle, il s'agit d'une troisième variante du mode artistique. On aurait pu parler plus généralement d'une motivation *littéraire*, puisque certains aspects compositionnels (différents topoï, usage de paratexte, etc.) sont communs à plusieurs genres. Cependant cette épithète désigne déjà chez nous la double fonctionnalité de la *motivirovka* (diégétique et téléodiégétique). Nous optons

35 *Cf.* Yacobi (1981, p. 115) : « […] a generic framework dictates or makes possible certain rules of referential stylization, the employment of which usually results in a set of divergences from what is generally accepted as the principles governing actual reality. »

36 *Cf.* Ryan (1991, p. 57), sur le genre : « […] predict what will be shown and hidden in a certain type of text, what will be given or denied significance ».

37 Par sa célèbre expérience où les lecteurs ont ajusté leurs stratégies de lectures en utilisant la notion du genre comme guide directif, Fish (1980) a démontré de façon éloquente l'influence de la prédisposition générique. Walsh (2007) traite la même problématique au niveau théorique.

alors pour l'épithète de motivation *générique*, en y incluant également des éléments littéraires qui dépassent tel genre isolé (voir le tableau 10).

Mode	Définition	
Mimétique	Causalité du réel ou d'un réel, transposée au (et opérante dans le) monde diégétique	
Artistique	Modèle extérieur non médiatisé par le monde diégétique, mais avec lequel la *fabula* montre une corrélation suivant l'élaboration du *sjužet*	
	Générique	Conventions littéraires
	Sémiotique	Système Des Signes
	Auctoriale	Autorité de l'auteur implicite

Tableau 10 – Cadres exodiégétiques, troisième variante artistique.

Pour *Le Colonel Chabert*, c'est donc la généricité mythologique qui nous intéresse. Si l'allusion aux destinées d'Ulysse et d'Agamemnon se retrouve sur un niveau bien général, sans vraiment affecter la narration du récit, la scène de la catabase est relatée en détail. Or, l'imaginaire du mythe impose un autre système de motivation que celui qui est opérationnel dans un roman de mœurs, où elle est fondée sur la psychologie et le contexte sociohistorique, selon Gendrel (2012). Le mythe vit, selon la formule heureuse de Gould (1981), sur un « écart ontologique » entre l'action et sa signification, écart que le mythe comble en proposant un modèle d'interprétation du monde[38]. Sa causalité est à imputer à une réalité supérieure et transcendantale (le destin, Dieu, le cosmos, la nature, etc.), alors que l'auteur réaliste, en rappelant les propos de Nøjgaard (1996), ne saura recourir à ce genre de « forces externes » pour expliquer le déroulement de l'histoire. Il doit au contraire articuler son histoire par métonymie et l'ancrer solidement dans un cadre mimétique.

Dans cette perspective, la scène de la catabase ne laisse pas de poser un défi de composition à Balzac par le simple fait que l'auteur doit « déplacer » le topos mythique dans le discours réaliste[39]. Dans un

38 D'après Gould (1981, p. 6) : « [...] ontological gap between event and meaning ».

39 Frye (1957, p. 136) : « [...] realism is an art of implicit simile, myth is an art of implicit metaphorical identity » ; « The presence of a mythical structure in realistic fiction [...] poses certain technological problems for making it plausible, and the devices used in solving those problems may be given the general name of displacement. »

récit à dominante mythique, son insertion n'aurait pas causé de souci de composition particulière. La catabase instaure une étape naturelle dans le « voyage du héros » (Campbell *et al.* 1988) : le héros doit affronter des difficultés tout au long de son chemin ; il doit aussi les surmonter, comme part de sa formation. En d'autres termes, le topos se justifie par la motivation générique. En revanche, dans un récit qui se veut réaliste, c'est la motivation mimétique qui doit conduire le récit à la descente aux Enfers (motif qui se transforme forcément en lieu référentiel). Notons ici que Balzac aurait pu illustrer la bravoure énergétique de Chabert, sa confrontation avec la mort et sa renaissance symbolique (qui est la fonction de cette scène très symbolique[40]) en esquissant une scène dramatique sur le champ de bataille, ce qui aurait été parfaitement en accord avec le cadre référentiel du roman. Inspiré du gothique, il a choisi de présenter un exemple macabre d'*ostranenie*, c'est-à-dire une image étrange et défamiliarisante du réel.

Selon notre approche descriptive, il importe assez peu de décider si Balzac a réussi ou non à relever son défi de composition[41]. Nous constatons simplement que l'effet poétique est de taille, tout comme la tâche de justifier ce procédé poétique par l'emploi de la motivation mimétique. Cette entreprise se complique tout d'abord par l'aspect extraordinaire de l'évènement : le fait d'avoir jeté un homme vivant dans une fosse commune sans remarquer qu'il était « non-mort » (comme l'aurait écrit Greimas) et sans que le personnage s'en rende compte. Le fondement même de la scène répond alors à ce qui est difficilement imaginable[42]. Le côté insolite de l'évènement fait aussi que Balzac ne pourra recourir à sa stratégie fréquente de renvoyer à une norme ou à une maxime afin de récupérer le cas individuel par une motivation « généralisante » (c'est-à-dire qu'on imagine mal des phrases explicatives comme « c'était une de ces fosses communes où

40 D'après la narration de Chabert : « [...] j'étais sorti du ventre de la fosse aussi nu que de celui de ma mère » (p. 325). Cette scène a donné lieu à des interprétations psychanalytiques, comme chez Baron (1998), à côté des études sociohistoriques, comme chez Brooks (1982).

41 Les jugements de cette scène ne manquent pas. Morand (1964) et Barbéris (1976) l'ont estimée vraisemblable ; Gascar (1974), Vachon (1994) et Roulin (2012) la trouvent invraisemblable.

42 *Cf.* Roulin (2012, p. 24) sur cette scène : « [...] an experience so unique that it becomes unbelievable ».

l'on se réveille… », ou « comme tous les soldats enterrés morts par inadvertance, Chabert… »)[43].

Pour résoudre ce défi compositionnel, Balzac insiste sur la confusion de Chabert, qui annonce le récit de son expérience unique à l'avoué Derville de la façon suivante :

> Laissez-moi d'abord vous établir les faits, vous expliquer plutôt comme ils ont dû se passer, que comme ils sont arrivés […] Certaines circonstances, qui ne doivent être connues que du Père éternel, m'obligent à en présenter plusieurs comme des hypothèses. (p. 324)

Balzac introduit ici un premier doute quant à l'exactitude du récit. Il laisse aussi le colonel souligner ses possibles défauts comme source primaire : « Quoique la mémoire de ces moments soit bien ténébreuse, quoique mes souvenirs soient bien confus » ; « J'entendis, ou crus entendre, je ne veux rien affirmer, des gémissements poussés par le monde de cadavres au milieu duquel je gisais » (p. 325). Au cours de la montée interviennent ensuite les motivants romanesques du hasard et de la chance[44]. Le héros se retrouve dans un espace « laissé par un hasard dont la cause [lui] était inconnue » et il reçoit du « secours inespéré » sous forme d'un bras détaché qu'il trouve « fort heureusement » (p. 325). Comme on le voit, Balzac abandonne petit à petit la narration réaliste. À la fin, Chabert renonce même à l'idée d'expliquer l'évènement : « […] je ne sais pas aujourd'hui comment j'ai pu parvenir à percer la couverture de chair qui mettait une barrière entre la vie et moi » (p. 325), annonçant donc une motivation « incomplète », variante déjà analysée (p. 88-90). Il est judicieux par Balzac de faire admettre ceci par Chabert, car la scène relate une montée physiquement irréalisable. Le colonel décrit comment il fraye son chemin à travers les cadavres durant une montée considérable. Au départ, il doit donc être solidement enterré par un bon nombre de corps, dont le poids accumulé devrait logiquement rendre tout mouvement impossible.

43 D'après la terminologie de Genette (1968, p. 21) qui distingue la motivation « généralisante » de la motivation « restreinte » (cette dernière est proche de la motivation *endodiégétique mimétique*).

44 Cela rejoint la constatation plus générale de Fernandez (1980, p. 38) sur l'art de Balzac : « […] dès que le roman historique entre dans le détail des causes, et par là dépasse les grandes lignes de l'histoire, […] il rejoint la motivation romanesque et s'enferme dans le genre. »

Cette scène nous offre un cas intéressant quant à la perspective méthodologique à adopter pour rendre compte de la place de ce topos mythologique au sein d'un roman de mœurs. La solution n'est pas de faire du *Colonel Chabert* un récit fantastique, avec l'idée d'y voir deux modes mimétiques en opposition (le naturel et le surnaturel). Même l'idée de qualifier ce roman de « texte presque fantastique », comme le fait Mozet (1990, p. 51), ne se défend pas, malgré le mystère initial concernant l'identité de Chabert (qui est censé être mort) et la scène nocturne entre Chabert et Derville. La dominante du roman est clairement référentielle ; elle n'instaure aucune hésitation entre deux systèmes de causalité, comme c'est le cas du fantastique selon Todorov (1970). La dimension mythique s'insère en marge de l'analyse de la société, sans miner le mode mimétique dans l'ensemble.

Pour aborder cette dualité, nous écartons d'emblée la position critique qui date de Brunetière (1913, p. 121), pour qui seul le côté réaliste compterait dans l'œuvre balzacienne : « [...] ce qu'elle contient de plus"romantique" pourrait bien être aussi ce qu'elle contient de moins"balzacien". » Selon ce point de vue, on pourrait ignorer les éléments mythiques du récit, simples anomalies qui ne proviendraient pas du « vrai » Balzac. C'est de cette façon que Schehr (2009, p. 8) considère le côté romanesque, gothique, mystique, etc. de Balzac comme des *déviations* du réalisme (conformément à l'idée de voir le discours réaliste comme norme)[45]. Nous préférons nous inspirer de la remarque de Fernandez (1980, p. 282), pour qui le dualisme de Balzac « consiste en ce dédoublement que son intuition de l'être humain évoque : d'un côté la destinée réelle de cet être, de l'autre sa destinée figurée, héroïque, mystique, mythologique [...] ». Comme le propose aussi Prendergast, ce n'est qu'en acceptant ce deuxième côté de Balzac qu'on arrive à cerner sa poétique contradictoire[46].

C'est donc en embrassant Balzac comme « l'écrivain de tous les paradoxes », pour reprendre la formule de Dubois (2000, p. 170), qu'il semble préférable d'observer son emploi de la motivation. Comme la

---

45 Dans son ouvrage important sur le roman de mœurs, Gendrel (2012, p. 146-162) intitule même une section « Balzac avant Balzac », sans doute avec un clin d'œil au lecteur.

46 *Cf.* Prendergast (1978, p. 184) : « [...] we have to educate ourselves into seeing his books not as homogenous, monolithic structures, but as housing contradictions and discontinuities of various kinds. »

présence du topos de la catabase appelle un cadre exodiégétique transcendantal, où c'est son adéquation symbolique avec l'histoire racontée qui décide de sa présence et de son rôle dans le récit, le cadre référentiel à dominante métonymique s'efface pour laisser temporairement sa place à un système à dominante métaphorique. Selon Brooks (2010, p. 159), ceci serait une tendance fréquente chez Balzac : « L'excès du signifié par rapport au signifiant nous place une fois de plus devant l'entreprise essentiellement métaphorique de Balzac, par laquelle les gestes représentés du réel [...] sont à la fois ce qu'ils sont et affirment être davantage. » Dans nos termes, l'articulation de la catabase illustre la tension entre deux systèmes exodiégétiques auxquels a recours l'auteur : l'un mimétique (référentielle), l'autre artistique (générique)[47].

BILAN

Partant de l'exigence de justifier l'emploi des procédés poétiques, Jakobson constate, tout comme Chklovski, que la motivation mimétique occupe la fonction d'être le [dé]pendant de la motivation téléodiégétique. Dans sa tentative de créer un texte (et monde diégétique) plein, l'auteur réaliste accumule ce type de motivation du fait qu'il s'efforce d'expliquer le déroulement en substituant la causalité référentielle et métonymique (psychologique, sociale, historique, scientifique, etc.) aux finalités transcendantales et métaphoriques (mythe, symbole, Providence, fatalité, etc.). Jakobson appelle « réalisme E » le récit qui démontre une motivation conséquente et « réalisme D » la construction du récit par le principe de la métonymie et de la synecdoque.

La critique n'a pas eu tort de privilégier la motivation mimétique et métonymique dans le « réalisme C » de Jakobson, c'est-à-dire dans la littérature du courant réaliste du XIXe siècle. Il nous a cependant

47 La narration intradiégétique dans *La Peau de chagrin*, commentée dans notre section méthodologique (p. 47), montre une problématique semblable. Par convention littéraire, le narrateur intradiégétique peut raconter son histoire avec le même souci de détail et de structuration qu'un narrateur omniscient. Or, Balzac y traite la narration comme un fait réel, et tente de justifier l'acte narratif à travers la réplique du protagoniste.

semblé important de noter d'autres aspects du texte réaliste, au lieu de cimenter l'idée d'un discours parfaitement motivé, crédible, plausible, vraisemblable, etc. La présence et l'importance de la motivation métonymique dans les textes réalistes n'empêchent pas d'y déceler d'autres dimensions. L'art du remplissage causal et de la dissimulation de l'intrigue chez Flaubert s'accompagne d'un possible trouble de motivation pour justifier les tours et les détours du couple Bovary. *Madame Bovary* illustre une philosophie pessimiste de la vie et s'inscrit de façon critique contre la tradition romanesque, ce qui rend épineuse la tâche de fournir une motivation endodiégétique adéquate quant à cet aspect du récit. Chez Balzac, l'inspiration mythique crée une couche motivante supplémentaire. Sans ébranler la dominante réaliste, elle affiche la présence et la problématique d'un topos de nature métaphorique déplacé dans un discours à dominante métonymique.

Au niveau théorique, ce chapitre a exploré la motivation dans des textes réalistes sans établir de rapport figé entre l'emploi d'un certain type de motivation et certains effets de composition ou de lecture (vraisemblance, crédibilité, lisibilité, etc.). La motivation n'*est* pas réaliste par définition. Par cette prise de position, on évite de tomber dans l'amalgame des cinq réalismes de Jakobson. Nous souhaiterions réfuter l'idée essentialiste selon laquelle l'auteur (A) doit créer une motivation conséquente (E) qui est par définition de nature métonymique (D), modelée d'après la littérature du courant réaliste (C), qui constitue la référence de ce que le lecteur (B) trouve vraisemblable.

Le fait d'établir une équivalence entre la notion de la motivation en général et les types particuliers de motivation qui apparaissent souvent dans les textes réalistes crée une méthodologie peu fructueuse, car logocentrique, normative et réductrice. Le texte motivé et le texte réaliste se confondent d'après des suppositions théoriques où la définition de chacune des deux notions dépend de celle de l'autre, relation qu'il est possible de dénoncer et de déconstruire. Le rapprochement entre la motivation et le réalisme conduit encore à une disqualification de la motivation dans le discours non réaliste. D'où l'évaluation de la motivation, chez certains chercheurs, comme insuffisante, exagérée, non convaincante, extrême, subjective, etc. dans d'autres formes ou genres littéraires (notamment dans le romanesque ou dans le romantisme). Enfin, la confusion entre les réalismes C, D et E (et peut-être B) de Jakobson réduit les possibilités d'utiliser la notion de la motivation comme un outil d'analyse neutre, apte à éclairer la construction de toutes sortes de récits. En revanche, si l'on adapte une méthodologie descriptive, sensible aux mouvements de l'histoire littéraire et aux particularités génériques, la notion de la motivation atteint une tout autre potentialité. Son emploi devient plus riche, plus large, plus varié, plus dynamique, enfin plus relatif. Cette dernière perspective, qui est celle de Tynianov, sera l'objet du chapitre suivant.

TYNIANOV

La motivation comme « fait littéraire »

TYNIANOV

En comparaison avec Chklovski et Jakobson, Tynianov est moins commenté dans les anthologies, les dictionnaires et les ouvrages de théorie littéraire[1]. Cela s'explique sans doute par son émergence plus tardive comme figure importante pour les activités formalistes. On l'associe peu à la « rupture » provoquée par leur entrée sur la scène des études littéraires. En revanche, il occupe une place proéminente dans les ouvrages initiés sur le formalisme russe, à commencer par celui d'Erlich ([1955] 1980). Il fait également l'objet de deux ouvrages excellents en français, ceux de Depretto-Genty (1991a) et de Weinstein (1996), qui contiennent des présentations de sa vie et de son œuvre, complétées par des articles traduits.

Les pensées générales de Tynianov sur l'évolution littéraire ont déjà fait l'objet d'une présentation sommaire dans le premier chapitre. C'est dans cette construction théorique qu'il faut maintenant situer la motivation. À vrai dire, Tynianov ne met pas en avant ce terme *per se*. Selon Weinstein (1996, p. 82), il parle plus souvent du « matériau » ou utilise le terme russe *skrepa*, que Weinstein traduit par « contreseing ». Ce terme illustre parfaitement la superposition des deux fonctions de la *motivirovka* : la causalité diégétique devient cette « deuxième signature » qui authentifie l'intention artistique (la comparaison avec la connotation du mythe chez Barthes s'impose encore une fois). La motivation occupe néanmoins une place importante dans ses réflexions puisqu'elle entretient

1 Liveley (2019, p. 112) représente l'extrême : dans les vingt-six pages consacrées aux formalistes russes dans son étude sur la narratologie, elle ne mentionne Tynianov qu'une seule fois, dans une note (« Tynyanov also deserves a brief mention here »).

une relation décisive avec le principe constructif du texte : « [...] le fait littéraire est un rapport de façonnement-motivation entre un principe constructif et un matériau », nous explique Weinstein (1996, p. 18). S'impose l'étude de la *synfonction* de la motivation, c'est-à-dire de sa fonction dans le système textuel, complétée par celle de son *autofonction*, qui désigne le rapport du texte avec ses paramètres externes, et en particulier le genre et l'évolution littéraires. En somme, il s'agit d'envisager la motivation littéraire comme part d'un système et d'un contexte qui décident ensemble de sa fonction[2].

Dans nos analyses du présent chapitre, nous étudierons comment la fonction de la motivation construit ce qu'on peut appeler le *système motivant* du texte, terme qui désigne l'entrelacement des différents paramètres qui conditionnent et conduisent l'histoire. Les analyses porteront sur le romanesque et le roman d'aventures, formes qui font intervenir des forces extérieures pour agencer le récit et qui se mêlent avec les forces intérieures, comme la causalité mimétique. L'articulation de cette dimension romanesque s'avère particulièrement intéressante à étudier au cours du XIXe siècle, en raison de ses rapports conflictuels avec les idées de plus ou en plus présentes sur la fidélité au réel.

Pour expliquer la problématique de la motivation opérant dans le roman d'aventures dans la perspective de Tynianov, commentons une variante moderne et cinématique du genre, à savoir les films de James Bond[3]. Comme on le sait, ces films obéissent à un schéma (dégagé par Eco, 1966) qui doit finir par une fin heureuse où Bond remet l'ordre du monde menacé par le vilain et entre en liaison « définitive » (en fait, jusqu'au prochain film) avec la femme protagoniste. Cet impératif fait qu'il est toujours possible de placer le fameux agent secret dans des situations extrêmes, puisque le contrat fictif postule qu'il va toujours s'en sortir, par un moyen ou par un autre.

---

2 *Cf.* Tynianov (1978, p. 130) : « Motivation in art is the justification of some single factor vis-à-vis all the others, the agreement of this factor with all the others [...]. »

3 Il faut ici faire l'abstraction du dernier film, *No time to die*, qui est sorti dans la phase de la rédaction finale du présent ouvrage. En effet, le héros y meurt à la fin, contre toute attente générique (que la motivation endodiégétique prend par ailleurs soin d'affaiblir au cours du film). Entre parenthèses, cela suit la logique narrative des films avec Daniel Craig comme l'agent britannique, dans lesquels les producteurs ont modifié le genre Bond de sorte à pouvoir mettre un terme à ses aventures, entre autres par le simple fait qu'il évolue entre les films.

Différentes forces motivantes se conjuguent dans ces scènes. Par son statut d'agent spécial, Bond détient des qualités presque surhumaines. Celles-ci font partie de la motivation diégétique (mimétique) : dans une certaine mesure, il sort gagnant *parce qu'*il est très performant. Par son statut de héros, il profite aussi de ce qu'on pourrait appeler des « atouts génériques ». Le *deus ex machina* se convertit en objets qui se trouvent accidentellement sur place lors du combat avec tel assassin, en armes spéciales reçues par Q s'adaptant parfaitement à la situation critique ou en des moments de pure chance où Bond arrive à échapper aux poursuites infernales. La motivation générique postule ainsi une certaine finalité de l'histoire (motivation téléodiégétique : le héros doit remporter le jeu) qui commande la construction d'une causalité du récit (motivation diégétique : le héros doit être performant), complétée par une adéquation de certains éléments narratifs avec les poncifs du genre (motivation endodiégétique : le héros utilise les « armes magiques » à sa disposition).

Le genre affirme donc sa propre motivation, ou sa propre combinaison de forces motivantes. Mais, comme le montre même l'exemple des films canoniques de James Bond, le schéma générique n'est pas immuable. C'est en particulier Tynianov, parmi les formalistes, qui a étudié l'évolution des genres, trait caractéristique de la deuxième phase de l'école formaliste. Dans sa première phase, menée par Chklovski, les chercheurs russes repèrent bien la variété des procédés durant l'histoire, tout comme la répétition de certains procédés canoniques, mais sans prêter attention aux conditions de cette variation. Ils décrivent au mieux une sorte de mutation interne, conçue d'après un « modèle semi-biologique », d'après Hansen-Löve (2018, p. 164), par laquelle la littérature elle-même, à un moment donné, trouve sa nouvelle forme. C'est ce qu'explique également Tomachevski (2001, p. 304) : « Habituellement, les procédés canoniques s'éliminent d'eux-mêmes. La valeur de la littérature se trouve dans sa nouveauté et son originalité. »

Tynianov esquisse plutôt une évolution dialectique entre facteurs littéraires et extralittéraires. Le jeu de formes renouvelées devient particulièrement prégnant dans la parodie littéraire. Déjà Chklovski (1990) étudiait cette forme à fond (son analyse de *Tristram Shandy* s'appelle justement « Le roman comme parodie »). Or, comme le note Striedter (1989), ses observations s'attachent avant tout à démontrer l'aspect artificiel de la composition littéraire tandis que l'élément parodique est au cœur d'un système complexe de l'évolution littéraire chez Tynianov[4]. Pour ce dernier, à un moment de l'Histoire, le procédé perd sa fonction de rendre le texte artistique, ce qui provoque un processus évolutif qui n'est pas sans rappeler la dialectique marxiste (ou hégélienne) : les contradictions internes entre procédés et fonctions deviennent trop grandes, ce qui provoque une (r)évolution littéraire.

Prenons le cas de l'*ostranenie*. Ce procédé est la conséquence d'un certain principe constructif qui orchestre les relations internes des éléments du récit, où un ou plusieurs éléments narratifs occupent une fonction défamiliarisante au détriment d'autres éléments, que le texte relègue à l'arrière-plan[5]. Selon la perspective de Tynianov, il est possible de tracer les étapes décisives de son évolution. Au cours du temps, ce procédé, qui était une fois novateur, devient poncif littéraire : habituel, reconnaissable, usé. Par conséquent, il ne remplit plus sa fonction originelle. Apparaît alors une sorte de contre-procédé qui remplit la même fonction. Les éléments narratifs se réorganisent, la narration introduit de nouvelles matières. Le nouveau système, avec la nouvelle configuration et une autre distribution de procédés, gagne de plus en plus de terrain avant de devenir usé à son tour. Tout ce processus entre en dialectique avec divers facteurs externes, comme l'Histoire, la société, la vie artistique et le lectorat (sans être pourtant généré par l'infrastructure dans une perspective marxiste).

Si l'*ostranenie* perd sa fonction défamiliarisante, la motivation suit le trajet en quelque sorte inverse. Initialement, elle remplit sa fonction de lier les épisodes ou d'introduire des procédés littéraires, ce qui crée une sorte d'habitude ou d'acceptation chez le public. Tomachevski (2001, p. 290), qui suit de près Tynianov, nous offre un exemple parlant de ce phénomène, que nous pouvons toujours reconnaître aujourd'hui : « Nous ne remarquons pas, habitués que nous sommes à la technique

4 *Cf.* Striedter (1989, p. 42-43) : « [...] whereas for Shklovsky parody serves principally to probe into and reconfirm his previously formulated premise of art as defamiliarization, for Tynjanov the literary-historical analysis of parodic texts and the outline of a theory of parody he derived from it are the starting points for a theory of literary evolution. »

5 Thompson (1971, p. 100) : « [...] deformation, or making something strange, is for Tynjanov not a means to cognize the world outside the work of art (as it was for Shklovsky) but a phenomenon occurring when various constructional factors are deformed by one another. »

du roman d'aventures, l'absurdité du fait que le héros est toujours sauvé cinq minutes avant sa mort imminente [...]. » Petit à petit, elle ne sera plus aussi « évidente » ou « naturelle » aux yeux du public. Par la force de l'évolution littéraire, comme l'explique Eichenbaum (2001b, p. 212), la motivation est susceptible de perdre sa fonction de rester à l'arrière-plan et, par conséquent, d'afficher l'artifice de la composition :

> Dans l'évolution de chaque genre, il se produit des moments où le genre utilisé jusqu'alors avec des objectifs entièrement sérieux ou « élevés » dégénère et prend une forme comique ou parodique. [...] l'interprétation sérieuse d'une intrigue motivée avec soin et dans les détails fait place à l'ironie, à la plaisanterie, au pastiche ; les liaisons qui servent à motiver la présence d'une scène deviennent plus faibles et plus perceptibles, étant purement conventionnelles.

L'effet s'approche de celui que provoque la mise à nu : la motivation devient *plus perceptible* et brise l'immersion dans la fiction, au lieu de se fondre naturellement dans le récit[6]. Le texte annonce ouvertement la construction textuelle là où elle était censée être mise en sourdine. Par l'évolution littéraire, le *prétexte* devient pour ainsi dire *texte*, dans sa forme la plus manifeste (fiction, procédé, artifice). Dans cette perspective, aucune forme n'*est* motivante en elle-même, elle peut simplement *devenir* motivante ou *perdre* son statut motivant. C'est dans le dernier cas qu'apparaît la parodie, phénomène que nous étudierons plus loin chez Mérimée et Nodier, à côté des analyses sur les systèmes motivants du romanesque. Avant d'arriver à cette mise en pratique des principes de Tynianov, nous allons passer en revue les contributions postformalistes les plus importantes à la théorie de la motivation littéraire qui sont à placer sous sa dominante.

6 Jameson (1972, p. 92) : « The new model remains profoundly dialectical in the manner in which the foregrounded or dominant techniques are perceived in a tension with the secondary or backgrounded ones. »

(D')APRÈS TYNIANOV

Même si l'on ne cite guère Tynianov dans les études commentées dans cette section (exception faite pour Schmid, 2020), les critiques évoqués s'interrogent sur la motivation littéraire considérée dans sa fonctionnalité dans le récit (*synfonction*) et par rapport aux séries extralittéraires (*autofonction*), dont la série la plus importante reste l'Histoire[7]. En employant la motivation comme outil d'analyse flexible, Flaker (1964a-d) identifie divers systèmes motivants dans une perspective historique. Partant des modes mimétique et artistique, Schmid (2020) analyse de façon semblable des aspects centraux de la littérature de la Renaissance jusqu'au postmodernisme (« Perspectives diachroniques »). Cette approche diachronique est complétée entre autres par les études de Genette (1968) et de Hamon (1982). En passant par la conception structuraliste et sémiotique du texte littéraire comme une entité close, nous arrivons jusqu'à la théorisation des mondes possibles (« Perspectives synchroniques »).

PERSPECTIVES DIACHRONIQUES

Les travaux de Flaker (1964a-d) sur la motivation se retrouvent dans l'ouvrage *Stilovi i razdoblja* (« Styles et périodes »), coécrit avec Skreb. Leur idée est de suivre les modifications stylistiques à travers les périodes littéraires, en partant des manifestations textuelles concrètes plutôt que des principes esthétiques proclamés de divers représentants des courants examinés. Cet ouvrage important semble pratiquement inconnu dans le monde universitaire. Dans quelques cas rares, on le mentionne dans une phrase ou dans une note, comme chez Grübel (1981, p. 122), où l'on apprend que Flaker cherche à décrire comment la motivation se présente dans le romantisme, le réalisme et le modernisme. De façon symptomatique, ce renseignement est inexact. Flaker couvre seulement les deux derniers courants ; c'est Skreb qui parle du romantisme, et sans employer la notion de la motivation.

---

7 McHale (2005, p. 65) fait partie des rares chercheurs, dans des ouvrages généraux sur la narratologie, à adopter cette perspective : « The concept of motivation thus allows historical contingency to be drawn into the very fabric of formal structure ; the historical is placed at the service of the device. »

La première partie de Flaker (1964a), où il esquisse une nouvelle méthodologie de la motivation, est très riche, et sur cette partie que nous allons concentrer nos remarques[8]. Il y développe ses idées sur la notion de la motivation en polémique ouverte contre « les formalistes ». Comme nous l'avons déjà fait remarquer, attaquer « les formalistes » en associant leur approche à la première phrase de leurs activités, et surtout aux études assez provocatrices de Chklovski, est un lieu commun dans la critique littéraire. Cela semble être le cas également ici, car Flaker déplore l'emploi étroit de la motivation chez les « formalistes », qui s'intéressaient selon lui uniquement aux procédés littéraires et à la littérarité. Il leur préfère les théoriciens allemands, qui associaient la motivation à l'ensemble des idées véhiculées par l'œuvre littéraire en considérant celle-ci comme un ensemble organique. À leur suite, l'inspiration principale de Flaker est la théoricienne polonaise Skwarczynska (1954), à qui Flaker (1964a, p. 153) semble attribuer le terme de motivation « compositionnelle » (qu'elle hérite en fait de Tomachevski)[9]. C'est en partant de ce terme qu'il loue l'approche de Skwarczynska, qui consiste à étudier le contenu de l'œuvre (et non les procédés) à travers les motivations diégétiques.

L'approche du chercheur croate est sociothématique : il considère la mise en forme de la motivation, en tant que système fonctionnel du récit, comme l'expression de la vision du monde qui règne dans la société. C'est en quelque sorte la manifestation artistique du *Zeitgeist*. L'analyse de la motivation dans une œuvre peut ainsi décider de son appartenance à un courant littéraire ou à une période historique. Par cette attention accordée au système littéraire et aux paramètres extra-littéraires, l'approche de Flaker montre des affinités évidentes avec celle de Tynianov, avec cette différence que le chercheur croate accorde moins d'importance à la composition précise du récit. Autre point commun avec Tynianov : selon Flaker, le texte ne reflète pas le réel de façon mécanique. Il prévoit la possibilité de trouver des variations plus

8 Son analyse de la motivation dans le réalisme et le modernisme croates (1964b), également éclairante, sera aussi résumée succinctement. Les quelques remarques sur la motivation qu'il émet dans les chapitres sur le réalisme (1964c) et le modernisme russe (1964d) recoupent les idées générales de son premier chapitre (1964a).

9 Dans le domaine terminologique, Skwarczynska (1954, p. 121-122, 138-140 et 264-265) reprend la tripartition de Tomachevski (2001) en distinguant la motivation « compositionnelle », « réaliste » et « littéraire ». Elle cite aussi à un moment Tomachevski et sa *Théorie de la littérature*.

importantes chez un seul auteur ou durant une seule époque que celles qu'on pourrait trouver dans des œuvres qui appartiennent à des époques et auteurs différents. Il mentionne aussi la possibilité de voir un auteur employer un système de motivation figé, étant plus ou moins forcé de se conformer aux valeurs régnantes de son époque au lieu de construire l'intrigue selon sa propre (et nouvelle) vision du monde. Comme Lukács (1999), il prend pour exemple Balzac, qui présente un monde régi par un déterministe sociohistorique au lieu d'imposer, dans ses œuvres, ses propres convictions politiques et religieuses, d'après Flaker.

La particularité de l'analyse de la motivation chez Flaker est qu'elle lui induit surtout à réfléchir sur la relation entre l'homme et le monde. Quelles forces gouvernent notre monde : le destin, le hasard, la Providence, le déterminisme, les facteurs sociohistoriques, la rationalité, l'irrationalité ? Pour y répondre, Flaker esquisse une typologie variée : la motivation peut être mythologique, fantastique, symbolique, sociale, sociopsychologique, psychologique, inconsciente, physiologique-biologique ou bien être soumise au hasard (p. 162-166)[10]. Avec cette typologie, il s'apprête à élucider l'emploi de la motivation dans toute forme de récit. Cela rejoint les principes de Tynianov et s'écarte de certaines approches évoquées dans le chapitre précédent, selon lesquelles on devrait exclure de l'étude de la motivation tout ce qui n'est pas objectif ou rationnel.

Parmi les variantes de Flaker, seules les trois premières (mythologique, fantastique et symbolique) sont artistiques. Les motivations *mythologique* et *fantastique* sont des variantes de notre motivation générique. Pour ce qui est du genre, Flaker arrive à la même conclusion que Propp (1970), à savoir que la motivation peut participer de la structure narrative (autre ressemblance avec les formalistes !). Il exemplifie la motivation *symbolique* par l'influence d'une justice poétique qui « doit » s'imposer à la fin du récit et celle de l'idée d'un mauvais personnage qui « doit » se convertir à la fin pour s'améliorer. C'est proche de ce que Pyrhönen (2007, p. 116) appelle motivation *idéologique*, et c'est ce dernier terme que nous allons adopter aussi. Cette variante désigne la façon dont un système de valeurs

---

10 Nous n'avons trouvé qu'une seule reprise (partielle) de ces termes, dans Sierotwiński (1986). Parmi les systèmes qui se rapprochent le plus de la typologie de Flaker, on peut mentionner la classification par Nøjgaard (1996, p. 188) des « forces du récit » *internes* (psychologie, nature humaine, données physiques ou biologiques) ou *externes* (métaphysique, économie, Histoire, culture).

permet d'interpréter, de comprendre et de régler le réel ou le récit, sans articuler la causalité du récit de manière objective. Pour cette catégorie, la limite entre les deux modes mimétique et artistique n'est pas étanche. Si telle action ou tel *script* recoupe le nécessaire, c'est-à-dire ce qui *doit* arriver d'après le fonctionnement du réel objectif transposé dans le récit, il y a lieu de parler de mode mimétique. Si l'on peut distinguer une valorisation qui commande l'histoire et qui postule plutôt ce qui *devrait* arriver, compte tenu de notre vision du monde, nous retrouvons la motivation idéologique. Ce cadre de référence tend donc davantage vers le mode artistique, non tant dans le sens de création esthétique que dans celui de « non mimétique » ou « non objectif ». C'est donc notre quatrième variante de ce mode (voir le tableau 11).

<table>
<tr><td>Mode</td><td colspan="2">Définition</td></tr>
<tr><td>Mimétique</td><td colspan="2">causalité du réel, ou d'un réel, transposée au (et opérante dans le) monde diégétique</td></tr>
<tr><td rowspan="5">Artistique</td><td colspan="2">modèle extérieur non médiatisé par le monde diégétique, mais avec lequel la fabula montre une corrélation suivant l'élaboration du sjužet</td></tr>
<tr><td>idéologique</td><td>le réel valorisé</td></tr>
<tr><td>générique</td><td>conventions littéraires</td></tr>
<tr><td>sémiotique</td><td>système de signes</td></tr>
<tr><td>auctoriale</td><td>autorité de l'auteur implicite</td></tr>
</table>

TABLEAU 11 – Cadres exodiégétiques, quatrième variante artistique.

Nous avons parlé plus haut de la possible *référentialité* du monde diégétique[11]. C'est une tâche tout aussi épineuse de décider du degré de sa *fictionnalité*. Lorsque la motivation diégétique fait entièrement défaut, comme lors de l'insertion d'un *deus ex machina* entièrement coupé du monde diégétique, la nature fictionnelle du récit est évidente. Dans d'autres cas, elle peut être sujet à discussion : dépendant de l'attente et de la vision du monde du lecteur, mais aussi de l'établissement du système motivant particulier et de la motivation endodiégétique, telle motivation peut être plus ou moins acceptable, sembler plus ou moins

11 Voir le tableau 8, p. 110.

naturelle, se fondre plus ou moins dans la construction fictive. En tenant compte de ces réserves, on pourrait proposer une hiérarchie entre les variantes artistiques, de la plus rapprochée de la fictionnalité (artificielle, fabriquée, gratuite) vers la plus éloignée : auctoriale, sémiotique, générique et enfin idéologique.

Cependant, on ne saurait assez souligner que la façon dont tel lecteur conçoit la fictionnalité du récit dépend d'un grand nombre de paramètres qui pourraient certainement influencer cet ordre proposé. Tel conte où fleurissent des appellations symboliques et où s'affrontent le bien et le mal peut apparaître plus cohérent, vraisemblance, compréhensible, logique, etc., qu'un roman de mœurs. Et, même un élément défamiliarisant peut devenir la dominante du récit et ainsi régir la cohérence narrative, comme nous le rappelle Jouve (2019, p. 27-28) : « [...] si l'extraordinaire devient la règle, l'arrière-plan "ordinaire" finit par n'être plus perceptible et il n'y a plus d'inattendu. » Prenons l'exemple de *Par une nuit d'hiver un voyageur* de Calvino. Après quelques chapitres, le lecteur suit l'aventure du protagoniste comme si c'était l'histoire d'un personnage régulier : il a simplement ajusté sa lecture d'après les conditions posées par la composition métalittéraire. Il a aussi appris à s'attendre à voir les différents pastiches arrêtés pour une raison ou une autre après une dizaine de pages, alors que la première coupure détrompe l'attente générique. De même, dans *La Modification*, le lecteur s'habitue vite à la narration à la deuxième personne pour bientôt aborder l'histoire comme il le ferait dans un récit raconté à la première ou à la troisième personne. Dans un autre cotexte, l'adresse directe au lecteur, insérée au cours de l'action ou du drame, aurait pu créer l'effet d'une rupture totale de la fiction (pensons aux appels au public selon l'idée de Brecht de provoquer le *Verfremdungseffekt*).

Dans la double perspective de la référentialié et de la fictionnalité, la variante de « motivation finale », lancée par Martínez (1996), conduit à une problématique intéressante (ses autres variantes sont la motivation causale et la motivation compositionnelle, inspirées par Tomachevski, 2001). Elle désigne le cas où l'action n'est pas motivée au cours du récit, mais trouve son explication à la fin par un principe transcendantal qui gouvernait en fait toute l'histoire, comme le destin ou la Providence. Cette motivation finale est inspirée par la motivation « après coup » (*von hinten*) de Lugowski. L'opposé est la motivation « avant coup » (*von vorn*), qui explique par avance la causalité du récit[12]. Martínez associe aussi ces deux formes aux intrigues « de prédestination » et « de causalité » chez Todorov (1971a).

Il y a deux points à démêler ici : (1) l'ordre narratif entre motivant et motivé (2) le statut du cadre exodiégétique. Pour le premier point, il ne faut pas confondre l'explication après coup avec l'irrationnel, la fatalité ou la prédestination. L'auteur peut bien entendu introduire cette causalité « finale » avant coup, ce qui est commun dans les récits d'aventures ou dans les légendes, où l'on sait que le héros est élu, qu'il représente le bien et qu'il va triompher à la fin. Certaines histoires stipulent aussi les conditions nécessaires pour que le héros réussisse la tâche à accomplir, ce qui règle le déroulement de l'histoire[13]. À l'inverse, dans d'autres genres, la fin présente l'explication rationnelle de ce qui restait auparavant incompréhensible, comme dans le fantastique-étrange (Todorov, 1970), certaines intrigues de Jules Verne (par exemple *L'Île mystérieuse*) ou les histoires à énigmes d'Agatha Christie. En ce qui concerne le statut du cadre exodiégétique, on peut renvoyer à l'étude de Lesky (1961) sur la motivation des Dieux et des hommes chez Homère. Lesky remarque que leurs motivations respectives occupent la même fonction textuelle : elles expliquent le déroulement des actions et des évènements dans le récit à partir d'un monde diégétique où ces forces sont parfois en opposition, parfois en harmonie. Suivant cette analyse, il est tentant d'adhérer à l'opinion de Schmid (2020), pour qui la motivation finale n'est qu'une variante de la motivation mimétique (*kausale Motivierung*), avec cette différence qu'elle relève d'une autre ontologie, à savoir d'une causalité non parfaitement référentielle. La différence principale réside entre les modes mimétique et artistique[14].

---

12 Schmid (2020, p. 36-40) fournit une explication nuancée de ces deux variantes. Lowe (2004, p. 77) introduit des termes latins pour parler de la même chose : *ante eventum* / *post eventum*.

13 Chklovski (1973, p. 62) : « A task is given : to come not on foot, not an a horse, not naked, not dressed and so forth. […] Here the structure comes form the end, the narrative is created to motivate the necessity for a successful solution. »

14 Schmid (2020, p. 40) : « Die "Motivierung von hinten" und die "finale Motivierung" sind nicht kategorial andere Typen als die kausale Motivierung. Die narrativen Welten, in denen sie vorkommen, haben zwar eine andere Ontologie als die kausal "von vorne" motivierten Welten, aber zwischen der finalen und der kausalen Motivierung besteht werkstrukturell nicht der kategoriale Unterschied wie zwischen kausaler und künstlerischer Motivierung. »

En fait, il est ardu de classer ce type de motivation. Selon Martínez, le principe transcendantal correspond à la motivation finale. Cette motivation se rapproche de la motivation symbolique de Flaker et de notre motivation idéologique. Ces trois variantes sont des catégories du mode *artistique* de la motivation. En même temps, comme le montre l'étude de Lesky, l'auteur peut construire un monde où l'existence des Dieux fait partie du cadre de référence, sans que cela soit vécu par le lecteur comme un simple prétexte final. Le lecteur peut bien penser que, dans le récit, comme dans la vie, c'est la volonté du Dieu (ou des dieux) qui décide en dernier lieu des cours des choses. En ce cas, l'intrusion du pouvoir supra-humain relève d'une motivation *mimétique*. La présentation du monde diégétique et l'appréhension de ce monde par le lecteur influent sur le « rangement » des forces transcendantales comme mimétiques ou artistiques. Plus généralement, l'appréciation des forces transcendantales peut aller d'une position ouverte (c'est la position de Tynianov, postulant que la nature et la fonction de la motivation peuvent varier selon les époques, les genres et le lectorat) jusqu'à une position fermée (ce serait la position de Čiževskij, 1974, pour qui la transcendance ne saura jamais être référentielle). Nous résumons toutes ces positions dans le tableau 12.

Chercheur	Motivation	Perspective
Čiževskij	« non-réaliste »	élément exagéré, peu crédible, extrême, sans appui dans le réel, pas de « vraies » motivations
Martínez	finale	procédée artificiel pour mener au bout l'intrigue sans intégrer les forces motivantes au monde diégétique
Schmid	causale	peut régler la causalité diégétique dans certains récits
Flaker	mythologique, symbolique, hasard	exprime une vision du monde (de l'époque) à travers le style de composition
Tynianov	*motivirovka* (ou *skrepa*)	élément du principe constructif dont il faut analyser la fonction dans le récit et par rapport aux paramètres extralittéraires

TABLEAU 12 – Forces transcendantales comme motivant.

Revenons maintenant à l'étude de Flaker. Sans entrer dans la problématique du renouvellement littéraire, comme l'avait fait Tynianov, Flaker (1964b) analyse aussi les systèmes motivants dans le réalisme et le modernisme croates. Le réalisme est dominé par une motivation sociale, qui détermine le comportement du personnage, en dialogue avec ses volontés et ses désirs. Pour Flaker, c'est la présence ou l'absence de cette motivation sociopsychologique comme cadre exodiégétique qui décide si l'œuvre appartient au réalisme ou non[15]. Il note ensuite la présence de l'hérédité comme force principale dans un roman croate qu'il range comme naturaliste. Avec le modernisme, la motivation sociopsychologique se dissout et laisse place à une motivation plus complexe (conscient/inconscient), déséquilibrée (sans logique), fantaisiste (récit onirique), déficitaire (avec des blancs) ou indéterminée (sans foyer ni dominante), avant de céder la place à un néo-réalisme où les instincts biologiques, les lois économiques ou la nature humaine côtoient la conscience collective dans une perspective de classe.

Ce faisant, Flaker a anticipé l'étude esquissée par Sternberg (1978), à savoir une étude des changements de dominantes de la motivation à travers l'histoire qui permet de mieux cerner les époques et leur évolution poétique[16]. Schmid (2020) a récemment réalisé une étude majeure selon une méthodologie semblable. Comme Flaker, le chercheur allemand n'entre pas dans la problématique du renouvellement des procédés à travers l'Histoire, mais constate l'alternance suivie des deux modes motivants, mimétique et artistique (*kausale* et *künstlerische*), qu'il analyse suivant leur rapport avec des paramètres comme le genre, la vie littéraire, l'attente du public, la société ou l'idéologie, tout à fait dans l'esprit de Tynianov. Sans apporter de nouvelles interprétations des œuvres analysées (les passages consacrés à la littérature française restent

15 Haferland (2016, p. 49) note une évolution semblable de la motivation du point de vue historique, mais s'appuie davantage sur la causalité et la psychologie du personnage : « In Korrelation mit einer Lockerung der Plotdetermination und einer Entzauberung der erzählten Welten gewinnen kausale und psychologisch kausale Motivierungen einen immer größeren Spielraum. »

16 Sternberg (1978, p. 251) : « A functionally oriented review of historical developments in terms of shifts from one dominant mode of motivation to another or from one device or variation or degree of consistency to another within the same basic mode [...] may serve to redress a considerably disturbed balance in our view of aesthetic ends in relation to quasi-mimetic means. »

des commentaires de texte pertinents, mais assez traditionnels[17]), l'étude de Schmid offre un double apport précieux aux études sur la motivation littéraire. D'une part, il démontre l'efficacité de la motivation comme outil d'analyse pour cerner des dimensions essentielles de la création littéraire en rapport avec des facteurs externes. D'autre part, il esquisse une narratologie diachronique où l'étude de la motivation occupe la position centrale, entrant en dialogue avec l'évolution des mentalités et entraînant des réflexions sur les autres procédés narratifs employés à travers les âges[18]. Schmid (2020, p. 57-60) explique par exemple que le lecteur moderne risque d'être « dérangé » (*irritiert*) par ce qu'il pourrait appréhender comme un « manque » d'effort des écrivains du Moyen Âge et de la Renaissance pour motiver l'intrigue. Or, ce prétendu manque, dit Schmid, reflète une certaine exigence du public contemporain respectif, qui est à mettre sur le compte de divers facteurs idéologiques et génériques. De cette manière, ce qui paraît des lacunes aux yeux du lecteur moderne se comprend par le travail de contextualisation. L'approche de Schmid relève alors d'une mise en pratique exemplaire de l'idée de Gadamer (2018) concernant la nécessité d'opérer une fusion d'horizons entre deux moments historiques et deux approches lectoriales.

L'étude de Ryan (2009) sur la motivation dans *La Princesse de Clèves* ne témoigne pas de la même conscience historique. Ryan y applique sa notion d'« astuces simplistes d'intrigue » (*Cheap Plot Tricks*), déjà rencontrée dans notre survol de la dominante chklovskienne (voir p. 75). Tout comme elle réinvente la position de Chklovski par rapport à la *motivirovka*, elle reformule les pensées de Tynianov (sans le citer) sur la fonction du procédé dans l'histoire littéraire : l'attente et la réponse du public changent avec le temps, ce qui fait qu'un procédé est susceptible de s'user, dit Ryan[19]. Parmi ses exemples se trouve l'aveu de la princesse de Clèves. D'après Ryan (2009, p. 59-60), les lecteurs du XVIIe siècle

---

17 Schmid (2020) analyse « La Vénus d'Ille » de Mérimée (p. 93-98) et *La Jalousie* de Robbe-Grillet (p. 176-181).

18 Schmid (2020, p. 2) : « Ein wichtiges Anliegen der vorliegenden Studie ist nicht nur die Betrachtung der historischen Entwicklung des Konzepts der Motivierung, sondern auch und vornehmlich die zumindest skizzenartige Darstellung der Evolution des Verfahrens. »

19 *Cf.* Ryan (2009, p. 57) ; « [...] an event that is poorly prepared, that looks forced, that seems to be borrowed ready-made from a bag of tricks and whose function for the plot as a whole is too obvious; in short, it is a narrative cliché ». Comme bien des chercheurs poststructuralistes, Ryan ne cite ni Chklovski ni Tynianov.

auraient été choqués par l'aveu de la protagoniste, mais auraient accepté que le duc de Nemours vînt à passer dans son jardin juste au moment de l'aveu. En revanche, le lecteur moderne jugerait ce passage dans le sens inverse : la présence du duc de Nemours lui semblerait trop due au hasard, trop arrangée, alors qu'il considérerait l'aveu de la princesse de Clèves comme naturel. Le lecteur moderne – plus critique, plus illuminé – concevrait aussi le vraisemblable à partir d'une idée de probabilité statistique et non d'après la motivation psychologique, comme on le faisait au XVIIe siècle.

Cependant, la conscience du rapport entre l'individuel et le général existe déjà au XVIIe siècle, comme en témoigne le fameux vers de Boileau sur le vrai et le vraisemblable. Il existait également une conscience poétique de la composition. S'il est vrai que le public contemporain n'accepta pas l'aveu, il dénonça aussi l'« astuce simpliste » de l'autrice. Genette (1968, p. 16) cite une lettre de Valincour, qui déclara en 1679 : « […] il ne tenait qu'à l'auteur de lui faire naître une occasion moins dangereuse, et surtout plus naturelle (= moins onéreuse), pour entendre ce qu'il voulait qu'il sût ». Charles (2018, p. 132) complète cette citation par la suite, où Valincour estime que « ces manières d'incidents si extraordinaires sentent trop l'histoire à dix volumes. » Autrement dit, l'avis moderne (aux yeux de Ryan) était déjà partagé par les lecteurs contemporains, ou du moins par un lecteur contemporain avisé[20].

Ryan (2009, p. 59) avance aussi que le lecteur moderne accepterait l'aveu de la princesse en raison de la solide motivation psychologique des personnages mise en récit par l'autrice. Tout d'abord, on pourrait mettre en question ce jugement en s'appuyant sur l'indication que le comportement de la protagoniste est *extraordinaire* (« un aveu que l'on n'a jamais fait à son mari », etc.)[21]. Fait plus important, pour un lecteur moderne (du moins dans le monde occidental), une personne a généralement le droit, sinon l'obligation morale, d'avouer à son partenaire qu'elle aime une autre personne. Une motivation sommaire aurait

20 Pour cerner une réponse modifiée du public, l'exemple de Hühn (2016) semble plus convaincant. En analysant le mariage avec une servante et un noble dans *Pamela* de Richardson (de 1740), il suggère que le « degré événementiel » (*eventfulness*) doit être nettement plus élevé pour le lecteur contemporain de Richardson comparé à celui vécu par un lecteur contemporain.

21 *Cf.* Prince (1992, p. 47) : « Yet rather than drawing attention to its plausibility, the text repeatedly emphasizes its unlikeliness, its strangeness, its singularity. »

sans doute satisfait à son exigence de vraisemblance (le passage aurait même pu être immotivé). Pour le lecteur contemporain à Madame de Lafayette, il s'agit d'un comportement à sanctionner d'après les codes sociaux en vigueur, comme le démontre Genette, qui n'est d'ailleurs pas cité par Ryan : quoi qu'elle ressente et quelles que soient ses intentions, une femme mariée ne *doit* pas avouer à son mari qu'elle aime un autre homme. De ce fait, la différence de réaction entre le lecteur contemporain et le lecteur actuel s'explique surtout par l'appréhension de l'action comme indicateur référentiel et idéologique, non comme le résultat de la motivation diégétique.

PERSPECTIVES SYNCHRONIQUES

En contrepoint à la lecture légèrement conjecturale de Ryan, l'essai de Genette (1968) est une investigation détaillée des relations complexes entre le public et l'œuvre littéraire durant une époque. Dans son essai sur la motivation, il renoue avec le principe de Tynianov sur la réception variable du fait littéraire chez le public (probablement en passant par l'étude de Tomachevski dans l'anthologie de Todorov, 2001). Comme Tynianov, Genette montre que la motivation est de nature relative. S'il « coûte » trop d'employer telle motivation mimétique pour créer un effet de composition par rapport à l'idée de la vraisemblance, cela aboutit à un résultat négatif, relation exprimée par l'équation « Vraisemblance = Fonction–Motivation ». Cependant il existe quelques différences notables entre Genette et Tynianov (et les formalistes en général) qui concernent surtout le rapport universel de la motivation avec la vraisemblance que Genette souhaite établir.

Tout d'abord, Tynianov étudie l'évolution de la motivation, tandis que Genette cherche à cerner les lois atemporelles qui règlent la dialectique entre composition et réception. Genette se centre aussi sur le motif d'agir du personnage dans une perspective avant tout idéologique. C'est dans ce contexte qu'il identifie la motivation implicite, où il revient au lecteur de fournir les liens explicatifs non présents[22]. Cette entrée idéologique constitue à nos yeux l'apport principal de son essai, d'autant

22 Curieusement, Ryan (2015, p. 7) assigne de façon quelque peu gratuite une qualité supérieure à ce type de récit : « La plupart des bons récits gardent les motivations et les croyances qui expliquent le comportement des personnages largement implicites. »

plus que c'était l'absence de cette dimension chez les formalistes qui avait occasionné les attaques de Trotski et de Bakhtine (voir p. 35-36). Ses analyses du *Cid* et de *La Princesse de Clèves* montrent les conséquences d'un non-accord entre l'histoire présentée et la vision du réel chez le public, malgré la motivation présente, perspective confirmée par la formule prégnante de Dufour (1998, p. 72) : « [...] le vraisemblable est le dicible d'une époque. » Tout en reconnaissant l'importance de cette perspective, l'approche de Genette rétrécit l'ouverture esquissée par Tynianov, qui tend également vers d'autres séries (littéraires et extralittéraires), ce qui inclut notamment la perspective historique et générique (Genette incorpore en passant les conventions génériques comme un trait constitutif de la vraisemblance, mais sans commenter leurs implications précises)[23].

Hamon (1984) s'est aussi centré sur l'idéologie pour cerner la littérature d'une époque précise, à savoir celui du réalisme. La particularité de Hamon est de lier la poétique à la thématique historique, ce qui conduit à l'établissement d'une *sociopoétique* chez un auteur, un courant ou une époque qui dévoile comment des idées esthétiques et idéologiques font corps avec les procédés littéraires. Parmi les exemples se trouve le trait n° 1 des caractéristiques du discours réaliste, où Hamon (1982) fait le pont entre la thématique naturaliste de l'hérédité et le procédé poétique de l'analepse. Dans un essai récent, Hamon (2020) a aussi identifié des modèles historiques, épistémiques et scientifiques du XIXe siècle pour mieux cerner la causalité mise en œuvre dans la littérature réaliste.

Cette approche synthétique s'inscrit dans la dominante Tynianov, puisqu'elle couvre à la fois la synfonction et l'autofonction. Elle est aussi très proche des considérations de Flaker (1964a-b). En parlant de Zola, Hamon (1998, p. 272) identifie trois forces motivantes supérieures : « l'argent, le sexe, le peuple sont toujours des forces "aveugles" ou "inconscientes", comme détachées des personnages, désindividualisées, devenues "forces de la nature" transcendantes aux individus qu'elles neutralisent

23 *Cf.* Tjupa (2014, p. 567) : « The degree of eventfulness motivating the possibility and justifiability of a story [...] depends on the idea of event formed in the given epoch, the literary genre in question, the model of eventfulness put forward by the work itself and the reader's position [...]. » Cela reprend les trois acceptions du vraisemblable chez Todorov (1968), avec la différence que Tjupa semble faire la différence entre l'idée générale de l'évènement pendant une époque et la position du lecteur.

comme sujet [...][24] ». Dans ce contexte, on pourrait proposer le terme d'*hypermotivant* pour décerner les forces toutes-puissantes qui règlent en dernier lieu la motivation diégétique (comme l'hérédité et le milieu chez Zola, ou le monde comme volonté et représentation chez Maupassant)[25]. Par cette caractérisation du monde réaliste, Hamon montre comment le récit crée et suit son propre fonctionnement à partir de ses propres modalités. Cela nous conduit à la dernière perspective à dégager dans le sillage de la dominante Tynianov : celle des mondes possibles.

L'idée d'un monde indépendant, ayant sa propre logique, remonte au moins jusqu'au structuralisme. Pour Greimas (1966), les relations du carré sémiotique entraînent la mise en place de l'intrigue par une conversion qui transforme les éléments du niveau actanciel jusqu'à former des configurations précises au niveau thématique. Le récit n'est en somme que le résultat de l'actualisation figurative de ses relations sémantiques profondes. Au niveau profond du récit, il revient au Destinateur, sous forme de manipulateur syntaxique, de mettre en marche l'histoire. Cet actant peut se confondre avec les forces surplombantes du récit (Histoire, Dieu, destin, etc.) aussi bien qu'avec les motifs d'agir du personnage. Ensemble, cela constitue les « forces thématiques orientées » du récit, selon la formule de Souriau (1950)[26].

Dans cette tradition, Hrushovski (1983) insiste sur la logique interne du récit fictif. Il s'intéresse à la motivation telle qu'elle apparaît et se forme dans le texte même, et non pas à l'appréhension préprogrammée, chez le lecteur, des actions et des évènements racontés. Cette insistance sur le *cotexte* au détriment du *contexte* marque un éloignement de la méthode de Genette, qui repose sur la réaction du public pour juger de la valeur de la motivation littéraire. Au lieu de comparer telle action commise par un personnage avec une certaine conception présente

24 Parmi ces forces, le désir a été mis en avant par Bersani (1982) dans son étude du réalisme en tant que propriété du héros ou du personnage en conflit avec les normes de la société. Pour Brooks (1984), le rôle du désir gouverne à la fois la création et la consommation de toute littérature.

25 Hamon (2020) propose le terme d'« archi-sujet ». Dufour (1998, p. 207) parle d'« une loi des lois, le parfait sésame capable de rendre compte de tout ». Hrushovski (1983) établit une distinction entre motivations globales, intermédiaires ou locales.

26 Le « superobjectif » de Budniakiewicz (1992, p. 71), fidèle à la tradition greimasienne, serait selon notre terminologie l'« hypermotivé » : « [...] a hierarchy or network of minor and major objectives which organizes actions and other events into a signifying and coherent whole ».

chez le lecteur (son attente, son idéologie, son système de valeurs, etc.), Hrushovski (1983, p. 127) propose de considérer cette action comme un élément subordonné à la structure textuelle et à ce qu'il appelle son « champ de référence interne » (*Internal Field of Reference*). Ce champ de référence entretient une étroite relation avec la motivation, car il établit les limites à l'intérieur desquelles évoluent les motivations particulières. Cela correspond à notre motivation endodiégétique, et surtout en mode mimétique, dans le cas de Hrushovski.

En cultivant une pensée similaire sur la cohérence interne du texte, mais dans une perspective strictement sémiotique et structurelle, Riffaterre (1990) conçoit le monde fictif comme une construction enfermée dans et par le système de la langue. La langue ne réfère pas au réel, mais à son propre monde de représentation. En polémiquant contre les célèbres exemples de motivation construits par Genette (1968, p. 17-20) pour cerner différents types de récit, il cherche à montrer que le lexème *marquise* ouvre vers toutes sortes de comportements imaginables dans le système de représentation qu'est la langue, et que le récit va actualiser une de ses possibilités en établissant une vérité fictionnelle. Dans cette perspective, la vraisemblance est l'effet d'une surdétermination ou d'une tautologie discursive[27]. Le monde diégétique valide ou invalide les propos épistémologiques non par rapport à la réalité, mais par rapport au monde diégétique posé.

Comme Greimas, Hrushovski et Riffaterre, les théoriciens du monde possible élaborent une méthodologie qui met au premier plan l'« univers narratif » (*storyworld*) propre au récit individuel. L'acte narratif est considéré comme écriture *performative* : il crée un monde sans existence préalable[28]. Ce monde diégétique gagne le statut d'un objet presque indépendant du réel, car fonctionnant selon ses propres modalités : aléthique, déontique, axiologique, épistémique et dyadique. Il expose ses propres systèmes de causalité, pour lesquels il existe différentes catégorisations[29]. Le fait de concevoir le monde diégétique comme un monde qui impose à un plus

27 *Cf.* Riffaterre (1990, p. 10) : « narrative must contain features that are self-verifiable » ; « truth is nothing but a linguistic perception » (*ibid.*, p. 13) ; « the ultimate truth of the narrative depends on semiosis » (*ibid.*, p. 17).

28 Ronen (1994, p. 178) : « [...] ontologically speaking, in fiction we do not assume that world components exist prior to or independently of the perspectives arranging them. »

29 Chez Richardson (1997, p. 62), pour ne mentionner qu'un exemple, ils sont du nombre de quatre : le naturel, le surnaturel, le hasard et le métafictionnel.

haut degré son propre monde au lecteur a plusieurs conséquences pour l'étude de la motivation. Il devient plus difficile de comparer le monde possible au réel et surtout de l'évaluer par rapport au réel ou à l'image du réel. Doležel (1998) note par exemple que, dans un monde possible, les motivations peuvent concorder ou être en opposition les unes aux autres[30]. Le comportement bizarre d'une marquise, par exemple, peut donc être récupéré par les modalités instaurées, qui construisent et règlent ce qui est possible, permis, bien, mal, vrai, faux et ainsi de suite[31].

Comme la contradiction, l'absence de logique, les blancs, etc. peuvent former la construction fictionnelle, le lecteur n'a pas forcément, comme chez Iser (1978), à remplir ces blancs, mais à les accepter. En fait, ce ne sont pas des blancs, mais simplement des propriétés du monde possible : l'idée de parler d'un blanc présuppose le filtrage du monde fictionnel à partir d'un monde complet, c'est-à-dire du monde réel. Ainsi, le monde possible (fictionnel) entretient des rapports avec le monde réel (ou avec d'autres mondes possibles), mais le monde réel ne fonctionne ni comme le corrigé du monde fictif ni comme son modèle de référence. Si l'on suit jusqu'au bout cette logique, des notions comme « trous d'intrigue » (*Plot Holes*) de Ryan (2009) perdent presque leur pertinence : si le monde possible s'établit indépendamment de toute référentialité au monde réel, et qu'il construit ses propres fonctions et ses propres modalités, comment pourrait-on dire qu'il comporte des trous ou qu'il manque des propriétés ?

Enfin, précisons que l'étude de la motivation dans la théorie des mondes possibles, comme dans le constructivisme auquel nous allons revenir dans le chapitre suivant, se centre sur le *motif d'agir* du personnage dans une perspective *référentielle*. Les théoriciens offrent une panoplie de catégorisations de ce type de motivation, conçue comme l'intention du personnage comparée à celle d'une personne agissant dans une situation réelle[32]. Chez Doležel (1998), la motivation englobe

---

30 Trop catégorique, Fludernik (2006, p. 27) estime que la fonction des motivations serait avant tout d'assurer la modalité axiologique du récit : « Their main purpose is to arouse the reader's sympathy or antipathy for certain characters (Ger. *Sympathielenkung*) and to develop a normative framework for the story world and the reader's reception of it. »

31 *Cf.* Fludernik (1996, p. 32), sur la fonction des cadres modaux : « Characters who behave contrary to expectation may be capricious or mad or unconventional, but their behaviour will be recuperated within a frame that re-familiarizes the initial oddity. »

32 Au choix : rationnelle, impulsive, irrationnelle ou folle (Doležel 1998), égoïste/altruiste, consciente/inconsciente, stable/instable, cohérente/incohérente, importante/triviale (Eder

des circonstances comme la volonté d'interagir ou l'influence sociale : le monde possible expose des facteurs « suprapersonnels » qui limitent la sphère du personnage (rôle défini, prescriptions de la société, valeurs idéologiques contraignantes, etc.)[33]. Par cette insistance sur la référentialité de la motivation, considérée comme propriété à la fois individuelle et psychosociale, il semble que les modalités et les lois du monde possible, quoique créant leur propre monde et leurs propres conditions, véhiculent nécessairement l'histoire racontée à travers la médiation d'un cadre de référence mimétique, sans lequel le lecteur ne saurait suivre la mise en récit. Ce cadre semble souvent avoir pour modèle le réel objectif, ce qui peut rendre difficile le défi d'évaluer l'indépendance ou la particularité du monde possible.

À LA TYNIANOV

Appliquer les principes de Tynianov est un problème de choix, tant ses idées ouvrent vers des études diverses. Or, comme nous l'avons déjà annoncé, l'interrogation sur le texte comme *système* et comme *parodie* adresse de toute évidence des aspects centraux de sa poétique. Nous allons d'abord commenter certaines propriétés de la motivation complexe dans *Le Rouge et le Noir*, analyse suivie par l'exploration des systèmes romanesques chez George Sand et Verne (« Systèmes motivants »). La parodie trouvera son foyer chez Mérimée et Nodier (« La motivation parodiée »)[34].

---

et al. 2010, p. 25) ; intentionnelle/aveugle (Brandt 2015), urgente/modérée (Gerrig 2011, p. 46). Voir aussi notre section sur le constructivisme dans le chapitre suivant.

33 Voici la définition de la motivation chez Doležel (1998, p. 63) : « Action in context, in its link to the person-agent and its societal embedding, is moulded by mental factors beyond intentionality. These factors, designated by the general term *motivation*, determine the choice, the intensity and the persistence of activities [...]. »

34 Les textes analysés ont déjà fait l'objet de publications dans *George Sand Studies* (« Le romanesque motivé. Programmation de lecture dans *Consuelo* et *La Comtesse de Rudolstadt* », 2006, n° 25, p. 4-16), *L'Année stendhalienne* (« Pratiques poétiques. Remarques sur la motivation dans *Le Rouge et le Noir* », 2007, n° 6, p. 301-331), *L'Image du Nord chez Stendhal et les Romantiques*, vol. 4 (« Dénonciation d'énonciation. La mythification dans *Colomba* par Mérimée », Kajsa Andersson, éd., Örebro, Humanistica Oerebroensia, p. 190-203), *Romanesques* (« Motivation anti-romanesque et fantastique : l'exemple d'*Inès de las Sierras* de Nodier », 2014, n° 6,

SYSTÈMES MOTIVANTS (STENDHAL, SAND ET VERNE)

Le sous-titre « Chronique de 1830 » annonce comme hypermotivant du *Rouge et le Noir* le contexte sociohistorique contemporain. Le lecteur peut supposer que les choses se passent dans le récit comme elles se passent dans le réel, à cette époque-là. Aussi Blin (1954, p. 53) considère-t-il le fond sociohistorique comme une « directe motivation de l'intrigue » (la notion de la motivation est ici utilisée dans le sens de ce qui a amené la création littéraire, non de ce qui règle sa causalité, même si cette dernière dimension est sous-entendue). Certains critiques ont estimé que ce mimétisme serait parfait dans *Le Rouge et le Noir*, comme Martineau (1952, p. 200) :

> Non seulement il [Stendhal] enchaîne, explique, rend logiques tous les actes de ses personnages, les montrant conformes à leur tempérament et à leur éducation, mais surtout il construit, avec toute la rigueur de son esprit logicien, sur le terrain solide de la perspicace observation.

Ce commentaire décrit une écriture qui met en place cette motivation métonymique et conséquente souvent associée au réalisme à la suite des écrits de Jakobson, ce à quoi semble souscrire Ansel (2020, p. 40) : « D'une manière générale, les narrateurs de Stendhal veillent à fournir toutes les informations nécessaires [...]. »

D'autres critiques estiment que ce roman afficherait une gratuité certaine. Dans une causerie datant du (lundi) 9 janvier 1854, Sainte-Beuve offre une analyse littéraire digne de Chklovski. Pour le célèbre critique, les personnages du *Rouge et le Noir* sont « des automates ingénieusement construits » dont le comportement révèle « les ressorts que le mécanicien introduit et touche par le dehors ». Comme notre méthodologie se veut descriptive, nous n'allons pas décider à notre tour si *Le Rouge et le Noir* est suffisamment réaliste, vraisemblable, gratuit, logique, etc. ou non, mais tenter plus simplement de cerner le système motivant du récit. Il faut alors distinguer le cadre mimétique (la société de 1830) des autres cadres exodiégétiques qui interviennent pour mener l'intrigue à bout. Nous ne répéterons pas ici nos remarques sur la motivation auctoriale

---

p. 155-166) et *Le Hasard dans les Arts et Lettres* (« Le hasard abolira les coups de dés. De la science romanesque dans *Le Testament d'un excentrique* de Jules Verne », Parfait Bi Kacou Diandué et Martine Renouprez, éd., Sarrion, Munoy Moya Editores, p. 75-94).

chez l'auteur (p. 87-93), mais ajouterons seulement quelques remarques sur des forces motivantes qu'on range d'habitude comme appartenant à l'idéologie du récit (avec une possible nuance de généricité) : le surnaturel, la fatalité, le hasard et la chance[35].

Malgré le sous-titre, et bien que l'histoire entière du roman soit transposable au réel, le récit contient en effet des passages où le comportement des personnages frôle le *surnaturel*. En voyant son fils malade, Madame de Rênal se rend compte de sa faute « comme par miracle » (p. 128) ; tout agitée par la lecture des lettres anonymes qui dénoncent sa liaison avec Julien, elle retrouve son calme « comme par enchantement » (p. 145) lorsqu'elle doit affronter son mari ; « animé dans ce moment d'une force surhumaine » (p. 383), Julien arrive à briser les chaînes de l'échelle nécessaire pour monter dans la chambre de Mathilde, etc. Le récit contient aussi de nombreuses références à la *fatalité*. Lorsque Julien se décide à prendre la main de Madame de Rênal, il est accompagné par les coups de la « cloche fatale » (p. 67) ; quand il découvre la possibilité de conquérir l'amour de Mathilde, il s'exclame : « Quoi ! un destin, incroyable à force de bonheur, me tire de la foule pour me mettre en rivalité avec un homme portant un des plus beaux noms de France » (p. 357) ! Pour savoir s'il est vraiment question d'une *fatalité opérante* ou d'un monde où certaines actions *s'avèreront fatales* (c'est-à-dire non préétablies par le destin, mais provoquant des conséquences irrévocables), il faut entreprendre une analyse de lexicométrie. Celle de Felman (1971, p. 151) l'amène à conclure que « la frappante récurrence, dans les romans, de l'adjectif "fatal" n'est qu'un des signes les plus évidents d'une écriture qui parle un langage de destin. »

Le *hasard* régit aussi toutes sortes d'actions et d'évènements dans *Le Rouge et le Noir*. Cela vaut par exemple pour l'épisode du duel dans la première partie. Julien a été poussé « par une averse soudaine » (p. 287) à entrer dans un café où il reconnaît accidentellement un client : « par hasard, Julien leva les yeux et reconnut son homme de la veille dans le cocher » (p. 290). Mais le hasard décide de circonstances bien plus importantes pour l'intrigue. Madame de Rênal se trouve parmi des « personnages grossiers, au milieu desquels le hasard l'avait jetée »

35 Comme l'a montré notre discussion sur la motivation finale, p. 142-144, il n'est pas inconcevable de considérer ces forces, ou une partie d'entre elles, comme relevant du champ mimétique, suivant leur mise en récit et l'appréciation du lecteur.

(p. 49), ce qui contribue à motiver sa forte inclination pour le jeune précepteur ; en réfléchissant sur sa future relation avec Julien, Mathilde affirme que « tout sera fils du hasard » (p. 334) ; Julien réfléchit sur cette liaison dans des termes semblables : « Jamais un pauvre diable, jeté aussi bas que moi par le hasard, ne retrouvera une telle occasion » (p. 356). Ce hasard gère le comportement des personnages de façon aussi efficace que la motivation pseudo-objective, déjà commentée (trop X pour faire / ne pas faire Y, si bien que, etc.). En témoigne la crise de Mathilde provoquée par la feinte séduction de Madame de Fervaques par Julien : « Depuis un mois elle était malheureuse, mais cette âme hautaine était loin de s'avouer ses sentiments. Le hasard tout seul avait amené cette explosion » (p. 447). Ajoutons les fréquentes notations qui indiquent la *chance*, comme « heureusement » (22 occurrences) ou « par bonheur » (10 occurrences) qui justifie telle suite ou tel concours d'évènements[36].

Mis à part ces forces motivantes, il faut bien entendu accorder un rôle prépondérant à toute la déclination mimétique (psychologie du personnage, contraintes sociales, réalités historiques, etc.) et à la dimension générique (le romanesque, le [mélo]drame, le portrait du héros, la réécriture du fait divers, etc.), sans rappeler l'importance de la narration imposante de Stendhal, par son ironie et sa motivation pseudo-objective tant présentes. Établir une hiérarchie distincte entre toutes ces forces du récit dans *Le Rouge et le Noir*, et ainsi désigner un hypermotivant suprême, est une tâche épineuse. Boll-Johansen (1979, p. 14) tranche néanmoins cette question en estimant que les forces « intérieures » (psychologie, pulsions) seraient supérieures aux forces « extérieures » (sociales, institutionnelles)[37]. Par conséquent, il réduit l'influence des paramètres non rationnels : « le destin, le hasard ou la Providence n'interviennent que peu » (p. 19). Il est suivi par Thorel-Cailleteau (1998, p. 52), qui estime que Stendhal, Balzac et Hugo « récusent simultanément la thèse de l'accidentalité du monde et ne laissent aucune place au hasard [...] ».

---

36 Nous avons compté seulement les occurrences où ces lexèmes font clairement partie de la motivation diégétique, comme dans la phrase « Heureusement M. de Rênal ne vit point cette nouvelle impertinence » (p. 70).

37 Comme le rappelle Parmentier (2020, p. 133), cela rejoint l'idée de la « passion dominante » qui devait régir l'intrigue selon Stendhal lui-même.

Ces propos nous semblent démentis par la manifestation fréquente de ces thèmes dans le texte, ce qui rend plus difficile l'idée de considérer la présence des coups du hasard et les réflexions sur la fatalité comme des inventions chaque fois gratuites de Stendhal. Par leur motivation « conséquente », pour emprunter le vocabulaire de Jakobson (2001), ces forces s'intègrent plutôt au monde diégétique. En guise de conclusion, nous dirions qu'il est impossible de trancher net entre les différentes forces motivantes dans *Le Rouge et le Noir*[38]. Quoique roman référentiel, quoique « chronique de 1830 », cet ouvrage incorpore à la fois le référentiel et le romanesque en offrant au lecteur un système motivant hétérogène. On peut alors apprécier les remarques éclairantes de Charles (2018, p. 227) sur le roman :

> Il n'y aurait pas de sens à conclure que nous aurions affaire à un mode de composition aléatoire. Stendhal n'est pas plus que quiconque capable de fabriquer du hasard. Tout au plus fabrique-t-il de la complexité, dont la concurrence des multiples scénarios et l'entrelacement des chaînes causales sont les principaux agents.

Le texte stendhalien semble valider ce propos dans la description suivante de Julien, qui résume sa lutte contre le triple cadre de forces transcendantales, sociohistoriques et personnelles : « Julien fut maussade toute la soirée ; jusqu'ici il n'avait été en colère qu'avec le hasard et la société ; depuis que Fouqué lui avait offert un moyen ignoble d'arriver à l'aisance, il avait de l'humeur contre lui-même » (p. 93)[39].

Stendhal fait évoluer le récit en s'appuyant sur différentes forces motivantes. Dans son célèbre diptyque, *Consuelo* et *La Comtesse de Rudolstadt* (1843), George Sand fait le même, mais en se concentrant davantage sur les forces supra-personnelles, qui interviennent fréquemment pour « sauver » l'autrice, selon son propre jugement de la composition. Dans sa

38 Remarque semblable chez Thompson (1982, p. 82) sur Stendhal, auteur de *La Chartreuse de Parme* : « Ce qui lui importe, c'est une attitude morale et esthétique, non la solution métaphysique. Par conséquent, il ne nous dira jamais s'il faut attribuer cet ordre secret, cette destinée, à l'opération de quelque force extérieure, surnaturelle ou matérielle, ou s'il faut y voir au contraire le résultat des structures intimes de notre personnalité. »

39 Dubois (2005) propose une synthèse de la complexité des systèmes motivants et du caractère du héros en voyant dans la complexité de Julien la conséquence de la complexité du contexte social investi dans le roman. Voir aussi les discussions de Boll-Johansen (1979, p. 22-29), Felman (1971, p. 89-133) et Gendrel (2012, p. 237-245).

notice « tardive » (d'après la terminologie de Genette, 1987) de *Consuelo*, l'autrice évalue en effet négativement sa façon de composer, qui serait insuffisante pour régler l'aventure par sa propre force :

> Le roman n'est pas bien conduit. Il va souvent un peu à l'aventure, a-t-on dit, il manque de proportion. Ce défaut, qui ne consiste pas dans un *décousu*, mais dans une *sinuosité* exagérée d'événements, a été l'effet de mon infirmité ordinaire : l'absence de plan. (p. 25[40])

En nous inspirant de cette autocritique (et de Tynianov), nous allons tenter de réfléchir sur la motivation comme « fait littéraire » dynamique en étudiant sa fonction par rapport au récit et par rapport aux systèmes littéraires et extralittéraires. Parmi ces systèmes, celui du genre s'impose comme le critère le plus important pour analyser le diptyque sandien. Les deux romans combinent de multiples cadres génériques qui influencent forcément la configuration et la fonction de la motivation. Mentionnons en particulier : le *roman d'artiste*, qui fait la belle part au « génie » du personnage, à ses passions, à sa créativité, à ses impulsions ; le *roman-feuilleton*, qui programme un savoir partiel sur le monde diégétique et qui accorde à l'auteur la liberté de revenir sur ses pas en comblant ultérieurement toutes sortes de lacunes du récit ; le roman *gothique*, où l'auteur est libre d'introduire des lieux hantés où les évènements dépassent l'ordinaire, ce qui les rend par définition difficiles à expliquer ; le *roman de formation*, où les évènements se justifient en faisant passer le héros par certaines étapes obligées et ainsi se former grâce à ses expériences vécues[41] ; le *roman philosophique*, qui met l'accent sur la leçon à tirer de l'histoire plutôt que sur sa progression parfaite ; le *roman d'aventures* (ou *de voyages*), qui ouvre le champ de composition considérablement, puisque le genre vit sur des rencontres, des surprises, des péripéties, etc.

Nous allons nous centrer sur le dernier genre, le roman d'aventures. Celui-ci forme le cadre du diptyque entier, qui n'est qu'un voyage suivi (une fois passé l'épisode initial à Venise). Le roman finit même par une invitation au voyage : « Et vous aussi, ami ! tenez-vous prêt au voyage

---

40 Si nous n'indiquons pas explicitement le contraire, toutes les citations renvoient au premier tome, *Consuelo*.

41 Comme l'a remarqué Busk-Jensen (1982, p. 195), l'apparition d'Anzoleto en Bohême, peu probable, a par exemple pour fonction essentielle de signaler les hésitations ressenties par Consuelo dans son amour pour Albert.

sans repos, à l'action sans défaillance : nous allons au triomphe ou au martyre » (p. 580) ! En bonne logique, ce sont les motivants majeurs de l'aventure romanesque qui régissent le récit : le hasard, la fatalité et la Providence. En témoigne la présence élevée de vocables clés qui se rapportent à leurs domaines : destin/destinée (119 occurrences), hasard/hasardeux (107 occurrences), sort (55 occurrences), fatal/fatalement (54 occurrences), Providence/providentiel (51 occurrences).

Comme forces motivantes, la Providence et le hasard fonctionnent de façon semblable dans la mesure où les évènements ne découlent pas, en dernier lieu, de causes que les acteurs peuvent contrôler. Aussi les personnages hésitent-ils parfois sur quel facteur s'appuyer afin d'expliquer certains évènements : « Le hasard ou la Providence m'ont fait retrouver la bonne route » (p. 354), déclare Consuelo. Mais, c'est la Providence, « figure et moteur de la causalité romanesque », selon Vareille (1994, p. 106), qui l'emporte. La Providence se substitue à la fatalité, comme illustre cette réflexion d'Albert : « Je sais bien qu'il y a quelque chose d'effrayant dans cette fatalité qui nous a poussés l'un vers l'autre. Mais c'est le doigt de Dieu, vois-tu » (*La Comtesse de Rudolstadt*, p. 284) ! La Providence influence aussi les personnages, comme c'est le cas où Albert explique pourquoi Consuelo ne pourra renoncer à sa carrière d'artiste (« Vous ne pouviez, sans commettre un suicide ensevelir les dons de la Providence », p. 393) ou pourquoi Albert doit aimer Consuelo (« La Providence vous a donné pouvoir sur moi, et je ne me révolterai pas contre ses décrets, en cherchant à m'y soustraire », p. 438).

La Providence est un motivant pratique à utiliser comme [hyper]motivant, puisqu'elle peut toujours envoyer un « secours inespéré ». Cependant, dans une perspective rationnelle, qui prend pour modèle le monde objectif, ni la Providence ni la fatalité ne pourront faire office de cadre de référence mimétique. Le secours de la Providence est comparable à l'intervention soudaine d'un *deus ex machina*. C'est dans ce sens que Laforgue (2004, p. 590) identifie dans le diptyque sandien « l'accumulation de situations d'une invraisemblance et d'une incohérence que l'on qualifie justement de romanesques, c'est-à-dire gratuites, arbitraires, non motivées, etc. ». En revanche, si l'on accepte que la Providence, la fatalité ou d'autres forces transcendantales soient *acceptables* dans ce contexte romanesque (sans être forcément *référentielles*), peu d'évènements sont immotivés dans les deux romans. Seulement, ils sont souvent motivés par des renvois à une conception du réel et de la fiction qui répond à certains critères génériques (et donc artistiques). Selon cette deuxième perspective, ce n'est que par l'excès de leur emploi que le lecteur « voit » la fabrication du récit. Ce n'est pas tant une question de la *nature* de la motivation que de ses *proportions* dans le récit (c'est aussi ce que l'autrice écrit dans sa notice, où elle ne dénonce pas le romanesque *per se*, mais le « *manque* de proportion » et la « sinuosité *exagérée* » [nos italiques]).

Or, comment définir l'étendue ou la valeur de cette disproportion ? L'excès ou le manque de motivation, ce qu'on peut appeler respectivement « surmotivation » et « démotivation », sont uniquement possibles à définir à partir d'un *sjužet* zéro qui stipulerait quelle serait la configuration correcte de la motivation. Mais il n'existe pas de barème pour décider de la juste mesure de la motivation (ni de la composition littéraire en général, par ailleurs)[42]. Quant à la *surmotivation*, elle ne contribue pas forcément à rehausser la crédibilité du récit. Pour Gendrel (2012, p. 205), l'effet peut même en être le contraire : « l'excès de motivation [...] donne au lecteur l'impression d'extraordinaire et paradoxalement – de romanesque. » En ce qui concerne la *démotivation*, le lecteur est libre d'apprécier les blancs du texte, comme le propose Kundera (1986, p. 74-76) dans sa lecture d'*Anna Karénine*. L'écrivain loue Tolstoï d'être allé au-delà du rationnel pour mettre en scène le suicide d'Anna, qui n'est pas la conséquence logique et implacable de données antérieures, mais l'intrusion d'une liberté d'agir au milieu de la chaîne causale des évènements.

Comme on le voit, le jugement de la motivation nécessite beaucoup de considération de facteurs relevant de l'*autofonction* de Tynianov, c'est-à-dire de la fonction de la motivation considérée par rapport aux séries externes au texte. Quant à la *synfonction*, qui traite du texte comme un système, on pourrait se demander dans quelle mesure le jugement dans la notice reflète vraiment la composition. Selon l'étude perspicace de Laforgue (2004, p. 595), George Sand pousse peut-être un peu loin ses déclarations autocritiques : « En fait, il y a beaucoup moins d'absurdités

42 C'est dans ce sens que Bal (2017, p. 29) note que l'amplitude de la motivation est arbitraire : « Precisely because these relationships are not self-evident in fictional texts, they can never be motivated enough. And, for this reason, motivation is, in the final analysis, arbitrary. »

et d'impossibilités que ce à quoi on aurait pu s'attendre dans un roman ainsi composé[43] ».

Pour ne prendre qu'un exemple de la façon dont George Sand prépare son récit en installant une motivation opérationnelle, au lieu de simplement développer son histoire au fur et à mesure, comme la notice pourrait faire croire au lecteur, considérons le déplacement de Consuelo vers le château en Bohème. Déjà à ce point de l'histoire, il est apparent que George Sand nourrit une idée maîtresse quant à la suite du roman. Elle redirige non seulement la protagoniste, mais aussi le roman (et le lecteur) vers un autre type de narration, où elle abandonne en partie le roman d'artiste pour y incorporer le fantastique gothique. Ce travail de composition s'entame dès l'entrée dans le nouvel espace, lieu propice pour instaurer un nouveau système motivant :

> Lorsque la voiture eut franchi lentement le pont-levis qui résonna sourdement sous les pieds des chevaux, et que la herse retomba derrière elle avec un affreux grincement, il lui sembla qu'elle entrait dans l'enfer du Dante, et saisie de terreur, elle recommanda son âme à Dieu. (p. 190)

La modification du cadre de référence continue durant toute la scène initiale au château (p. 190-193). Lors de la première rencontre avec le comte Christian, Consuelo « crut voir le spectre d'un châtelain du Moyen Âge ». La baronne Amélie décrit le château dans les termes suivants : « Il y a ici de la magie, et le diable demeure avec nous ! » Elle finit par avertir Consuelo de ce qui pourra s'y passer : « Il faut vous préparer à voir ici des choses inouïes, inexplicables, fastidieuses le plus souvent, effrayantes parfois ; de véritables scènes de roman, que personne ne voudrait croire si vous les racontiez [...]. » L'attente de Consuelo sera bien entendu partagée par le lecteur. De cette manière, ce qui aurait pu sembler venir d'un monde alternatif (spectres, choses inexplicables, magie, etc.), comparé au cadre de référence initial à Venise, est désormais intégré au monde diégétique. Plus précisément, conformément au genre

43 Il faut se rappeler, avec Didier (1998, p. 57), que l'autocritique sévère était monnaie courante dans les préfaces de l'époque (voir aussi Noiray, 2007). À croire les préfaces de Sand, *Indiana* aurait été composé sans aucun plan ; *Lélia* présenterait des personnages impossibles ; *Le Meunier d'Angibault* serait le résultat plus ou moins hasardeux de quelques journées libres ; *Simon* serait mal conduit ; dans *Mauprat* et *Le Château des désertes*, l'autrice aurait été entraînée par la passion pour l'histoire de sorte à développer un récit trop long.

du feuilleton, tout l'épisode en Bohême suit l'ordre *motivé – motivant*, où les épisodes bizarres (ou « fantastiques ») s'expliquent après coup de façon rationnelle, ce qui range cette partie du diptyque comme fantastique-étrange (Todorov, 1970).

Ces quelques remarques montrent comment la motivation générique, se confondant parfois avec la motivation idéologique (en ce sens que le genre « doit » véhiculer une certaine vision du monde), influence la fonction de la motivation. En suivant Tynianov, on peut s'interroger également sur l'évaluation de cette fonction dans une perspective historique. Dans la notice tardive, rédigée en 1854, c'est-à-dire une douzaine d'années après la publication des deux romans, l'autrice semble appliquer une grille de lecture influencée par le réalisme en vogue. L'autocritique artistique de George Sand est-elle un indicateur d'un déplacement esthétique, dont elle est bien consciente, vers un art romanesque plus réaliste qui commençait à s'imposer ? Sans fournir de réponse à cette question, on peut constater que l'étude de la motivation dans son diptyque romanesque indique qu'il faut considérer la [syn]fonction de la motivation dans un contexte générique, esthétique et historique.

Ce même contexte est essentiel pour apprécier la poétique de Jules Verne, qui aborde sa matière romanesque dans l'esprit positiviste de la seconde moitié du XIXe siècle avec l'idée de diffuser des connaissances aux jeunes lecteurs. Son œuvre appelle des réflexions sur l'*hybridité* inhérente de son projet littéraire, entre aventure engageante (mythe, fantastique, fiction, romanesque) et didactisme édifiant (modernité, science, réalité, positivisme). Ce défi compositionnel concerne deux relations fondamentales de la motivation. D'un côté, la perspective téléodiégétique (créer un récit didactique, édifiant et divertissant grâce à l'emploi de procédés littéraires) fait clairement de la motivation diégétique un *prétexte* dans le sens de Chklovski. De l'autre, la motivation mimétique doit témoigner d'une harmonisation entre le réel expliqué par la science et le monde fictionnel obéissant à un certain romanesque. En d'autres termes, le récit doit montrer un équilibre particulier entre motivation référentielle (mimétique) et générique (artistique). Dans une telle création, que faire de la Providence et du hasard ? Ce sont des armes à double tranchant : ils échappent à la causalité objective et réglée, qui constitue un principe important de l'univers vernien ; en même temps, leurs interventions rendent la lecture plus captivante par la création d'attentes, de surprises et de suspense, qui sont les aspects propres du texte fictif d'après Sternberg (1992).

Pour illustrer cette problématique, *Le Testament d'un excentrique* (de 1899) nous semble un objet d'étude propice. L'aventure prend son départ à Chicago, où le milliardaire Hypperbone vient de mourir. Son testament stipule que sa fortune ira « au profit du plus énergique ou du plus protégé par le Dieu du hasard » (I, 6)[44], plus précisément au gagnant d'un Jeu de l'Oie à l'échelle des États-Unis, où chaque case est représentée par un état américain (le déplacement concret des joueurs dans ces états permettra bien évidemment à Verne d'inclure des fiches informatives sur la géographie, la société, l'Histoire, etc.). Dans ce jeu, « le pur et seul hasard dirige ceux qui luttent sur ce champ de bataille pour remporter la victoire » (I, 2). Le roman annonce donc clairement le hasard comme hypermotivant.

Conformément à l'approche positiviste, Verne semble enseigner au lecteur que cette force est aveugle, comme l'illustre la réaction d'une voix anonyme par rapport aux méandres du jeu : « Sait-on jamais sur quoi compter avec le hasard » (I, 11) ! Après un tour de dés qui marque un changement brusque du bonheur en malheur, le narrateur ajoute : « Cela prouve bien que, comme les jours, les coups se suivent et ne se ressemblent guère » (II, 13). Par l'emploi du hasard aveugle, Verne peut alterner les réussites et les échecs des participants du jeu tout au long du récit[45]. Cependant il subit aussi la contrainte de communiquer une image *édifiante* du monde. Dans le va-et-vient entre malheur et bonheur, le hasard ne pourra faire gagner le méchant à la fin, mais doit conduire le récit vers une justice poétique. À cet égard, il est possible de discerner une double systématisation de cet hypermotivant.

D'une part, le hasard perd en partie sa nature de force aveugle. Verne précise à un moment que « le hasard aime à se jouer des plus habiles, à leur préparer des embûches dont toute leur sagesse ne saurait les garder, et il n'est que raisonnable de compter avec lui » (I, 9). Au lieu

44 L'édition utilisée ne comporte pas de pagination. Les chiffres romains renvoient aux deux parties du roman, suivis par le numéro du chapitre.

45 Le seul personnage qui échappe à ce système est Hypperbone, le meneur du jeu (qui remporte en fait la partie – il avait seulement souffert d'un état cataleptique !). C'est le « grand favori de la chance » et un « favori de la fortune », dit le narrateur (I, 2 et II, 14). En remportant le jeu, il aura été « servi par cette inépuisable chance sur laquelle il comptait avec raison [...] » (II, 15).

de peindre un hasard neutre, sans discernement, Verne tente d'inclure cette force dans sa construction référentielle : le hasard « aime » agir d'une certaine façon. Cela fait de cette force un élément d'un monde intelligible et peut-être plus rassurant. La motivation mimétique et la motivation idéologique se confondent : le hasard veut, au fond, faire du bien. Tout cela se recoupe par la motivation générique, selon laquelle les forces majeures, à la manière d'une fatalité, « doivent » conduire le récit à une fin heureuse et prévisible. D'autre part, le hasard est parfois récupéré par des forces transcendantales pour entrer dans une certaine systématisation : un coup de dé n'est pas simplement un bon coup, mais indique que la *chance* favorise de nouveau tel participant ; une action ne se termine pas simplement mal, il est le fruit d'un mauvais *sort* ; il ne s'agit pas d'une suite aléatoire de difficultés pour tel personnage, mais du *malheur* qui poursuit un personnage ; tel secours est non seulement inattendu, mais *providentiel*.

Les forces motivantes finissent ensemble par établir la justice poétique, passablement cachée par l'apparence référentielle donnée aux évènements. Ce propos rejoint celui d'Unwin (2000, p. 128), qui constate que « dans le monde apparemment sans déités de Verne, nous avons tout de même le sentiment d'une force et d'une justice ultimes – dans la nature. » Précisons que cette nature semble dirigée par l'hypermotivant de la Providence, aspect déjà noté par Butor (1960). Ces observations sont d'autant plus notables que la critique vernienne estime en général que la Providence serait omniprésente dans l'œuvre de Verne jusqu'en 1886, mais que ses romans seraient ensuite moins optimistes et moins positivistes. Pour Evans (1988), la Providence serait même remplacée par un Dieu répressif dans les voyages tardifs. Huet (1973, p. 135) déclare que « la plus grande caractéristique [...] est le hasard, parfois monstrueux, qui décide de leur déroulement » dans cette même période. Il n'en reste pas moins que la Providence, sous la couverture du hasard, semble toujours bien opérationnelle dans *Le Testament d'un excentrique* (de 1899).

LA MOTIVATION PARODIÉE (MÉRIMÉE ET NODIER)

Dans son étude célèbre sur les mensonges et les vérités du monde fictionnel, Girard (1961, p. 30) déclare que la littérature réaliste, à partir de Cervantès, se définit par le fait de dévoiler « la vérité du désir », à la différence de la littérature romantique. Le récit doit corriger la vision erronée du réel chez le personnage par la mise en place du réel objectif. Cette thématique est constamment répétée dans le discours réaliste, qui excelle dans la « parodie classique » d'après Hutcheon (1978, p. 468), c'est-à-dire dans le type de parodie qui « suppose un mode littéraire ridiculisant et dévalorisant ». Comme on le sait, *Madame Bovary* suit de façon exemplaire cette tradition par sa dégradation de divers motifs et motivations qui auraient pu mieux fonctionner dans des récits appartenant à d'autres genres (ou apparaissant à des époques passées) : la visite au bal ne justifie pas la rencontre avec le prince charmant (conte), mais se fige dans le souvenir amer d'un état de bonheur momentané et jamais réalisable de nouveau ; le bel amour ne conduit pas à une scène intime au coin du feu du château (romanesque), mais à une course effrénée dans un fiacre ; le suicide par poison n'est plus une pose de grandeur héroïque et fataliste (drame), mais l'acte d'un personnage déchu, dépeint dans sa souffrance physique, etc.

Tout excès de caractère romanesque constitue l'objet de proie des réalistes, fait bien connu et fréquemment commenté. Il ne faut pas pour autant retomber dans le mécanisme décrit dans le chapitre précédent, qui consiste à considérer la littérature réaliste comme le modèle à partir duquel il faudrait juger d'autres types de textes, classés comme des déviations de ce modèle exemplaire. L'évolution littéraire ne commence pas avec le réalisme. C'est pourquoi il nous semble important de relever deux cas de parodies non *du* romantisme, mais *dans* le romantisme, plus précisément dans *Colomba* (Mérimée) et « Inès de las Sierras » (Nodier). Ces deux récits illustrent de façon admirable la présence de la parodie au sein de la littérature romantique.

Dès l'incipit de *Colomba*, récit publié en 1840, Mérimée annonce son intention de jouer sur la notion romantique de la *couleur locale*, déjà périmée : « Explique qui pourra le sens de ces mots, que je comprenais fort bien il y a quelques années, et que je n'entends plus aujourd'hui » (p. 37), dit le narrateur par rapport aux attentes déçues de miss Lydia après avoir parcouru l'Italie. Selon la jeune Britannique, la qualité suprême de l'expérience est son originalité. Elle veut voir « des choses que personne n'aurait vues avant elle » et faire des découvertes, « désespérant de rencontrer rien d'inconnu » (p. 37-38). Son père constate d'une réplique laconique, où ressort l'ironie de l'auteur : « Ma fille [...] aime tout ce qui est extraordinaire ; c'est pourquoi l'Italie ne lui a guère plu »

(p. 52). Cette quête du nouveau sert de motivation à leur déplacement en Corse : « Le capitaine raconta fort bien à miss Lydia une histoire de bandits qui avait le mérite de ne ressembler nullement aux histoires de voleurs dont on l'avait si souvent entretenue sur la route de Rome à Naples » (p. 39).

La Corse attire miss Lydia en raison de son statut de *terra incognita*, ce qui doit lui promettre de vivre des expériences authentiques. Cependant, lors de la publication de *Colomba* (donc en 1840), ce territoire exotique et original aux yeux de Lydia était déjà un topos de la littérature française, que ce soit en fiction, au théâtre ou dans les récits de voyage. Comme le rappelle Berthier (1992, p. 22-38), ce lieu appelait la présence d'un certain nombre de motifs obligés : la vendetta, la Corse sauvage, le peuple hospitalier, les bandits dans le maquis, etc. La fonction interprétative de cette vision préprogrammée d'une Corse fictionnalisée, image véhiculée à miss Lydia par le capitaine, ressort de la première perception de l'île de beauté :

> Parfois la longue-vue du colonel faisait apercevoir quelque insulaire, vêtu de drap brun, armé d'un fusil, monté sur un petit cheval, et galopant sur des pentes rapides. Miss Lydia, dans chacun, croyait voir un bandit, ou bien un fils allant venger la mort de son père ; mais Orso assurait que c'était quelque paisible habitant du bourg voisin voyageant pour ses affaires ; qu'il portait un fusil moins par nécessité que par galanterie, par mode, de même qu'un dandy ne sort qu'avec une canne élégante. (p. 63)

Mérimée illustre ici comment une grille de lecture déforme le réel et comment la fonction de la motivation occupe un rôle prépondérant dans la parodie et l'évolution littéraires. En laissant le lecteur naïf, représenté ici par Lydia, confronter le réel, Mérimée met à nu les fonctions usées de la motivation. Au lieu de rester à l'arrière-plan en tant que motivation acceptée ou naturelle, la motivation devient « trop perceptible » (Eichenbaum) et un conflit s'installe d'emblée entre le cadre *référentiel* (censé être fidèle au réel) et *générique* (qui annonce une fictionnalisation du réel). C'est ce qui se passe ici avec la couleur locale de la Corse, épithète déjà disqualifiée par le narrateur au début du récit. Le comportement du paysan observé est interprété de deux manières (aller au bourg/venger son père) à partir de son identité présumée (paisible habitant/fils). Incapable de voir le réel directement, sans filtre romanesque, miss Lydia y applique un scénario surexploité en faisant interférer des motivations tout aussi usées. Lorsque le lecteur identifie un tel processus, il prend conscience de la fabrication du récit et du poncif littéraire à modifier, à remplacer ou à parodier. Le lecteur averti pourra donc comprendre que Mérimée parodie ici un certain romanesque.

Ce faisant, il faut aussi mentionner que l'auteur se place dans une position esthétique finalement assez ambiguë. Tout en ironisant sur la couleur locale de la Corse, il offre au lecteur un récit où les attentes romanesques de Lydia, bien qu'elles soient constamment l'objet d'ironies énonciatives, se réalisent les unes après les autres (entendre des histoires originales, vivre la couleur locale, rencontrer des bandits dans le maquis, assister à une vendetta, etc.). Mérimée se moque-t-il au fond de la couleur locale, du lecteur naïf, de la médiation du réel par la littérature, voire de la fuite du réel par le biais de la littérature ? Ce serait une sorte d'ironie double : une narration ironique d'un sujet sur lequel il faut ironiser. On n'est pas loin de vouloir appliquer sur ce récit l'idée qu'avait Flaubert en composant son *Dictionnaire des idées reçues*, à savoir celle de se demander si l'intention de Mérimée était de créer un texte face auquel le lecteur doit rester finalement sans repères définitifs[46]. Quoi qu'il en soit, il n'est pas de doute que l'auteur expose dans *Colomba* une ironie « interne » du romantisme, marqueur d'une certaine évolution esthétique en train de s'imposer.

« Inès de las Sierras » de Nodier, nouvelle composée quelques années plus tôt, en 1837, en offre un exemple similaire. Le récit est divisé en deux parties, qui relatent chacun un récit encadré raconté par un narrateur intra- et homodiégétique. Dans la première partie, qui correspond à environ deux tiers du texte, trois officiers (dont le narrateur) et un régisseur de comédie croient voir, au château de Ghismondo, le fantôme d'Inès de las Sierras, qui y reviendrait la veille de Noël pour se venger de son amant qui l'y a poignardée en compagnie de deux amis. Dans la deuxième partie, le narrateur revoit cette femme bien plus tard sur la scène d'un théâtre à Barcelone. C'est en réalité la cantatrice la Pedrina, descendante d'Inès et portant le même nom que son ancêtre, qui s'était réfugiée au château.

---

46 D'après sa lettre à son ami Louis Bouilhet du 4 septembre 1850, où il explique que cette œuvre doit être « arrangée de telle manière que le lecteur ne sache pas si on se fout de lui, oui ou non ».

D'après la définition de Todorov (1970, p. 49), cette nouvelle appartient, dans son ensemble, au *fantastique-étrange* : « Les événements qui paraissent surnaturels tout au long de l'histoire, y reçoivent à la fin une explication rationnelle. » Cependant la structure caractéristique du fantastique-étrange ne s'y manifeste pas de façon exemplaire. L'explication occupe une longue partie, environ un tiers du récit. Elle ne devrait pas, normalement, nécessiter autant d'espace textuel et surtout pas être si faible. Pour Castex (1961, p. 471) : « [...] le mystère est péniblement éclairci, au prix d'une incroyable accumulation de coïncidences. » En fait, le lecteur saura seulement qu'Inès monte le spectacle de la revenante à cause d'une « préoccupation étrange de son imagination malade » (p. 85). De son côté, Todorov (1970, p. 51) conclut : « De fait, les solutions réalistes que reçoivent le *Manuscrit trouvé à Saragosse* ou *Inès de las Sierras* sont parfaitement invraisemblables ; les solutions surnaturelles auraient été, au contraire, vraisemblables. »

Tout en partageant l'avis de Todorov, nous ajouterions que sa description des deux solutions correspond plutôt au fantastique pur et non pas au fantastique-étrange, qui impose par définition une solution rationnelle à la fin du récit. Ce n'est que dans le fantastique propre que demeure l'indécidabilité entre les deux modes mimétiques, qui se placent effectivement sur une échelle allant du vraisemblable à l'invraisemblable. L'explication surnaturelle doit y être plus logique et plus vraisemblable que l'explication naturelle pour que ces deux options de lecture provoquent l'hésitation du lecteur. Le récit doit pencher vers la solution surnaturelle, car si les indices du naturel et du surnaturel ont un statut égal, le mode naturel l'emporte. Par exemple, si une personne devait choisir entre l'idée qu'un mari a été tué par (a) une statue jalouse ou (b) un Aragonais insulté, elle pencherait évidemment pour l'option (b). Cependant « La Vénus d'Ille » est un récit truffé d'indices et de circonstances qui s'harmonisent avec la première solution au détriment de la deuxième, ce qui invite le lecteur à envisager l'évènement comme surnaturel.

À la différence de « La Vénus d'Ille », où le mystère et l'hésitation demeurent, puisque l'assassinat de M. Alphonse reste sans explication rassurante, « Inès de las Sierras » est un récit qui appartient au fantastique-étrange. En revanche, si l'on réduit cette nouvelle à sa première partie, la structure du fantastique pure est encore de mise. Après le spectacle mystérieux d'apparence surnaturelle, les témoins cherchent à l'expliquer rationnellement, sans trouver de solution satisfaisante. Les narrataires poursuivent cette discussion, avec le même résultat. À ce stade, le lecteur pourrait caractériser le récit de « classique histoire de revenants », comme le fait Castex (1961, p. 471) : le lecteur reste dans le doute sur le statut du phénomène vécu (l'évènement semble surnaturel et l'explication rationnelle fait défaut). C'est aussi l'avis du narrateur, qui se défend contre les réactions déçues des narrataires en déclarant ceci (p. 65) : « – Cette histoire est très complète dans son genre, répondis-je Vous m'avez demandé une histoire de revenant, et c'est une histoire de revenant que je vous ai racontée, ou bien il n'en fut jamais. »

Or, de façon tout à fait conforme à la construction théorique de Todorov, le narrateur ajoute ensuite (*ibid.*) : « Tout autre dénouement serait vicieux dans mon écrit, car il en changerait la nature. » Comme il fournit effectivement un autre dénouement par la suite, par la longue partie explicative, il change la nature du récit, qui entre finalement dans la catégorie du fantastique-étrange. De ce fait, on ne saurait conclure qu'« Inès de las Sierras » serait seulement une histoire de revenants, comme le voulait Castex (1961). On ne saurait pas non plus adhérer à l'interrogation rhétorique de Bozetto (1998, p. 92), qui cite un propos dévalorisant de Nodier sur le roman gothique (« Nous tirâmes d'Angleterre ces histoires monstrueuses, ces rhapsodies incroyables, ces lugubres fantasmagories qui ont rendu le nom d'Anne Radcliffe et de ses imitateurs ridiculement immortels ») pour ensuite demander : « Et que trouvera-t-on d'autre dans *Inès de las Sierras* ? » Il nous semble qu'on trouve effectivement autre chose, en suivant Nelson (1972, p. 120), qui estime le récit difficile à classer. Plus précisément, il est possible de voir « Inès de las Sierras » comme une reprise *parodique* de lieux communs du fantastique gothique, à condition de considérer l'ensemble du récit, et surtout la façon dont l'explication de la deuxième partie influence notre perception de la première partie.

Très tôt dans le récit, la narration expose des motivations appartenant à la variante gothique du fantastique. Un des officiers, Boutraix, s'emporte contre le dernier voiturier en vue, qui lui semble dans l'indisposition de les conduire : « Malédiction sur ta carriole et sur tes mules ! [...]. Que tous les diables d'enfer, s'il y en a, se déchaînent sur ton passage, et que Lucifer lui-même te donne le couvert » (p. 23) ! Une fois en route, emmenés par ce même voiturier, les voyageurs voient le temps se brouiller en accord avec cette malédiction :

> [...] les blanches vapeurs qui flottaient, depuis le lever du soleil, au sommet des collines, en draperies molles et légères, se développèrent avec une rapidité surprenante, embrassèrent tout l'horizon, et nous pressèrent de toutes parts comme une muraille. Bientôt elles se résolurent en pluie mêlée de neige et d'une extrême finesse, mais si intense et si pressée, qu'on aurait cru que l'atmosphère était convertie en eau, ou que nos mules nous avaient entraînés dans les bas-fonds d'un fleuve heureusement perméable à la respiration. L'élément équivoque que nous parcourions avait perdu sa transparence au point de nous dérober les lisières et les points les plus rapprochés du chemin [...]. (p. 24)

Par cette soudaine manifestation des forces naturelles, les éléments semblent animés, agissant d'une rapidité *surprenante*, changeant leur forme en gaz (vapeurs), en liquide (eau) et en matière ferme (muraille), se mêlant et se confondant jusqu'à effacer tout repère spatial. Cela crée un lien évident avec la sortie de Boutraix, qu'on pourrait appeler un indice ou une motivation endodiégétique artistique : il existe un rapport entre la réplique et le changement du temps, ce qui ne saurait relever d'une causalité référentielle. De plus, l'officier évoque la force surnaturelle par excellence du fantastique gothique : le diable.

Dès lors, le système motivant instaure une causalité qui se détache du monde objectif et rationnel pour déployer un monde régi par des forces surnaturelles. L'orage serait « motivé » par une sorte de conspiration des forces extérieures, supposant un monde réel alternatif (et une autre motivation exodiégétique mimétique). Le fait que la dernière auberge est encombrée de voyageurs, ce qui justifie le déplacement au château, pourrait être considéré comme un élément supplémentaire de cette logique surnaturelle : tous les éléments semblent concourir pour entraîner les voyageurs au château. Le récit accumule en effet les lieux communs du fantastique gothique : circonstances mystérieuses, rapports disproportionnés, manifestation de forces extérieures, château abandonné, nature équivoque, malédictions, présages, morts-vivants, schèmes diaboliques, apparitions nocturnes... Dans la première partie, cette généricité semble créer un réseau endodiégétique conforme aux contraintes génériques, parfaitement cohérente avec l'apparition d'Inès et le manque d'explication rationnelle. Cela forme bien « une histoire très complète dans son genre », comme l'avait dit le narrateur.

En même temps, la narration affiche par certains côtés la mise à nu des procédés. En voyant le temps détériorer, l'autre officier, Sergy, revient sur le propos de Boutraix :

> – J'ai réellement peur, disait Sergy en souriant, que le ciel n'ait pris au mot la terrible imprécation dont Boutraix a ce matin accueilli le malheureux arriero. Tous les diables de l'enfer semblent s'être déchaînés sur notre passage, comme il l'avait souhaité, et il ne nous manque plus que de souper avec le démon en personne pour voir son présage accompli. (p. 24)

Sergy expose ici le schéma qui devait rester implicite, annonçant à ses camarades (et au lecteur) comment on pourra lire (et composer) le récit. Lors du passage au château, Nodier inclut un autre clin d'œil métapoétique. Le narrateur y décrit un corridor « long, étroit et obscur » (p. 38), où entrent les officiers. La même description apparaît plus loin dans la bouche d'Inès/La Pedrina, qui décrit pour Sergy « un corridor long, étroit, obscur » (p. 57). Comme le narrateur raconte l'histoire en rétrospective, cela veut dire qu'il répète la description du milieu qui lui avait été fournie par le personnage qui fait semblant d'être une revenante, dans une sorte de métalepse énonciative. De plus, le narrateur intradiégétique annonce aux narrataires qu'il leur a servi un récit exemplaire dans un certain genre (histoire de revenants) et qu'il modifiera le statut (ou « la nature ») du récit par sa suite. On trouve donc déjà dans la première partie une certaine dimension métalittéraire qui concerne la narration du fantastique gothique.

Dans la deuxième partie, Nodier montre ensuite, à travers le long récit explicatif, que les motivations parsemées dans la première partie n'étaient que des astuces pour fabriquer le récit, car dépourvues de tout statut fantastique. Cela nous amène à différencier deux types de composition : d'un côté, un récit qui prépare soigneusement l'évènement d'apparence surnaturelle pour ensuite laisser demeurer le mystère, ce qui accorde aux motivations le statut d'être les possibles et véritables causes de cet évènement ; de l'autre côté, un récit qui disqualifie tout ce travail préparatoire en exposant les motivations comme des lieux rhétoriques, incompatibles avec la structure dominante du récit.

Il faut ici être particulièrement attentif au thème de la *répétition*, déjà commenté dans l'exemple de l'orage (où Sergy rappelle au lecteur la réplique de Boutraix) et la description du couloir (reprise par le narrateur). D'autres exemples ne manquent pas. La réplique « Il n'y a de logement vacant qu'au château de Ghismondo » est énoncée par le muletier, le voiturier et l'hôtesse de l'auberge ; Boutraix et Sergy répètent machinalement « Cela est vrai » quatre fois en écoutant les arguments du régisseur de comédie pour expliquer l'évènement. À cela s'ajoute le thème de la *reproduction* : le drame tourne autour de la représentation d'un spectacle, qui se reproduit chaque année ; le voiturier répète l'histoire d'Inès pour informer les officiers, reproduisant la légende qui lui avait déjà été retransmise par son père ; Boutraix propose que le voiturier ait dû voir une autre représentation, par des aventuriers ; les officiers, à l'image de ces aventuriers, reproduisent le spectacle entre eux ; Inès/la Pedrina apparaît pour rejouer la même scène ; plus tard, le narrateur voit la Pedrina représenter un autre spectacle.

Il s'agit au fond d'une constante reproduction de certains lieux communs, thématique déjà annoncée dans le récit encadrant, où la narrataire Anastase (dont le nom signifie en grec *résurrection*) demande ceci au futur conteur : « Et toi, dit Anastase, ne nous feras-tu pas aussi un conte de revenans ?... » (p. 19). Notons le mot « aussi », qui indique la reproduction du même type de récit que lecteur a déjà pu entendre maintes fois. Nodier indique ce statut générique par la réaction d'un autre narrataire : « [...] y a-t-il quelqu'un aujourd'hui qui croie aux apparitions » (p. 19) ? La situation initiale est semblable à celle de *Colomba* : le topos littéraire usé requiert un lecteur naïf (qu'il s'agisse de la couleur locale de la Corse ou de la croyance aux histoires de revenants) pour être réalisé.

Or, la reproduction des mêmes lieux rhétoriques et des mêmes motifs ne saura continuer à l'infini, puisqu'elle sera arrêtée par l'évolution inévitable de l'histoire littéraire qui rend la motivation diégétique perceptible. Dans la perspective de Tynianov, la narration ironique d'« Inès de las Sierras » signale ainsi, par la mise à nu des procédés, les poncifs littéraires à renouveler. Selon notre terminologie, la motivation téléodiégétique (l'ambition esthétique de Nodier) vise à dénoncer la fonction périmée des motivations diégétiques (les motifs concrets) qui appartiennent à la motivation générique (le fantastique gothique), notamment en faisant semblant de construire une motivation endodiégétique (une cohérence interne) qui est disqualifiée par le changement de nature du récit, opération annoncée par le narrateur lui-même. Sur le plan historique, cette déconstruction du fantastique gothique s'explique par la réaction face à ce genre surexploité que Castex (1961, p. 81-92) situe chez Nodier vers 1833[47].

47 Dans sa notice sur les contes de Nodier écrits entre 1830-1838 (1961, p. 465-469), Castex décèle de la parodie dans « Le Roi de Bohème », de l'auto-ironie dans « L'Amour et le Grimoire » et du pastiche dans « Trésor des Fèves » et « Fleur des Bois ».

BILAN

Avec Tynianov, l'approche de la motivation devient plus équilibrée, dynamique et relative. La motivation diégétique n'est plus un simple prétexte qui puise dans les répertoires exodiégétiques disponibles (la réalité commune, l'image du réel ou la tradition littéraire) grâce auxquels l'auteur insère des procédés artistiques qui confèrent au texte sa littérarité. En développant (plutôt qu'en s'opposant à) cette conception de Chklovski, Tynianov accorde un poids égal aux rapports qu'entretient la motivation diégétique avec le fond externe qui fournit les cadres de référence (exodiégétique), avec le texte comme système (endodiégétique) et avec l'effet artistique à produire (téléodiégétique). Il ne s'agit pas non plus de repérer comment une « motivation conséquente » contribue à créer nécessairement l'impression du réel ni de se focaliser sur (et valoriser positivement) la variante métonymique de la motivation.

L'analyse de la motivation s'appréhende chez Tynianov à travers la *synfonction*, par laquelle on aborde tel procédé par rapport au texte considéré comme système, et l'*autofonction*, qui fait entrer en compte les paramètres externes au texte. En ceci, il s'éloigne de Chklovski (qui pourtant note également certains facteurs externes) et s'approche plutôt des pensées de Jakobson, influencé à son tour par la linguistique naissante de Saussure. Les fonctions s'analysent toujours dans une perspective poétique, où la fabrication du récit est au centre. Mais, étant donné que le fait littéraire se comprend par rapport à la totalité du texte et se modifie durant l'Histoire, la poétique de Tynianov devient celle de la relativité (Weinstein, 1996).

Selon cette approche, la motivation fonctionne comme outil d'analyse pour cerner des « styles et périodes », comme le montrent les études de Flaker (1964) et de Schmid (2020). Si le théoricien allemand explore l'évolution des deux modes de la motivation, son collègue croate se centre sur le mode mimétique et la vision du monde que révèle son emploi en identifiant un bon nombre de systèmes motivants. Nos analyses ont suggéré l'importance des paramètres générique et idéologique à la fois pour analyser le système motivant et pour réfléchir sur l'évolution littéraire à travers la parodie d'un système périmé. On peut même se demander s'il est vraiment faisable de concevoir les « maximes » du public dans sa perspective idéologique, comme le voulait Genette, sans faire intervenir le paramètre générique.

Selon Tynianov, tout récit construit au fond son propre système de motivation, dans une perspective générique et historique, ce qui nous a incité à inclure un passage sur la théorie des mondes possibles, en passant par l'école structuraliste et sémiotique. En effet, sous la dominante préstructurelle (du texte) et non-essentialiste (de la littérature) de Tynianov, différents modèles génériques et référentiels problématisent la fonction et la valeur de la motivation sans postuler l'existence d'un modèle représentationnel figé de la littérature comme reflet du réel ou soumis au réel objectif et univoque. Tomachevski, qui semble très inspiré par Tynianov, insiste aussi sur la cohérence du récit obtenue grâce à l'emploi de la motivation, mais il dirige davantage son raisonnement vers l'idée et la nécessite de créer l'impression de la vraisemblance auprès du public. Cette modification de l'étude de la motivation, poursuivie par Genette (1968) et Culler (2002), nous conduira jusqu'à l'approche constructiviste actuelle, centrée sur le motif d'agir du personnage et l'implication du lecteur dans l'appréhension du récit. Cela constitue notre dernière dominante à explorer.

TOMACHEVSKI

Motivation, organicité et vraisemblance

TOMACHEVSKI

Théorie de la littérature de Tomachevski, publié en 1925, est un ouvrage de vulgarisation, censé faire office de manuel littéraire. Dans une lettre adressée à Chklovski, l'auteur déclare que « ce livre ne s'adressait ni aux formalistes ni à nos élèves, car notre devoir est de poser des problèmes, et pas de disposer des faits dans des cases toutes prêtes[1] ». De ce fait, il est difficile de juger à quel degré on doit considérer les principes présentés comme illustratifs de ses propres conceptions théoriques. Quoi qu'il en soit, son chapitre « Thématique », qui fait partie de cet ouvrage, s'est montré capital pour la théorisation de la motivation et pour la narratologie plus généralement, dans le structuralisme français d'abord et plus tard chez les théoriciens du récit[2]. Nous allons partir de sa définition générale de la motivation littéraire, dont le rôle est, selon lui, de lier les *motifs* du récit entre eux. Afin de bien comprendre cette définition, on se rappellera que les « motifs » désignent pour Tomachevski (2001, p. 273) « les plus petites particules du matériau thématique », et non le motif d'agir du personnage ou un topos littéraire :

> Le système de motifs qui constituent la thématique d'une œuvre doit présenter une unité esthétique. Si les motifs ou le complexe des motifs ne sont pas

1 Cité par Depretto (2018, p. 110). – Ceci explique peut-être pourquoi Wellek (1991, p. 347) estime que cet ouvrage est « décevant » (*disappointing*).

2 Exceptée le fait d'occuper une position dominante dans le discours postformaliste sur la motivation, notamment chez Genette (1968) et Culler (2002), Tomachevski a fourni la méthodologie principale à l'analyse structurale de Barthes (1966) et a esquissé une définition du fantastique proche de celle de Todorov (1970). Son nom revient aussi fréquemment dans les études sur l'intrigue (le rôle du héros, la relation entre *fabula* et *sjužet*, etc.), jusqu'à nos jours.

> suffisamment coordonnés dans l'œuvre, si le lecteur reste insatisfait du lien entre ce complexe et l'œuvre entière, on dit que ce complexe ne s'intègre pas à l'œuvre. Si toutes les parties de l'œuvre sont mal coordonnées, l'œuvre se dissout.
>
> C'est pourquoi l'introduction de tout motif particulier ou de chaque ensemble de motifs doit être justifiée (motivée). Le système de procédés qui justifie l'introduction de motifs particuliers et de leurs ensembles s'appelle motivation. (*ibid.*, p. 286)

En quelques lignes, Tomachevski énonce « système » (deux fois), « coordonnés » (deux fois), « unité », « lien » et « s'intègre ». De ce fait, il se rapproche de Tynianov, qui insistait sur la compatibilité de la motivation avec les autres éléments du texte et avec le texte comme système[3]. Il marque du même coup un déplacement méthodologique significatif par rapport à Chklovski. Certes, ce dernier note lui aussi que la motivation contribue à former une certaine cohérence du récit, mais il considère ce fait dans une autre perspective, caractéristique de la phase initiale des formalistes. Pour Chklovski, la cohérence est « atomique », isolée, toujours liée (et vue par rapport) à la réalisation d'un procédé artistique. Elle est aussi dépourvue de valeur. Même si un schéma motivant se répète dans le récit (comme le rôle central de Don Quichotte pour nouer les épisodes isolés), la cohérence qui en est la conséquence ne représente pas un critère essentiel pour apprécier la composition « bien faite ». Tout au plus, la présence réitérée de la motivation signale la fabrication du récit. Chez Tomachevski, la cohérence est *essentielle* pour créer l'impression du vraisemblable (« doit présenter », « doit être justifiée »). L'emploi de la motivation concerne tous les éléments diégétiques (« l'introduction de tout motif particulier ou de chaque ensemble de motifs doit être justifiée »). Elle construit donc l'*organicité* du récit, principe central chez Tomachevski, comme le souligne Escola (2009). Dans les mots de Sternberg (2012, p. 376-382), le foyer de la motivation passe de l'idée de *couverture* (prétexte) chez Chklovski à celle de la *cohérence* (textuelle) chez Tomachevski.

Comme nous l'avons déjà mentionné en passant, Tomachevski esquisse une tripartition de la motivation : *compositionnelle*, *réaliste* et *artistique*[4].

---

3 Tynianov (1978, p. 130) : « Motivation in art is the justification of some single factor vis-à-vis all the others, the agreement of this factor with all the others [...]. »

4 Todorov (2001, p. 294) traduit cette troisième variante par motivation « esthétique ». Cependant Tomachevski (1928, p. 150) utilise le même terme que Chklovski, *chudožestvennaja*. Nous utilisons le terme d'« artistique » au nom de la cohérence terminologique (*cf.* *artistic* chez Sternberg et *künstleriche* chez Schmid).

Cette catégorisation apparaît souvent dans les ouvrages de référence, avec un degré variable d'exactitude, pour illustrer la définition de la motivation chez les formalistes, envisagés comme un collectif[5]. La motivation compositionnelle a déjà fait l'objet d'une explication dans notre section méthodologique du premier chapitre, puisqu'elle est à l'origine de notre motivation *endodiégétique*. Si les deux autres variantes rappellent les deux modes de la *motivirovka* développés par Chklovski, il subsiste néanmoins quelques différences à souligner.

La motivation *réaliste* concerne la justesse et la probabilité du motif par rapport au réel, d'après le jugement du public. Elle se concrétise en motifs qui insistent sur la véracité du récit : tel manuscrit, qui forme l'essentiel du récit, a été trouvé ; telle mention d'une personne ou d'un évènement historique rehausse l'impression que l'histoire se déroule ou aurait pu se dérouler dans la société réelle, etc. Quant à l'épithète « réaliste », précisons deux choses. Premièrement, la différence entre Chklovski et Tomachevski ne réside pas dans la nomination. Il est vrai que Tomachevski (1928, p. 146) emploie en effet le terme de *realisticheskaya* au lieu de *bytovoe*, mais c'est sans doute parce que la notion figure dans un ouvrage de vulgarisation : la notion de Chklovski aurait certainement demandé plus d'explications[6]. Deuxièmement, l'appellation « réaliste » est de nature relative chez Tomachevski (2001, p. 291), comme on le voit dans sa question posée : « Pourquoi peut-on appliquer le qualificatif de réaliste à chaque école (et en même temps à aucune d'entre elles) ? » La réponse en est que ce jugement change durant l'Histoire. Le terme « réaliste » dénote donc une motivation qu'un certain public, à une certaine époque, ayant une certaine attente, trouve vraisemblable et non un certain type de vraisemblance ou de discours narratif qui seraient à trouver uniquement chez des auteurs dits « réalistes ».

La modification théorique s'appréhende par cette façon relative de concevoir la motivation « commune ». Chklovski utilisait la réponse du lecteur *implicite* comme élément et outil de ses analyses ; chez Tomachevski, qui semble reprendre les pensées de Tynianov, le lecteur *réel* entre dans la théorisation comme pôle dominant de la communication littéraire.

---

5 Prince (1987), Fontaine (1993, p. 66) et Estébanez Calderón (2004) présentent les trois variantes ; Turner (1972, p. 72) le fait aussi mais les appelle des « motifs » ; Brooks (1984, p. 14) se limite à la motivation compositionnelle, etc.

6 Pour rappel, voir les nombreuses traductions proposées de cette notion, p. 40.

Le raisonnement conduit inévitablement à la question de la réception de l'œuvre et à la perspective historique. Dans cette évolution littéraire, l'opinion du public décide du degré de la vraisemblance du texte, qui est la propriété essentielle de la réussite de l'écrivain : « Sachant bien le caractère inventé de l'œuvre, le lecteur exige cependant une certaine correspondance avec la réalité et il voit la valeur de l'œuvre dans cette correspondance » (*ibid.*, p. 289)[7].

La motivation acquiert sa propre valeur dans la création artistique, au lieu d'être reléguée au rôle de simple camouflage des procédés artistiques. Chez Chklovski, l'ancrage du réel est plus ou moins une formalité, un simple renvoi, un prétexte sans valeur propre et surtout un emploi à noter sans le problématiser. Chez Tomachevski, la motivation réaliste doit impérativement assurer l'exigence fondamentale de la vraisemblance. Autrement dit, ce qui était une dimension (au mieux) secondaire chez Chklovski devient chez Tomachevski un idiome (*ibid.*) : « Nous réclamons à chaque œuvre une illusion élémentaire : l'œuvre serait-elle très conventionnelle et artificielle que nous devrions percevoir l'action comme vraisemblable. »

Certes, pour Tomachevski, l'introduction des motifs doit aussi servir à justifier l'emploi des procédés littéraires, ce qui correspond à la motivation *artistique* (Tomachevski utilise le même terme que Chklovski, *chudožestvennaja*). L'*ostranenie* (qu'il prend comme exemple de motivation artistique) et d'autres procédés gardent leur place dans la création littéraire. Mais, au lieu d'avoir comme but principal de déformer l'image du réel (ou de la littérature) afin de créer de la littérarité, l'auteur doit, selon Tomachevski (*ibid.*, p. 290), trouver un équilibre entre l'introduction des procédés artistiques et l'acceptation du public : « puisque les lois de composition du sujet n'ont rien de commun avec la probabilité, chaque introduction de motifs est un compromis entre cette probabilité objective et la tradition littéraire » (comme on le voit par cette citation, l'attente du public concerne l'image du réel tout autant que l'image de la fiction). L'emploi d'un procédé, tout novateur qu'il soit, ne doit nuire ni

7 La ressemblance avec l'équation de Genette (1968), que nous commenterons dans la section suivante, est notable. Quelques années après la publication de la *Théorie de la littérature* par Todorov, Genette décrit lui aussi la vraisemblance comme le résultat d'une *valorisation* des rapports entre la fonction de la motivation et la correspondance du récit au réel d'après le jugement du public (sans citer Tomachevski).

à l'effet de vraisemblance ni à la cohérence du récit. Par conséquent, il se crée un conflit de composition qui n'est pas présent chez Chklovski, pour qui la vraisemblance n'est pas une valeur à considérer pour juger la qualité du texte littéraire.

De cette manière, la motivation réaliste acquiert aussi un statut plus indépendant : elle n'est plus aussi clairement dépendante de la finalité artistique. En effet, par la présentation séparée des différentes variantes de la motivation chez Tomachevski, on peut avoir l'impression que certaines motivations diégétiques seraient *seulement* réalistes ou non. Il n'est qu'un pas à franchir pour étudier la fidélité au réel de la motivation uniquement par rapport au cadre de référence mimétique plutôt que d'envisager son rôle comme prétexte dans une perspective téléodiégétique. La question est de savoir dans quelle mesure le texte présente un monde réel par l'emploi d'une motivation conséquente, ce qui crée un pont avec les écrits de Jakobson tout aussi bien qu'avec les théories du monde possible[8].

En résumé, la réorientation présentée par Tomachevski dans son ouvrage de vulgarisation entraîne plusieurs conséquences importantes pour la théorisation de la motivation. La dominante Chklovski, qui se centrait sur le *procédé artistique* justifié par l'explication dans l'histoire racontée, est désormais remplacée par la dominante Tomachevski, qui accentue le rôle essentiel joué par la motivation pour assurer l'*organicité du récit*, à la fois locale et globale, ainsi que pour créer l'impression du *vraisemblable*, d'après l'opinion du public. Cette façon d'aborder la motivation marque un changement plus substantiel qu'il ne paraît à première vue, car elle implique une répartition considérable du poids donné aux différents aspects de la motivation[9]. Cette redirection théorique établit la base de la réflexion postformaliste sur la vraisemblance et la naturalisation du récit, où le matériau est à considérer en premier lieu par rapport aux cadres de référence mimétique et idéologique, et bien moins par rapport à l'introduction des procédés littéraires.

8 *Cf.* Sternberg (2012, p. 413) sur Tomachevski et Chklovski : « [...] one face is turned to the text as a model of the world, the other to the text (notably including its world) as an artful structure, a goal-directed transaction between author and reader. »

9 *Cf.* Striedter (1989, p. 66) sur Tomachevski : « The term motivation, which we have encountered in connection with Shklovsky, thus acquired a new meaning and was further differentiated. »

(D')APRÈS TOMACHEVSKI

Tomachevski a été suivi implicitement par Genette (1968), dans son essai séminal sur la vraisemblance et la motivation (« L'équation de Genette »), et explicitement par Culler (2002), dans son étude stimulante sur la vraisemblablisation du récit (« La naturalisation de Culler »). À la suite de ces études, la narratologie plus récente a investi la motivation référentielle, et surtout psychologique, dans les domaines de l'analyse du récit, du scriptible et du cognitif (« L'actualisation constructiviste »).

L'ÉQUATION DE GENETTE

Du fait que l'essai de Genette est si éclectique, il a déjà figuré dans nos remarques sur la gratuité de la motivation comme prétexte (Chklovski) et la réponse du public face à l'œuvre littéraire d'après son cadre de référence idéologique (Tynianov). S'il fallait attribuer une dominante à son essai, ce serait toutefois celle de Tomachevski, en raison de l'association de la motivation avec l'idée de la vraisemblance à produire auprès du public. Sans mettre en cause les nombreuses remarques pertinentes de Genette sur les textes analysés, il nous faudra considérer la validité de sa tentative de systématiser les rapports qui existeraient selon lui entre l'emploi de la motivation comme stratégie narrative et la réaction du public. Selon l'équation finale de l'essai, la vraisemblance serait le résultat du « profit » de la motivation dans la composition, comparée au « coût » de son emploi (cela reprend parfaitement le raisonnement de Tomachevski sur la motivation réaliste et artistique, comme nous venons de le voir).

Pour arriver à ce résultat, Genette (1968, p. 8-9) esquisse l'existence de trois récits types : le *récit vraisemblable* est un texte « dont les actions répondent, comme autant d'applications ou de cas particuliers, à un corps de maximes reçues comme vraies par le public auquel il s'adresse [...] », alors que le *récit arbitraire* se trouve « à l'autre bout de la chaîne, c'est-à-dire à l'extrême opposé » ; le *récit motivé* se définit quant à lui comme suit :

> [...] trop éloigné des poncifs du vraisemblable pour se reposer sur le consensus de l'opinion vulgaire, mais en même temps trop attaché à l'assentiment de

cette opinion pour lui imposer sans commentaire des actions dont la raison risquerait alors de lui échapper.

L'emploi du terme *récit* par Genette nous conduit vers le problème principal de sa systématisation de la motivation. Pour commencer, le terme est pris dans plusieurs sens (fait non explicité dans l'essai). Le terme désigne l'*histoire*, étant donné que Genette définit les trois récits types d'après leur correspondance avec l'image du réel chez le public : le récit vraisemblable confirme cette image, le récit arbitraire la contredit, le récit motivé se trouve entre les deux. Pour les deux premières variantes (récit vraisemblable et récit arbitraire), le terme de récit correspond à une *composition sans diégésis* (dans le sens de Platon). La motivation y est par définition absente (mais peut être implicite). C'est que Genette considère la motivation comme une sorte d'ajout discursif, adjectif à prendre dans le sens du *discours* de Benveniste (1966), du *commentaire* de Weinrich (1973) ou encore du fameux *telling*, à opposer au *showing*. Dans le syntagme « récit motivé », le terme *récit* doit correspondre plus généralement au *texte narratif* ou bien à tout *passage du texte qui relate une action*.

S'il est légitime d'employer une notion dans plusieurs sens, il convient d'éviter d'établir des rapports figés entre eux, surtout s'ils répondent à des critères hétérogènes. Ce problème, uniquement noté par Sternberg (2012, p. 400-405), qui procède à une critique sévère de la construction théorique de Genette, se présente comme une distribution trop générale de suppositions. Les définitions des récits types présupposent en fait la parfaite harmonisation entre (1) la manifestation concrète du texte, (2) l'intention de l'auteur et (3) l'appréciation du public, ce qui n'est pas nécessairement le cas dans toutes les œuvres générales et ce qui se défend également mal au niveau théorique[10]. Prenons l'exemple du récit motivé. Si le récit contient des motivations, celles-ci sont *par définition* explicites et appartiennent *par définition* au discours, selon la construction structuraliste de Genette. Dans ce cas, l'auteur a *par définition* senti le besoin de persuader le public à accepter un contenu qui se présentait *par définition* comme susceptible de susciter des réactions négatives. En déconstruisant quelque peu son propre modèle, Genette cherche même

10 *Cf.* Sternberg (2012, p. 403) : « [...] this scalar (1)-(3) typology is logically fallacious. It should go without saying [...] that the overtness of a motivation neither entails nor necessarily correlates with its probability, having in principle as little to do with public acceptability as with internal validity. »

à démontrer, avec emphase, que le récit motivé chez Balzac (du point de vue de la manifestation textuelle) est en fait un récit arbitraire (du point de vue de l'analyse de Genette).

Le raisonnement des trois récits types présente alors un exemple canonique de ce que Sternberg (2012) appelle *package deals*, des « forfaits » par lesquels le chercheur « offre » une construction toute faite où des éléments du discours narratif s'associent par définition à tel procédé formel, à telle fonction ou à tel effet de lecture. Aussi les critiques ont-ils montré que ce système est à nuancer, même pour ce qui est de l'écriture de Balzac, qui est pourtant l'auteur modèle de Genette. Tout en soutenant la thèse de Genette, Bordas (1997) élucide la présence chez Balzac d'une certaine polyphonie réfléchie, plus indécise et sans foyer stable, qui complète l'image de l'auteur énonciateur autoritaire, monologique, d'apparence objective. Dans sa belle étude de la « médiation narratoriale » (proche de notre « motivation auctoriale »), Couleau (2020) s'oppose avec raison au principe de voir les intrusions balzaciennes comme de simples prétextes pour sauver arbitrairement la vraisemblance. Selon elle, l'enjeu est bien plus complexe :

> Le rapport du particulier au général, de l'action aux principes qui la sous-tendent, n'est pas un simple trompe-l'œil à l'usage du lecteur, mais une invitation à rapporter l'enchaînement des actions à un cadre plus large dans lequel elles font sens : celui de l'étude des mœurs. (Couleau, 2020)

En d'autres termes, le récit balzacien ne tend pas nécessairement vers une vraisemblablisation autoritaire d'un réel transparent. Il implique toute une réflexion sur le fond des références utilisées et les valeurs communiquées par le biais du cadre mimétique. Enfin, rappelons le danger d'entreprendre une lecture anachronique de Balzac, esthétiquement parlant, qui consisterait à évaluer son écriture d'après les principes mis en avant par ses successeurs, notamment par Flaubert et Zola, prônant l'impassibilité et l'absence de l'auteur. Tout en étant novateur par son entreprise romanesque, l'auteur du *Père Goriot* suit naturellement, du moins en partie, la tradition romanesque du XVIIIe siècle, dans laquelle les considérations sur la vraisemblance, la *mimésis* et la narration sont loin de répondre aux préceptes réalistes ou naturalistes.

Dans une perspective plus générale, Booth (1983, p. 169-209) évoque un bon nombre de récits où le narrateur intervient sous forme de commentaire direct ou indirect pour assurer d'autres fonctions que de faire passer une action non conforme à l'attente du public : informer, préciser, résumer, souligner, instaurer une ambiance, commenter le récit et ainsi de suite. En d'autres mots, il n'est pas nécessaire de voir les intrusions de Balzac comme des tentatives de modifier la position idéologique du public afin qu'elle se rapproche de la vision du réel illustrée par le récit (qui risquerait, par définition, de ne pas être acceptée par le public, d'après la construction théorique de Genette). Il peut tout aussi bien s'agir de renseignements plus ou moins neutres, ce qui serait d'ailleurs la tendance de la littérature réaliste du XIXe siècle, selon Chatman (1978)[11]. Comme le montre Booth (1983), les commentaires peuvent également renforcer l'opinion déjà existante chez le public, sans chercher à le persuader ou le faire changer d'opinion[12]. À l'inverse, il est difficile de voir comment on pourrait restreindre la motivation littéraire à ne concerner que le discours seul, même en employant cette notion de manière bien généreuse. On se rappelle, par exemple, que le fait d'inclure simplement des motifs, et donc de les montrer au lecteur ou au public, était à l'origine de la motivation compositionnelle de Tomachevski. Pour Chklovski (1990), l'auberge dans *Don Quichotte* joue un rôle motivant évident : c'est un endroit naturel pour faire rencontrer des personnages de toutes sortes et insérer divers récits encadrés[13].

Pour ce qui est du jugement du public, le modèle de Genette se complique encore. Pour commencer, il reste seulement opérationnel si l'on compte avec un public collectif, univoque, qui partage les mêmes valeurs et qui juge l'œuvre en bons structuralistes : le récit est soit

11 *Cf.* Chatman (1978, p. 52) : « The norm was unmotivated verisimilitude. Most events needed no explanation since "everyone" [...] would understand straight off how such things could happen or be. But history—the explosive political and social events of the late eighteenth and nineteenth centuries—was to change that basis of common understanding. Especially in France. The most realistic novelists became enigmatic, since history was enigmatic. »

12 Booth (1983, p. 177) : « [...] there is a surprising amount of commentary directed to reinforcing values which most reader, one would think, already take for granted. »

13 Certains chercheurs ont pourtant accepté la définition discursive de la motivation proposée par Genette. *Cf.* Fludernik (2006, p. 27) : « [...] the narrator comments or expounds: s/he explains why events occur, ascribes them to political or social circumstances and conditions, indicates what it is that motivates the characters and so on. » Bal (2017, p. 29) : « Motivation is a way of making the relationship between elements explicit. » Définitions semblables chez Prince (1982, p. 140 et p. 156).

vraisemblable soit arbitraire. L'opposition binaire ne laisse aucune place à une échelle continue d'attentes et de réponses. Mais la difficulté principale est que le récit motivé occupe une position instable dans la construction de Genette : si l'on l'envisage d'après la réception du public, il se range *définitivement* comme soit vraisemblable soit arbitraire (à moins que l'équation n'aboutisse à un « profit » et un « coût » égaux) ; si l'on le considère comme le résultat de la création de l'auteur, il désigne un état *temporaire* qui se trouve entre le vraisemblable et l'arbitraire (l'auteur estime que le contenu risque de ne pas être accepté par le public, d'où l'insertion de motivations). Le récit motivé peut donc logiquement être ou devenir un récit vraisemblable ou un récit arbitraire. De surcroît, le récit vraisemblable peut être motivé (si l'équation est « positive ») ou immotivé (mais vraisemblable grâce à la motivation implicite). C'est pourquoi il semble plus logique de compter avec quatre récits types, où un premier critère de distinction concerne le contenu du récit (vraisemblable ou non) jugé par le public et le deuxième la forme manifeste du récit (motivé ou non)[14].

On peut encore se demander comment mesurer le résultat de l'équation, compte tenu de tous les paramètres que Genette (1968, p. 6) énumère pour cerner la vraisemblance :

> Ainsi les *bienséances internes* se confondent-elles avec la *conformité*, ou *convenance*, ou *propriété* de mœurs exigée par Aristote, et qui est évidemment un élément de la vraisemblance [...]. En fait, vraisemblance et bienséance se rejoignent sous un même critère, à savoir, « tout ce qui est conforme à l'opinion du public ». Cette « opinion », réelle ou supposée, c'est assez précisément ce que l'on nommerait aujourd'hui une idéologie, c'est-à-dire un corps de maximes et de préjugés qui constitue tout à la fois une vision du monde et un système de valeurs.

Genette esquisse ici une véritable parataxe conceptuelle : les *bienséances internes*, c'est pratiquement la même chose que la *conformité aux mœurs*, qui fait partie de la *vraisemblance* et correspond à l'*opinion du public*, c'est-à-dire à l'*idéologie*, qui est un *corps de maximes* à rapprocher d'une *vision du monde* et d'un *système de valeurs*. Cet essai, très synthétique, montre jusqu'à quel point on doit problématiser la réception du public, mais conduit en même temps à une assimilation de notions importantes.

---

14 À condition d'être conscient de la schématisation réductrice et figée qu'impose toute catégorisation. *Cf.* le tableau 3, p. 46 et le tableau 4, p. 47.

S'il est vrai qu'on ne saurait parler du vraisemblable sans tenir compte de tous ces paramètres mentionnés, il n'en est pas moins vrai qu'il ne faudra pas les confondre, car ils sont loin d'être synonymes[15].

Enfin Genette illustre ses récits types par des variantes de la fameuse phrase : « La marquise sortit à cinq heures » (attribuée à Valéry par Breton dans son *Manifeste du surréalisme*). Comme l'a remarqué Sternberg (2012), la dimension téléodiégétique y semble absente : c'est la plausibilité de l'action en tant que telle qui est mise en relief[16]. Pour Sternberg, le point central chez Genette est, au fond, de décider si les motifs d'agir du personnage sont acceptables ou non, suivant l'image du réel chez le public. Autrement dit, le public doit avant tout se demander si Balzac a raison de prétendre qu'« *All is true* » au début du *Père Goriot*, et non tant évaluer le degré de l'adéquation mimétique d'un élément narratif par rapport à sa « valeur » dans une perspective de finalité narrative.

On pourrait objecter à Sternberg que la « fonction » dans l'équation de Genette renvoie au principe téléologique de la composition. Toutefois, est-ce vraiment en premier lieu l'estimation de la valeur de la motivation diégétique par rapport à l'effet de composition qu'elle est censée justifier qui décide de l'effet de la vraisemblance ? Pour commencer, peser la valeur de la motivation par rapport à sa finalité esthétique présuppose que le lecteur connaisse la fin de l'histoire. Certes, le lecteur peut dénoncer le procédé s'il sent que c'est un artifice qui va conduire à un certain effet dans l'histoire, mais il doit néanmoins attendre sa réalisation (ou non) dans le récit. En revanche, la seule *configuration* du récit provoque certainement l'inacceptation du lecteur dans bien des cas. Par exemple, si Fogg et Passepartout changeaient de rôles et de personnalités (incohérence endodiégétique) au milieu du *Tour du monde en quatre-vingts jours*, ou si Verne présentait des Scandinaves dans les villes passées (anomalie exodiégétique), il est à parier que le lecteur réagirait devant ces faits étonnants sans nécessairement réfléchir sur leur fonction narrative éventuelle ni mesurer le « coût » de ces aspects narratifs par rapport à la « valeur » de leur utilité à l'intrigue.

---

15 Parmi les rares chercheurs qui ont osé nuancer le raisonnement de Genette, mentionnons Peters (1998).

16 Sternberg (2012, p. 404) : « In none of the three marquise examples [...] is the least aesthetic purpose either evident or assumed. [...] motivation becomes no more than an overt and/or moderately plausible technique for linking and elucidating a sequence of events. »

S'impose enfin une réflexion sur la *forme* de la motivation, qui joue certainement un rôle important dans l'appréhension des procédés de l'auteur : l'ordre motivé-motivant présente la motivation d'une autre façon que l'ordre motivant-motivé. Par exemple, une version alternative de *Madame Bovary*, où l'on apprenait subitement qu'Emma a commencé de revoir Léon, suivi par un certain nombre de motivants rétrospectifs (« En fait, ils s'étaient rencontrés au théâtre de Rouen, par l'intermédiaire de Charles, qui y avait amené Emma, malgré sa résistance initiale – d'ailleurs Charles avait reçu une somme d'argent inopiné –, d'après la suggestion de Homais, qui avait discuté avec Bournisien… »), provoquerait certainement une autre impression de lecture que la version originale. Pourtant, les éléments de la motivation sont les mêmes. Si le « coût » de la motivation augmente, cela est ici dû à la discursivité seule.

Dans son bilan critique, Sternberg (2012, p. 405) qualifie les idées de Genette sur la motivation comme « étranges » (*odd*). Sans utiliser ce qualificatif, nous dirions que ses remarques sur les récits analysés sont plus pertinentes que sa tentative structuraliste de « disposer des faits dans des cases toutes prêtes », pour emprunter la formule de Tomachevski. La vraisemblance (nous préférons en fait parler de l'*acceptation* du lecteur) se résume mal en additionnant des notions plus ou moins apparentées : le degré de vraisemblance, selon tel lecteur, est aussi le résultat de la relation, bien complexe, qu'entretient la motivation diégétique avec les cadres exodiégétiques (et non seulement avec l'idéologie du public) et l'effet téléologique, auxquels il faut ajouter les paramètres de la morphologie de la motivation et la structure du récit.

Par association à Genette, on doit aussi mentionner le fameux *effet de réel* de Barthes (1968), qui a pour seule fonction de signaler le réel à travers un élément autrement inutile au récit. Ce serait sans doute le procédé le plus radical de la motivation réaliste de Tomachevski, mais qu'on ne doit pourtant pas confondre avec celle-ci, comme le semble faire Culler (2002)[17]. Comme il est dépourvu de fonction indicielle (dans la configuration du récit) ou de fonction narrative (pour l'action de l'histoire), l'effet de réel est à classer comme une motivation diégétique

17 Culler (2002, p. 186) décrit la motivation réaliste comme suit : « […] if in the description of a room there occur items which tell us nothing about a character and play no role in the plot this very absence of meaning enables them to anchor the story in the real by signifying, this is reality. » Cela reprend de près le raisonnement de Barthes sur l'effet de réel.

uniquement si l'on conçoit la motivation téléodiégétique comme mimétique (et c'est ce que semble indiquer le terme de Barthes). Si l'ancrage du réel ne se présente pas comme l'objectif primaire du récit, il faudrait plutôt parler d'*intégration* que de motivation (voir la section suivante).

Pour faire le pont avec Culler (2002), il faut aussi revenir, encore une fois, sur les caractéristiques du discours réaliste de Hamon (1982). Les traits n° 2, 3, 4 (en partie) et 8 montrent des parentés avec la motivation réaliste de Tomachevski : le rôle important de la motivation psychologique pour la cohérence narrative, l'apport de l'Histoire contemporaine au récit (comme la mention de personnes réelles, de lieux ou d'évènements), l'emploi de noms à connotation sociale. Si ces variantes dépassent le simple renvoi au réel pour occuper une fonction dans la mise en intrigue, elles prennent complètement part à la stratégie motivante du récit dans une perspective artistique. Cette problématique est à poursuivre à travers la notion de la « naturalisation » chez Culler, qui montre des parentés avec la « lisibilité » chez Hamon, tout en se rapprochant des idées développées par Genette.

LA NATURALISATION DE CULLER

Comme Genette, Culler (2002) veut cerner le phénomène de la vraisemblance en tant que tel. L'affiliation entre les deux grands théoriciens est d'autant plus patente que ce dernier considère l'essai de Genette comme peut-être la meilleure étude des rapports qui existent entre la vraisemblance et le modèle culturel d'un public (*ibid.*, p. 169). Cependant, Culler se focalise davantage sur la façon dont la motivation littéraire crée un récit « compréhensible » (*intelligible*). Au centre ne se trouve plus le jugement idéologique du public, mais les mécanismes de lecture qui rendent possible, d'après la terminologie de Culler, l'opération de *naturaliser* le texte fictif pour lui donner un sens.

Pour comprendre ce besoin de « naturalisation », il est nécessaire de rappeler la tradition structuraliste et poststructuraliste dans laquelle s'inscrit Culler (2002) dans son ouvrage *Structuralist poetics*. Cet ouvrage éminent, publié en 1975, se base sur une thèse fortement inspirée de Barthes et de Derrida, commencée à la fin des années 1960. Conformément à l'esprit intellectuel de cette époque, la langue y est conçue comme un système artificiel qui ne saura jamais donner une image parfaite de la réalité. Cette coupure entre le langage et le réel est encore élargie par la fiction qui éloigne le texte de la réalité d'un cran supplémentaire pour donner une image différée d'un objet déjà insaisissable en soi. C'est dans ce contexte que Culler pose son axiome fondamental : la littérature est un objet difficile d'accès, un objet qui est, par essence, *étrange*[18]. Il revient au lecteur d'arrêter le jeu de *différance* par des stratégies de naturalisation afin d'attribuer un sens au récit. Le texte se voit ainsi conférer le statut d'objet accessible et possible à investir dans une vision du monde[19].

Cette prise de position est particulière, mais se prête bien à certains phénomènes littéraires, à commencer par le cas d'*ostranenie*, que le lecteur doit en effet « naturaliser » ou du moins rendre moins étrange. L'idée de la naturalisation semble en outre pertinente pour rendre compte de la lecture d'histoires « impossibles », où le monde fictif expose d'autres lois que le monde réel (Alber, 2009), d'histoires inhabituelles, non naturelles (Richardson, 2016), ou encore pour analyser le rôle du narrateur non fiable (Booth, 1961). Birnbaum (1985, p. 150) présente aussi la variante intéressante où le lecteur doit s'accoutumer à une réalité non encore factuelle et difficilement concevable, mais qui doit pourtant arriver, comme la mort. Ces cas mis à part, il semble raisonnable d'adapter le point de vue de Nøjgaard (1996, p. 194-197), pour qui le lecteur accepte normalement la logique de la fiction, à l'exception de l'intervention de certains facteurs externes. Selon le chercheur danois, le fait d'accepter un contrat fictif selon lequel le roman va présenter un discours cohérent au lecteur serait même une condition de lecture[20].

Cela veut dire que, dans la grande majorité des cas, le lecteur n'assiste pas à la création ou la naturalisation progressives d'un monde étrange. Il assume *dès le départ*, et même avant d'avoir ouvert le livre, que l'auteur va lui présenter un monde fonctionnel auquel il doit se référer. Cela

18 Culler (2002) revient à cette idée avec insistance [nos italiques] : « The *strange*, the formal, the fictional, must be recuperated or naturalized » (p. 157) ; « the *strange* or the *deviant* is brought within a discursive order » (p. 161) ; « As a linguistic object the text is *strange* and *ambiguous* » (p. 171) ; « what seemed *difficult* or *strange* is made natural » (p. 177) ; « we reduce the *strange* or *incongruous* » (p. 184).

19 Culler (2002, p. 157) : « The difference which seemed the source of value becomes a distance to be bridged by the activity of reading and interpretation » ; « naturalizing or restoring literature to a communicative function » (*ibid.*) ; « giving it a place in the world » (*ibid.*, p. 161) ; « given a meaning » (*ibid.*).

20 *Cf.* Booth (1983, p. 73) : « Our sense of the implied author [...] includes [...] the intuitive apprehension of a completed artistic whole [...]. »

rappelle le principe de l'« écart minimal » (*minimal departure*) développé par Ryan (1991, p. 48-60) : en lisant un texte fictif, le lecteur suppose que l'histoire se déroule dans un monde (possible) où règnent les lois du monde réel, à moins que le récit n'indique ouvertement le contraire. Dans cette perspective, le principe constructif qui doit guider l'auteur est moins de préparer la naturalisation du texte par le lecteur que de *ne pas dénaturaliser* le texte. C'est par ailleurs une pensée centrale dans l'esthétique française au moins à partir du classicisme[21].

En tout cas, pour Culler, le texte reste un objet par définition opaque. Il présente quatre mécanismes pour le rendre compréhensible : avec la *récupération*, le lecteur restaure le texte dans sa totalité, considéré comme une unité signifiante et compréhensible ; la *naturalisation* rend naturels les aspects étranges du mode discursif ; par la *motivation*, le texte justifie la présence et le rôle des « unités » (*items*) du récit, terme qui semble l'équivalent des « motifs » de Tomachevski, car la motivation montre qu'ils ne sont ni arbitraires ni incohérents, mais finalement saisissables si l'on considère leur fonction narrative ; la *vraisemblablisation* insiste sur les modèles culturels du lecteur. Même si ces quatre termes se centrent sur des aspects différents, ils servent tous à rendre le texte intelligible. Ce processus passe par l'assimilation du texte à d'autres « textes » (la notion du « texte » est prise dans son sens le plus général, incluant toute autre construction sémiotique et même la réalité considérée comme un texte). Étant donné la parenté entre les quatre termes évoqués, Culler choisit de les rassembler sous la notion parapluie de la *naturalisation*, qui à son tour n'est qu'un autre mot pour *vraisemblablisation* (la parenté avec Genette est patente ; lui aussi assimilait un grand nombre de phénomènes et de nuances sous le terme de vraisemblance). Cette naturalisation compte cinq niveaux : le réel, la vraisemblance culturelle, le modèle générique, le naturel par convention et la parodie/l'ironie[22]. Ils reposent tous sur des conventions qui permettent de rendre le texte littéraire moins étrange :

---

21 Elle se retrouve aussi dans le romantisme, comme le montre ce passage de la préface de *Delphine* par Madame de Staël (2007, p. 36) : « [...] il faut conserver dans les événements assez de vraisemblance pour que l'illusion ne soit point détruite. »

22 D'après le texte original (2002, p. 164-186) : *the real*, *cultural vraisemblance* (ce dernier mot est écrit en français dans le texte original), *models of a genre*, *the conventionally natural* et *parody and irony*.

1. Le *réel* couvre les données objectives du réel, par exemple le fait que des êtres humains possèdent un corps physique (à comparer avec le « dictionnaire de base » d'Eco, 1985 et l'« effet de réel » de Barthes, 1968).
2. La *vraisemblance culturelle* désigne l'utilisation de stéréotypes adoptés par la société ; ceux-ci renforcent la lisibilité du texte en fournissant par exemple des maximes pour des actions individuelles (proche de la motivation implicite chez Genette).
3. Le *modèle générique* concerne l'idiolecte d'un auteur, la nature d'un groupe d'œuvres ou les contraintes d'un genre (comme dans notre motivation générique).
4. Le *naturel par convention* rassemble les cas où l'auteur revendique le fait qu'il présente une œuvre non conforme à la vraisemblance. Il peut admettre le côté extraordinaire de ce qu'il va raconter tout en insistant que de telles choses arrivent dans la réalité et qu'il raconte quand même la vérité. Ou bien, il peut se montrer conscient de suivre les conventions trop artificielles d'un genre en introduisant des commentaires qui désarment des approbations critiques concernant la platitude de l'œuvre ou sa conformité exagérée au code générique.
5. La *parodie* et l'*ironie* sont des positions d'énonciation par lesquelles l'auteur disqualifie un certain discours ou une certaine image du réel pour en suggérer une autre vision plus adéquate, ou bien pour remplacer la représentation fausse du réel par une vision correcte (analyse très proche de l'analyse de l'évolution littéraire par l'intermédiaire de la parodie chez Tynianov).

Pour Culler (2002, p. 186), ces cinq niveaux seraient des variantes de la motivation « chez les formalistes » (comme c'est souvent le cas dans les écrits structuralistes, le terme équivaut aux idées de Tomachevski sur la motivation[23]), d'après l'analogie listée dans le tableau 13 (comme complément se trouvent ajoutées nos variantes de la motivation).

---

23 Sternberg (2012, p. 406) : « Structuralist concern [...] actually resumes, not Shklovsky's original idea and focus, but Tomashevsky's silent divergence under the same motivational heading. » – Tomachevski reste en fait dominant dans le paysage postformaliste en général, complété par Jakobson pour ce qui est des études sur le réalisme.

Culler	Tomachevski	Färnlöf
Le réel	réaliste	mimétique
La vraisemblance culturelle	réaliste, compositionnelle, esthétique	idéologique
Le modèle générique	compositionnelle, esthétique	générique
Le naturel par convention	esthétique	[pas d'équivalence précise][24]
L'ironie et la parodie	esthétique	

TABLEAU 13 – Naturalisation et motivation.

Or, peut-on accepter cette analogie entre naturalisation et motivation (même en acceptant que cette dernière se réduise à la version de Tomachevski) ? Si Bal (2017) répond par l'affirmative, la réponse n'est peut-être pas si simple[25]. Le point principal de divergence, qui rend douteuse la confirmation de cette analogie, concerne l'appréhension du texte en tant qu'artefact. Tout comme les autres formalistes, Tomachevski conçoit au fond le texte comme une composition consciente de la part de l'*auteur* (perspective de la création), même s'il accorde de l'importance au texte comme système (perspective structurelle) et à la réponse du public (perspective de la réception). Culler est au mieux ambivalent sur cette question centrale. Il n'est pas clair si c'est l'auteur qui produit un monde possible, reconnu et confirmé par le lecteur, s'il y a cocréation, ou si c'est finalement le lecteur qui crée ce monde[26]. Bien qu'il ne précise jamais ce qui relèverait de la part éventuelle de l'auteur et du lecteur dans le processus de la naturalisation, il semble concevoir le *lecteur* comme le pôle dominant dans

24 Ces deux niveaux se rapprochent le plus de notre motivation auctoriale, à condition d'en préciser la nature. Le discours de l'auteur, tout comme l'ironie et la parodie, peuvent renvoyer à différents cadres exodiégétiques : conformité au genre, conformité au réel, autorité de l'auteur, etc. Suivant leur emploi, ils peuvent aussi créer des réseaux endodiégétiques (*Cf.* l'analyse de *Madame Bovary*, p. 115-123).

25 *Cf.* Bal (2017, p. 63) : « Motivation as a strategy is best explained in Culler (1975). This phenomenon is also called "naturalization". »

26 *Cf.* Culler (2002, p. 221) : « [...] our expectation that the novel will produce a world » ; « [...] the reader expects to be able to recognize a world » (*ibid.*, p. 222) ; « [...] expectation that readers will, through their contact with the text, be able to recognize a world which it produces or to which it refers » (*ibid.*, p. 225).

sa construction théorique[27]. Certes, les niveaux 4 et 5 présupposent l'auteur comme pôle nécessaire de l'analyse textuelle, mais l'accent est, dans ces cas aussi, mis sur la stratégie employée par le lecteur afin de doter le texte d'un sens (c'est la définition que donne Culler de la fonction motivante[28]). Le problème est que les stratégies auctoriales (motivation) ne suivent pas toujours la même logique que les stratégies lectoriales (naturalisation).

D'un côté, si le texte est un objet si étrange, comment se fait-il que l'auteur ait pourtant appliqué une motivation d'après l'idée de *justifier l'introduction de chaque motif*, qui est bien la définition de la motivation chez Tomachevski ? Si l'on établit une équivalence entre la motivation chez Tomachevski et la naturalisation, comme le fait Culler, il devrait s'ensuivre que le texte est un objet *déjà naturalisé* par l'auteur, et non un objet opaque que le lecteur doit naturaliser en ayant un recours constant à des stratégies diverses. Ce dernier devrait tout au plus opérer une simple actualisation des structures mises en œuvre par l'auteur, coopération textuelle qui ne répond d'aucune façon à l'appropriation épineuse à laquelle revient constamment Culler. Dans les termes d'Eco (1985, p. 84-108 et p. 67), les « niveaux de coopération textuelle » devraient être transparents du fait que l'auteur « veut faire gagner, et non pas perdre, l'adversaire ».

De l'autre côté, il semble fort difficile de classifier les procédés motivants qui rendent plus difficiles la lecture comme des stratégies de naturalisation. Par exemple, comment l'introduction d'une fausse piste dans le roman policier rend-elle le texte plus décodable ? Ou, pour revenir à l'*ostranenie*, comment l'idée de rendre l'objet plus étrange, plus opaque, plus difficile à percevoir et à comprendre, et même apte à faire renouveler la conception automatisée du réel et du récit, pourrait-elle être la même chose qu'un procédé de naturalisation ? C'est le contraire

---

27 Prince (1987, p. 66) semble être le seul à avoir noté cette divergence : « Whereas motivation is author-oriented, naturalization is reader- or receiver-oriented. »

28 Culler (2002, p. 164) : « At each level there are ways in which the artifice of forms is *motivated or justified by being given a meaning* » [nos italiques]. *Cf.* Fludernik (1996, p. 32) : « Culler reinvites the unfamiliar, the strange and the unbelievable back into the realm of the *vraisemblable* by showing how readers refuse to allow this intrusion of the Other into their neat picture of the world, preferring to invent additional strategies of defusion and refamiliarization, naturalizing the oddity by means of a recourse to other frames, other explanatory patterns. »

d'une naturalisation *auctoriale*, mais le parfait exemple d'une naturalisation *lectoriale*.

D'autres aspects, plus précis, prêtent aussi à discussion. Le « naturel par convention », où l'auteur intervient explicitement pour justifier la présence, la configuration ou la fonction de certains éléments textuels, se rapproche de la mise à nu, que les formalistes *opposaient* à la motivation. Culler (2002, p. 175) argumente ici, faute de mieux, que ce type de naturalisation serait d'une nature « supérieure » aux catégories du réel et de la vraisemblance culturelle. C'est-à-dire que, même si l'auteur rappelle au lecteur qu'il est en train de fabriquer un récit fictif, où il arrive certaines choses qui peuvent sembler bizarres et d'autres qui peuvent paraître trop schématiques, cela conduirait le lecteur à dépasser les niveaux plus « simples » de naturalisation. Suivant une telle logique, ne pourrait-on pas dire que tout élément textuel conduit forcément à la naturalisation, quelle que soit sa nature ou sa fonction dans le récit ?

Pour ce qui est de l'*ironie*, il est vrai, comme le montre Booth (1983, p. 304-309), qu'elle peut aboutir à des réponses plus assurées du lecteur grâce à la connivence avec l'auteur implicite, surtout dans sa forme classique. Toute analyse textuelle proscrit l'idée de voir autre chose qu'une dénonciation de la guerre à travers les antiphrases dans la phrase célèbre « rien n'était si beau, si leste, si brillant, si bien ordonné que les deux armées » de Voltaire. Mais on peut aussi mettre l'opacité du récit sur le compte d'une ironie plus indécidable, comme le fait également Booth (*ibid.*, p. 316-323). C'est le cas, en général, de l'ironie « moderne », dont le point de départ pourrait être la narration de Flaubert (ou celle de Mérimée, d'après nos suggestions, p. 167).

Toutefois, c'est la première catégorie, celle du « réel », qui pose le problème majeur d'assimilation entre naturalisation et motivation (et qui illustre aussi la différence entre intégration et motivation). Si l'on voyait dans « le réel » l'équivalence de la motivation réaliste, cela impliquerait que toute mention référentielle dans le monde diégétique correspondrait à une stratégie auctoriale. L'auberge dans *Don Quichotte* ne serait pas seulement un lieu qui inciterait les voyageurs à raconter leurs histoires, afin d'introduire dans le roman différentes visions et aspects du réel (c'est l'analyse de Chklovski, 1990). Il ne suffirait pas non plus d'observer que l'auberge est un motif justifié par le contexte sociohistorique et qu'elle valide la présence de voyageurs occasionnels, dont l'envie de raconter des histoires engage à son tour l'introduction d'encore d'autres motifs, ce qui est cohérent avec la dimension picaresque de l'œuvre (ce serait une analyse dans le style de Tomachevski). Il faudrait aller encore plus loin : le seul fait de mentionner un lieu et des individus qui existent (ou pourraient exister) et d'affirmer que ces individus ont la faculté de parler et d'écouter, ainsi que de faire voir qu'ils entrent par la porte au lieu de passer à travers les murs et qu'ils restent assis autour de la table au lieu de s'envoler, relèverait de la motivation réaliste.

Sternberg (2012, p. 405-411) a donc raison de noter que Culler parle tout autant de l'*intégration* de différents types d'éléments narratifs dans le récit fictif que de la motivation de l'intrigue. L'intégration concerne en premier lieu la faculté du lecteur d'accepter et de comprendre la *présence* seule d'un élément narratif dans le monde diégétique, donc de l'intégrer dans un ensemble cohérent quant à l'*extension* possible donnée par ce monde diégétique, d'après les modalités de celui-ci en tant que monde possible[29]. La naturalisation s'approche ainsi de la *lisibilité*, déjà commentée dans le chapitre sur Jakobson et le texte réaliste. Hamon (1974) a tôt discerné le *réel*, l'*idéologie* et le *genre* comme les catégories majeures pour produire un texte lisible. Cette notion de lisibilité ne se confond pas chez Hamon, car la motivation n'est qu'un des moyens de composition qui permette de créer cet effet de lecture. Les mécanismes d'écriture et de lecture identifiés par Yacobi (1981), qui invitent le lecteur à intégrer des incongruités éventuelles du discours pour en former une totalité cohérente, rappellent aussi les niveaux de naturalisation de Culler. Ils sont *génétiques* (concernant la production pratique du texte), *existentiels* (se rapportant au monde référentiel), *génériques* (faisant partie d'un modèle textuel) et *fonctionnels* (soumis à l'effet artistique)[30]. Selon Yacobi (1987), la *confiance dans le narrateur* tend aussi à réduire ou à éliminer l'« écart » de médiation que le récit peut créer à travers une narration focalisée[31].

29 *Cf.* la définition de l'intégration par Sternberg (2012, p. 371) : « [...] the large variety of measures [...] available to humans for establishing coherence, regardless of functional sense and sense-making. »

30 Yacobi (1987, p. 336) : « Faced with some incongruity, briefly, the reader may integrate it by appeal to any one or any combination of five mechanisms. » Le cinquième mécanisme est le rapport avec le narrateur non fiable, mentionné au début de cette section.

31 *Cf.* Yacobi (1987, p. 336) : « Reliability (as a hypothesis of perspectival accord between reflector and author) is nothing but a contextual neutralization of the mediation-gap,

En considérant la mise en intrigue dans laquelle la matière intégrée devient matériau compositionnel, au lieu de rester seulement référentielle, et en s'interrogeant sur les rapports *fonctionnels* et *téléologiques* que le matériau entretient avec d'autres éléments du récit et le récit dans son ensemble, on passe de l'intégration à la motivation[32]. C'est ce qu'avaient déjà suggéré les formalistes russes en distinguant la *motivirovka* (élément fondamental du *sjužet*) de la *motivacija* (élément fondamental de la *fabula*). On pourrait dire que l'intégration désigne l'extension des champs exodiégétique et endodiégétique du récit, mais qu'il faut compter avec un niveau téléodiégétique pour parler de la motivation. C'est seulement si la motivation téléodiégétique est d'ordre *mimétique*, c'est-à-dire si le but principal de la composition est de démontrer comment est constitué le réel et comment fonctionne ce réel en tant que tel, que la motivation diégétique mimétique pourrait presque se confondre avec l'intégration d'éléments mimétiques. C'est ce que semble suggérer la motivation réaliste de Tomachevski, l'effet de réel de Barthes et le réel de Culler. Or, si l'on adopte un tel point de vue, on se retrouve dans l'impasse déjà réfuté dans le chapitre sur Chklovski : tout devient motivation (ou intégration). Comment résoudre ce problème méthodologique ? Suggérons deux points à considérer :

1. Dans la plupart des cas, il est, tout compte fait, assez aisé de faire la distinction entre *intégration* (à la campagne se trouvent des auberges ; une auberge peut donc bien figurer dans le récit, des gens peuvent s'y rencontrer et pourquoi pas échanger quelques mots entre eux) et *motivation* (l'auberge sert à justifier l'emploi de récits imbriqués dans la mise en intrigue), puisque cette dernière notion implique toujours une perspective téléologique.
2. Dans les cas limites, il appartient au chercheur de justifier sa prise de position, c'est-à-dire d'expliquer pourquoi et comment tel élément doit être considéré en premier lieu comme un exemple d'intégration ou de motivation. Cela nous rappelle que l'étude littéraire est une activité herméneutique et non une science exacte.

---

and unreliability (as a hypothesis of perspectival discord between them) is a contextual realisation of the mediation-gap. »

32 Sternberg (2012, p. 397) : « [...] integration still remains of paramount importance [...] but only insofar as the integrational drive is convertible or channeled into the issue at the heart of motivation: functional mediacy vs. immediacy. »

L'ACTUALISATION CONSTRUCTIVISTE

L'appellation « postclassique », utilisée jusqu'ici pour désigner la narratologie qui succède à la dominante structuraliste, date de 1997 (Herman). Elle désignait alors diverses tendances visibles dans le champ de la théorie littéraire depuis une vingtaine d'années : Cohn (1978) avait jeté les bases de l'approche cognitive, puisant entre autres dans Hamburger ([1957] 1993, p. 134-194) ; Brooks (1984) avait identifié, à partir de la psychanalyse comme modèle cognitif et psychologique, le désir comme le moteur omnipotent de la lecture et de la progression de l'histoire ; Pavel (1986, p. 4-6) avait dénoncé le « mythocentrisme » de l'approche narratologique classique, c'est-à-dire la concentration exclusive sur le texte narratif. Cette division entre narratologie « classique » et « postclassique » est pratique, mais elle est également contestée. D'une part, la rupture n'est pas absolue : toute approche postclassique se base naturellement sur les acquis des structuralistes pour analyser le discours littéraire. D'autre part, la narratologie postclassique englobe un grand nombre d'approches et de différences qui risquent de s'effacer si l'on insiste sur le fait qu'ils s'inscrivent avant tout contre une certaine tradition théorique, ce que l'épithète pourrait suggérer (la dénomination nous dit plutôt ce que la narratologie postclassique n'est pas, et non ce qu'elle est, pour l'exprimer en termes simples). C'est pourquoi Passalacqua et Pianzola (2016), en reprenant l'essentiel des pensées de Sternberg (2010), proposent de remplacer la paire classique/postclassique par l'opposition *objectiviste* et *constructiviste*. Ces termes désignent des tendances plus ou moins dominantes des approches respectives plutôt que deux étapes séparées de l'évolution de la théorie littéraire.

En termes généraux, la narratologie constructiviste conçoit les *objectifs* de la narratologie objectiviste comme des *moyens* pour développer d'autres types de réflexions, volontiers dirigées vers d'autres disciplines (comme la philosophie, la sociologie ou la psychologie) ou susceptibles d'intégrer d'autres disciplines dans la narratologie (en développant par exemple une narratologie féministe ou postcoloniale). Autre différence essentielle, et liée au premier point : l'approche objectiviste se centre sur la structure du texte en tant qu'objet stable, alors que l'approche constructiviste exclut l'idée d'un texte pur. Par conséquent, selon cette dernière approche, on ne saurait décrire isolément une structure auctoriale ou textuelle. Il faut accorder au lecteur le rôle d'actualiser les éléments narratifs et l'intrigue « latente » ou « virtuelle ».

Ce principe n'est pas loin des pensées de Tynianov sur l'appréhension changeante de la fonction du procédé littéraire[33]. Pourtant, les chercheurs constructivistes citent, presque invariablement, la définition et la tripartition de la motivation par Tomachevski. De façon illustrative, dans l'anthologie de Horváth et Mellmann (2016), où l'on répond au défi d'aborder la motivation littéraire dans une perspective cognitive, seul apparaît Tomachevski (Haferland, 2016 et Luther, 2016), alors qu'aucun autre formaliste n'est mentionné. Fludernik suit explicitement Culler en esquissant des schémas auxquels a recours le lecteur pour « narrativiser » (au lieu de « naturaliser ») le texte, c'est-à-dire pour le comprendre et le rendre intelligible d'après son statut de récit fictionnel[34]. De plus, Genette se présente comme la source principale de Culler, qui se base à la fois sur Tomachevski et Genette. D'où la ligne théorique Tomachevski – Genette – Culler (ce qui n'empêche pas de deviner une forte influence de la part de Tynianov exercée sur Tomachevski).

Dans la tradition constructiviste, on passe de l'auteur et du texte au *lecteur*. Précédé en partie par Todorov (1971b, p. 55-65), Sternberg (1992) s'est fait l'avocat le plus éminent de l'étude des effets de *surprise*, *curiosité* et *suspense* qui dirigent et engagent le lecteur, et sur la nécessité de mettre ces éléments en relief pour analyser le récit et même pour définir la fiction en tant que telle. Baroni (2007) reprend ces trois effets ou aspects narratifs dans ses réflexions sur la « tension narrative », en accordant plus d'importance au schéma narratif et surtout au rôle du lecteur. Selon la perspective de Baroni (2008, p. 8), l'intrigue ne se laisse ni comprendre ni décrire sans l'investissement du pôle récepteur : « La *tension narrative* est donc ce qui survient lorsque l'interprète d'un récit est encouragé à prévoir et à attendre un dénouement [...]. »

---

33 *Cf.* Passalacqua et Pianzola (2016, p. 211) : « From a constructivist perspective, it is impossible to univocally identify the properties of what are usually considered to be narrative elements and forms (e.g., events, point of view, or even narrator), insofar they are not forms in themselves but become forms only if associated with *functions*. »

34 Toutefois, au lieu d'utiliser le terme de naturalisation, Fludernik (1996, p. 34) nomme ce processus « re-cognition ». Un autre cognitiviste, Jannidis (2003, p. 43), insiste, tout comme Culler, sur la faculté de la motivation (ou de la naturalisation) d'établir un sens : « [...] motivation can be understood as a meaningful structure which establishes a meaningful connection between a given element of the text, and thus of the narrated world [...]. »

La question n'y est pas tant de savoir, comme les formalistes le voulaient, « comment le texte a été fait », mais ce que le lecteur doit faire du texte, une fois qu'il est servi tout prêt au lecteur pour être actualisé. La tension narrative relève du degré du savoir du lecteur par rapport à la progression du récit, puisque l'information acquise durant la lecture entraîne le lecteur à poser une « diagnose » (de ce qui a été) et un « pronostic » (de ce qui va arriver par la suite)[35]. Il s'ensuit que le lecteur motive le récit dans une plus grande mesure. Ces propos s'inscrivent dans la tradition de la sémiotique de lecture. Déjà pour Eco (1985, p. 7), l'objectif était d'expliquer « le phénomène de la narrativité exprimée verbalement en tant qu'interprétée par un lecteur coopérant ». En d'autres mots, le récit présente une sorte d'état de narrativité virtuelle qui sera actualisée par l'acte de lecture[36].

Dès lors, la narratologie constructiviste considère la description structurale du récit comme incapable de rendre compte de la dynamique de l'action, puisqu'elle fait du récit une suite de stades figés, accomplis, finis. En tant qu'objet approprié par le lecteur dans un processus, la composition littéraire produit forcément un texte partiellement scriptible, incertain, indéterminé, dans lequel le lecteur doit s'immerger[37]. Le propre de la narrativité, selon Baroni (2008, p. 6), est sa « mise en scène de l'indétermination du monde et/ou du devenir ». De même, pour Dannenberg (2008, p. 13), l'intrigue repose sur le non résolu, sur la potentialité complexe de la suite du texte qui va confirmer ou non les prévisions du lecteur. Selon sa terminologie, le lecteur entre dans la fiction pour actualiser les « principes de l'intrigue » (*plotting principles*) investis dans le récit. Ces principes ressemblent fort à la caractérisation générale de la motivation par Tomachevski et de la naturalisation de Culler : ce sont des stratégies textuelles qui établissent des connexions

35 Baroni (2016, p. 89) : « [...] I consider narrative tension to be the uncertain anticipation of a possible resolution in the form either of a *prognosis* or a *diagnosis*, both of which are based on cotextual information and intertextual and/or actional scenarios stored in the memory of the reader. »

36 Fludernik (1996, p. 162-163) : « Fictional realism, therefore, is as much a function of interpretation as the construction of plot or the evocation of fictional character » ; Herman (2002, p. 5) : « [...] the real target of narrative analysis is the process by which interpreters reconstruct the storyworlds encoded in narratives. »

37 *Cf.* Herman (2002, p. 16) : « Interpreters of narrative do not merely reconstruct a sequence of events and a set of existents but imaginatively (emotionally, viscerally) inhabit a world [...]. »

rationnelles entre les personnages et leurs actions, ce qui invite le lecteur à construire un récit compréhensible et à actualiser un monde diégétique cohérent[38].

Dans ce contexte, précisons que Sternberg, en tant que représentant principal de l'école de Tel-Aviv, compte dans une plus grande mesure avec le pôle de l'auteur (implicite). Il occupe par là une position (fructueuse, selon nous) qui n'est pas sans rappeler celle de Bakhtine (1978a, p. 71), qui protestait contre l'approche « matérialiste » de ses compatriotes formalistes : « Ainsi la forme est-elle l'expression de la relation active et axiologique d'un auteur-créateur et d'un contemplateur (cocréateur de la forme) au contenu[39] ». L'école de Tel-Aviv insiste aussi sur la nécessité d'éviter les approches normatives, binaires ou universalistes, en raison de l'impossibilité d'assigner des fonctions ou des significations déterminées pour tel procédé. Confrontée à ces *package deals*, l'école de Tel-Aviv promeut le « principe de Protée », symbolisant la variation et la non corrélation programmatrice entre tel procédé et tel contenu. Cette approche est parfaitement compatible avec l'étude de la motivation littéraire telle que nous l'avons esquissée, c'est-à-dire selon l'idée d'une approche versatile et pluridimensionnelle. La tâche consiste à voir comment l'auteur prépare des effets de lecture par diverses stratégies motivantes qui invitent le lecteur à s'engager dans la progression temporelle de l'intrigue[40].

Ceci se distingue de la version cognitive de l'approche constructiviste, qui domine les études actuelles en narratologie. Elle accorde une importance bien limitée à la création artistique du texte pour s'interroger davantage sur l'état (déjà) fictionnel du récit et sur l'expérience (cognitive et émotionnelle) du lecteur face à l'histoire en train de s'actualiser par la lecture. Dans la perspective de la motivation littéraire, on réduit

38 En voici la définition de Dannenberg (2008, p. 36) : « [...] a specific textual strategy generally used to forge meaningful connections for the reader between events and characters within the narrative world, thereby creating immersion ».

39 Voir aussi les pensées d'Iser (1978) sur le *pôle artistique* (le texte créé par l'auteur) et le *pôle esthétique* (le texte actualisé par le lecteur).

40 Programme poétique succinctement résumé par Segal (2011, p. 297) : « The cornerstone of this approach is the conception of narrative first and foremost as a communicative act, taking account of both the reader, for whom the text is constructed, as well as the (implied) author, who fashions the text in order to achieve his/her communicative goals. This rhetorical orientation goes hand in hand with a functionalist one, aiming at the exploration of the goals or motivations of narrative forms, instead of merely describing and classifying them. »

l'importance de la motivation téléodiégétique dans la création du récit par l'auteur (parce que la fin, le sens, l'objectif du récit sont finalement et surtout appréhendés comme le résultat de l'acte de lecture) pour analyser avant tout son acceptabilité dans une perspective référentielle[41].

Cette référentialité du monde diégétique occupe désormais l'attention des narratologues, sans que cela constitue une rupture complète avec l'approche objectiviste. Déjà Tomachevski (2001, p. 289) avait identifié l'exigence d'une vraisemblance, même chez le lecteur averti : « Sachant bien le caractère inventé de l'œuvre, le lecteur exige cependant une certaine correspondance avec la réalité [...]. Même les lecteurs au fait des lois de composition artistique ne peuvent se libérer psychologiquement de cette illusion. » Il est intéressant de noter que Jouve (2019, p. 70), fidèle à une tradition plus objectiviste (sémiotique, « classique »), reprend cette dynamique entre fiction et identification identifiée par Tomachevski en donnant la priorité au premier aspect : « Tout en nous immergeant dans l'histoire selon des modalités comparables à celles qui régulent notre rapport au monde réel, nous ne pouvons oublier que le monde fictionnel n'est pas le monde réel [...]. »

Le chercheur constructiviste, surtout dans sa version cognitiviste, choisirait plutôt la formulation de Tomachevski : le processus de lecture présuppose un contrat fictif par lequel le lecteur accepte que les personnages, quoique non réels, détiennent des propriétés identiques ou semblables aux êtres humains[42]. Le risque, admettons-le, est de faire de l'analyse littéraire le lieu d'un commentaire psychologisant du texte, à partir de l'impression individuelle du lecteur et de sa faculté de comprendre et de s'identifier avec le personnage, compte tenu de ses propres opinions et expériences[43]. Il convient alors d'être conscient de la relativité de toute

41 Si cette perspective peut être éclairante, elle risque aussi de faire des études littéraires une science auxiliaire des études cognitives, comme le voudrait Herman (2002, p. 2) : « To my mind, both narrative theory and language theory should instead by viewed as resources for—elements of—the broader endeavor of cognitive science. »

42 Gymnich (2010, p. 509) : « According to structuralist notions of literary characters, attempts to ascribe human attributes and motivations [...] have to be discarded as naïve. Yet reading fictional characters as if they were at least similar to human beings is exactly what both "average" readers and many literary critics seem to be doing in the reading process [...]. »

43 *Cf.* Bortolussi et Dixon (2009, p. 115) : « [...] it is likely to be difficult to find agreement concerning psychological causes and motivations with narratives of any complexity. [...] far from providing an objective analysis of plot structure, the notion of a causal chain

analyse d'apparence « naturelle » (Fludernik, 1996), tout en admettant le bien-fondé de l'argument des cognitivistes : si le récit présente une suite d'actions qui impliquent d'une façon ou d'une autre la présence décisive de la cognition humaine, il est naturel que le lecteur aborde le récit en appliquant les schémas cognitifs de la vie réelle[44].

La narratologie moderne réintroduit donc la psychologie du personnage. C'est dans ce sens que Adam et Revaz (1996, p. 17) parlent de « l'effacement de la motivation » chez Faulkner et Dos Passos, chez qui « les actions des personnages sont décrites comme de purs événements [...]. » Par cet « effacement », ils ne désignent pas un manque d'élaboration du *sjužet* par rapport aux procédés poétiques, mais l'absence d'explication des motifs d'agir des personnages. Pour l'approche cognitive, il est également impératif de comprendre les motifs et les intentions du personnage. Et, comme la motivation dénote avant tout cet aspect de la composition, cette notion acquiert une importance certaine : sans motivation (dans le sens d'intention, identifiable à partir d'un schéma cognitif), aucun récit[45].

Réapparaît donc cette psychologie du personnage que refusaient déjà les formalistes et que la narratologie structuraliste disqualifiait en le voyant comme fonction, actant ou « être de papier » (mais aussi nuancé en considérant son statut sémiotique complexe, comme chez Hamon, 1997a)[46]. En dépit de son refus de réduire le personnage à une simple fonction ou à un simple signe dans une structure, l'approche cognitiviste peut pourtant conduire à une simplification du statut littéraire du personnage si elle opère le choix méthodologique inverse, à savoir celui

---

is critically dependent on the details of the reader's representation of the story world and its characters, and in many cases, such representations will vary significantly over readers. »

44 *Cf.* Herman (2012, p. 226) : « [...] ascribing reasons for acting, which take the shape of clusters of propositional and motivational attitudes such as belief and intention, is a core feature of human reasoning about actions, including communicative actions such as storytelling. » Pour Cohn (1978 et 1999), cette interrogation sur la conscience qui dirige les actions du personnage, accès proustien à la conscience de l'autre, constituerait un des traits distinctifs de la fiction.

45 Eder *et al.* (2010, p. 24) : « This is why motivation tends to be the motor and the centre of a story, transmits its theme and presents a significant influence on emotional reactions. It is important both for narrating characters and for interpreting them. Thus, even a rather formulaic narrative that has traditionally been analysed in terms of characters' plot functions requires at least one character's motivation in order to set the action in motion. »

46 Pour rappel, voir les définitions données dans l'introduction, p. 12, note 3.

de mettre en avant uniquement la fonction *mimétique* du personnage, en négligeant ses fonctions *thématique* (les valeurs associées au personnage) et *synthétique* (le rôle du personnage dans l'intrigue), d'après la terminologie de Phelan (1989). Effectivement, en lisant certaines analyses, on a l'impression que c'est le personnage qui pose ses choix, s'étant libéré de son statut fictif pour se présenter comme une personne quasi indépendante de la création littéraire.

Cependant, il serait incorrect et inutile de pousser trop loin l'opposition entre les approches objectiviste et constructiviste. Les narratologues constructivistes reconnaissent l'importance des trois modalités de Phelan. Ils admettent aussi qu'en dernier lieu, c'est l'auteur qui crée les motivations, les intentions ou les objectifs du personnage[47]. Rappelons aussi que le motif d'agir du personnage détient un rôle central dans toutes les approches abordées dans le présent ouvrage. C'est ce qu'avait déjà démontré Chklovski, à sa manière (en insistant sur la fabrication du récit), pensée reprise par Tomachevski quant à la fonctionnalité du héros. Parmi les autres chercheurs, Flaker (1964a, p. 159) notait qu'il fallait se centrer sur la motivation des personnages, puisque c'est cela qui fait progresser l'intrigue ; on connaît aussi toute l'importance de l'intention du personnage sous forme de Destinateur chez Greimas (1966).

En principe, les prises de position de la narratologie constructiviste s'opposent à l'approche objectiviste ; en pratique, les différences entre les deux approches ne sont pas toujours tant catégoriques. Par exemple, les narratologues modernes citent volontiers Bremond (1973), dont le modèle détaillé de l'action du personnage, qui accorde beaucoup de place à ses (prétendus) choix, réalisés ou non, se marie parfaitement à la théorisation de la narrativité et du récit comme processus. Les études de Hamon offrent un autre exemple. Entreprises, certes, dans la tradition structuraliste et sémiotique, elles sont loin de reprendre les schémas binaires ou schématiques d'un Greimas ou d'un Propp. Pour s'en convaincre, il suffit de lire les remarques finales de *Texte et idéologie*. Pour cerner la nature du discours réaliste/lisible, Hamon (1984, p. 219-227) y emploie entre autres les vocables suivants : « carrefour de normes », « polyphonie »,

47 Ryan (2009, p. 62) : « It is of course the author who ultimately plots the plotting of characters [...]. » Jannidis (2014, p. 40) : « [...] elements of a character or the description of a character are often motivated by their role in thematic, symbolic, aesthetic and other networks. »

« ironie », « ère de soupçon », « indécidable », « ironie », « dialogisme », « plurivoque », « variations », « système flottant ». Même en se centrant sur cet objet d'étude d'apparence stable (référentiel, organisé, surdéterminé, explicite, etc.), les études plus traditionnelles reconnaissent donc, elles aussi, la nature ouverte du texte, et même du texte lisible[48].

Il est aussi important de voir que, si l'écart tend à se creuser entre les approches structuralistes et les approches actuelles, c'est en partie parce qu'on est passé de l'étude du *récit comme produit* vers la *narrativité comme expérience*. Ce changement méthodologique est décisif. Considéré comme un acte de communication, le récit s'appuie forcément sur une combinaison du lisible et du scriptible. Même si l'auteur prépare son récit et multiplie les allusions prédictives, même si la compétence littéraire du lecteur le rend apte à reconnaître des scénarios ou des schémas narratifs, les prévisions du lecteur restent nécessairement provisoires. Dès lors, il faut compter avec une certaine hésitation ou indécision, d'une dimension plus forte du scriptible. Hamon (1998, p. 129) avait déjà exemplifié ceci en montrant comment le choix du nom de Félicité crée une double attente chez le lecteur :

> Ici une expectative est posée comme horizon d'attente au personnage : le personnage s'évalue-t-il « correctement » ? Le nom est-il motivé ou déceptif ? Une alternance chance-malchance n'est-elle pas prévisible ? Quelle sera la « dominante » du personnage ?, la chance ou la malchance ?

Dans une certaine mesure, la différence entre les approches objectivistes et constructivistes est donc une question de perspective. Il existe alors toute une échelle de positions à identifier dans le tableau établi par Rimmon-Kenan (2002, p. 147-148), qui donne un aperçu pédagogique des différences majeures entre les approches classique/objectiviste et postclassique/constructiviste (résumé et simplifié dans notre tableau 14).

Ce qui nous intéresse, dans le contexte de la motivation et de sa méthodologie, est de savoir où placer les formalistes. La colonne de gauche ne résume pas leur approche, même si l'on se centre, comme le font souvent les critiques, sur leur première phase. Dans leur deuxième

---

48 Cette approche du discours réaliste n'est d'aucune façon unique. Dufour (1998, p. 219), le grand spécialiste du réalisme, affirme : « Par-delà la lisibilité du texte réaliste, sa cohérence sur lesquelles insistent les poéticiens, il faut en dire les ambiguïtés, les failles, les points d'arrêt. »

phase, c'est, avec quelques exceptions, la colonne de droite qui s'impose, surtout en ce qui concerne les principes de Tynianov, quoique son approche semble de nature trop générale pour s'intégrer pleinement au paradigme moderne, étant donné qu'elle cible des rapports entre le *texte fini* et diverses *catégories* (genre, époque, procédés, fonctions, etc.) plutôt qu'entre le *texte incomplet* et son actualisation par le lecteur *individuel* (toutefois, rappelons que les formalistes accordaient beaucoup d'importance à la création de l'œuvre individuelle et à la façon dont cette œuvre « avait été faite »). Cela ouvre vers une réintégration des pensées de l'école formaliste dans la narratologie moderne, pensée à reprendre dans nos « points d'arrivée », après nos dernières applications, inspirées par la dominante Tomachevski.

Approche structuraliste	Approche culturelle, historique, postclassique
centré sur le texte	centré sur le contexte
systèmes clos, produits statiques	processus ouverts et dynamiques
propriétés du texte	réponses du lecteur
analyses « ascendantes » (*bottom-up*)	synthèses « descendantes » (*top-down*)
pensée binaire	interprétation holistique et culturelle
théorie, description formelle, taxonomie	application, lecture thématique, évaluation idéologique
absence de morale et de sens	éthique et sens
grammaire narrative	outils analytiques servant à l'interprétation
paradigmes formalistes et descriptifs	paradigmes interprétatifs et évaluatifs
non historique et synchronique	historique et diachronique
traits universels des récits	effets particuliers de récits individuels
discipline unifiée	projet interdisciplinaire

TABLEAU 14 – Approches narratologiques.

À LA TOMACHEVSKI

Les applications dans cette section se centrent sur la cohérence (endodiégétique) du récit et ses rapports avec des paramètres externes (exodiégétiques), comme le contexte sociohistorique et le genre littéraire, sans oublier la motivation psychologique qui est au cœur de la narratologie constructiviste (et surtout cognitive). Dans l'esprit de Tomachevski, nous verrons comment la motivation contribue à la vraisemblablisation et à la cohérence du récit. Les objets d'étude seront l'art de la motivation chez Maupassant (« Le fantastique réaliste ») et la modernisation du conte merveilleux par Nothomb et Ben Jelloun (« Ceci n'est pas un conte »)[49].

LE FANTASTIQUE RÉALISTE (MAUPASSANT)

Le genre fantastique est un sujet d'étude qui convient à la dominante Tomachevski, auteur d'une définition de ce genre (en 1925) qui sera ensuite reformulée par Todorov :

> […] les récits fantastiques offrent la possibilité d'une double interprétation de la fable en vertu des exigences de la motivation réaliste : on peut les comprendre à la fois comme événements réels et comme événements fantastiques. (Tomachevski, 2001, p. 292)

> Le fantastique […] ne dure que le temps d'une hésitation : hésitation commune au lecteur et au personnage, qui doivent décider si ce qu'ils perçoivent relève ou non de la "réalité", telle qu'elle existe pour l'opinion commune. (Todorov, 1970, p. 46)

En fait, on peut remonter jusqu'à Maupassant pour trouver une appréciation semblable du fantastique. La caractérisation du fantastique par l'auteur du *Horla* annonce en effet le discours théorique sur ce genre :

49 Les textes analysés ont déjà fait l'objet de publications dans *C.R.I.N.* (« De la motivation du fantastique », 2007, n° 48, p. 45-56), *Littératures de l'imaginaire* (« Stades imaginaires dans *Barbe bleue* d'Amélie Nothomb », Katarzyna Gadomska et Agnieszka Loska, éd., Katowice, Wydawnictwo Uniwersytetu Śląskiego, 2019, p. 115-127) et *Position(s) du sujet francophone* (« Sujets déplacés et replacés – les contes de Perrault réécrits par Tahar Ben Jelloun », Buata B. Malela et Hans Färnlöf, éd., Paris, CERF, 2021, p. 51-82).

« Il a trouvé des effets terribles en demeurant sur la limite du possible, en jetant les âmes dans l'hésitation, dans l'effarement », dit Maupassant (1980b, p. 257) pour décrire l'art poétique de Tourgueniev. Dans les études maupassantiennes, on a surtout insisté sur la position centrale du fantastique, de la folie et du thème du double comme thème (ou prétendue obsession) structurant dans son œuvre[50]. Au lieu de poursuivre cette tradition critique, légèrement surexploitée, il peut être intéressant, dans l'esprit de Tomachevski, de voir comment l'auteur procède afin d'adapter le genre fantastique à l'exigence de la vraisemblance, d'après le goût du public.

Remarquons d'abord que quelques récits puisent dans le fantastique gothique. Lorsque Maupassant devient célèbre (par la publication de « Boule de suif » en 1880), cette variante fantastique avait déjà été parodiée par Nodier une quarantaine d'années plus tôt, comme nous l'avons vu dans le chapitre précédent. Elle doit donc être exploitée avec précaution par Maupassant, qui produit ses contes lors d'une époque où le débat sur la littérature réaliste et naturaliste bat son plein[51]. En témoigne ce propos de Maupassant (1980b, p. 257) sur les récits de Poe, de Hoffmann et d'autres :

> Quand l'homme croyait sans hésitation, les écrivains fantastiques ne prenaient point de précautions pour dérouler leurs surprenantes histoires. Ils entraient, du premier coup, dans l'impossible et y demeuraient, variant à l'infini les combinaisons invraisemblables [...].

Afin de parer à l'accusation de l'invraisemblance, l'auteur marque une distance envers la variante gothique du fantastique par diverses stratégies motivantes, par exemple en dévalorisant le narrateur dans le récit encadrant, comme dans « Le Loup », où le lecteur apprend que le narrateur a l'habitude de relater ses histoires « avec une certaine poésie un peu ronflante, mais pleine d'effet » (I, p. 625), ou en suggérant une réserve envers l'anecdote étrange par l'ironisation des narrataires, comme dans « La Main », où un groupe de femmes montre une attitude trop incrédule envers l'anecdote racontée. De telles dynamiques peuvent

50 *Cf.* Marcoin (1994, p. 3) : « À terme, tout récit, toute nouvelle, se colore d'étrangeté. Rien qui ne puisse tourner autour du *Horla*, qui n'y conduise ou qui n'en procède. »

51 *Cf.* Traill (1996, p. 139) sur Maupassant et ses confrères : « As realists, none of them could go on rehearsing the traditional artistic treatments of the fantastic. »

être classées comme des motivations auctoriales, car elles positionnent indirectement l'auteur (implicite) par rapport au récit encadré, dont le contenu renoue avec le fantastique gothique (pour Culler, 2002, ce serait une question de naturalisation du récit étrange par parodie et ironie).

La plupart des récits fantastiques de Maupassant (ou apparentés à ce genre[52]) appartiennent à la variante qu'on pourrait appeler « réaliste », s'il nous est permis d'employer cet oxymore apparent[53]. Les évènements n'y sont pas tant considérés comme relevant d'un autre réel, qui serait en opposition avec le réel connu, mais comme des indicateurs de phénomènes non encore expliqués par la science[54]. Dans l'attente de voir la science expliquer les lois de ces phénomènes, grâce à la progression constante du savoir positiviste du XIXe siècle, ce monde se présente comme un réel « pas encore naturel », plutôt que « surnaturel ». En empruntant la terminologie célèbre de Kuhn (1972) pour cerner la progression de la science, les divers cas inexplicables (ou : « non encore expliqués ») sont des anomalies ontologiques et épistémologiques qui se situent toujours à l'intérieur du paradigme régnant, sans menacer de briser celui-ci par une révolution scientifique. Aussi peut-on suivre Togeby (1954, p. 31), d'après qui Maupassant « se distingue de [Hoffmann] en recherchant constamment une explication naturelle des faits surnaturels ».

Qu'il s'agisse du fantastique gothique ou réaliste, le récit doit présenter un mode mimétique particulier, comme l'avait déjà remarqué Maupassant. Le monde (ou le mode) alternatif doit être tout aussi valable

52 La définition du fantastique (qu'elle soit de Maupassant, Tomachevski ou Todorov), strictement appliquée, ne désignerait qu'une partie assez restreinte des contes fantastiques chez Maupassant, loin de cette trentaine de nouvelles normalement désignées comme tels dans divers recueils. Certains de ces récits présentent par exemple un phénomène physiologique (« Rêves »), une méditation sur le réel (« L'Homme de Mars »), une pathologie (« La Tombe ») ou explorent l'imaginaire poétique (« La Nuit ») sans créer une véritable hésitation sur la nature du réel.

53 Le terme de « fantastique réaliste » a été lancé par Bakhtine (1978c, p. 297) pour qualifier le fantastique folklorique : « [...] jamais il ne sort des limites de notre monde réel, matériel, il n'en comble pas les lacunes avec des idéaux de l'au-delà [...]. Ce fantastique s'appuie sur les possibilités réelles du développement de l'homme, possibilités non dans le sens du programme d'une action pratique immédiate, mais dans celui des possibilités – besoins de l'homme, dans le sens des exigences éternelles, jamais éludées, de la vraie nature humaine. »

54 *Cf.* Traill (1996, p. 45), sur le fantastique réaliste et ses auteurs : « The imagination [...] discovers and interprets a reality which is neither closed nor reducible to empirical knowledge. »

que le monde ordinaire, en même temps que d'être incompatible avec celui-ci. La variante gothique résout ce défi en créant un fort déséquilibre entre les deux modes mimétiques, de sorte que l'explication surnaturelle apparaît comme beaucoup plus cohérente et plus plausible que l'explication naturelle. Cela vaut pour « La Vénus d'Ille » et la première partie d'« Inès de las Sierras », de même que pour des contes gothiques comme « La Main » chez Maupassant. Toute la logique du récit converge vers une lecture où le mode surnaturel s'impose comme seule solution possible, malgré son statut impossible, pour ainsi dire.

Dans la variante réaliste du fantastique, l'anecdote surnaturelle (le revenant qui passe à travers les murs, la statue qui tue l'amant, etc.) n'est plus au centre. Le récit se focalise sur l'expérience vécue par l'individu seul face au phénomène impossible à saisir par les moyens de la raison objective. Dans le cas de Maupassant, il s'agit souvent d'une vision d'une apparition incompréhensible ou « impossible ». Ce phénomène extraordinaire doit pourtant s'intégrer à l'image objective du réel. Pour respecter les contraintes du genre fantastique (hésitation entre le réel et le surnaturel, ou le « non encore réel ») et l'impératif de la vraisemblance, Maupassant doit alors relever le défi poétique d'élargir le champ mimétique tout en restant dans le cadre référentiel. Voyons comment il procède[55].

Parmi les exemples de motivation réaliste énumérés par Tomachevski, on retrouve tout d'abord la justification narrative, soit sous forme écrite (notes, lettres, journaux intimes) soit sous forme orale (narration du témoin, du médecin traitant le malade, de l'avocat défendant le fou devant la justice, etc.). Pour rappel, c'est ce que Hamon (1982, p. 149) appelle la « concrétisation narrative (alibi) de la performation du discours », en prenant pour exemple Maupassant. L'auteur peut aussi faire annoncer l'aspect insolite de l'anecdote à venir. Dans « Lui ? », le narrateur homodiégétique précise que l'histoire est singulière et qu'il ressent de la réticence à la raconter : « J'ose à peine t'avouer l'étrange et invraisemblable raison qui me pousse à cet acte insensé » (I, p. 870). Procédé semblable dans la première version du « Horla », où le narrateur intradiégétique prévient les narrataires qu'il va relater une « suite de

55 Tous les procédés que nous commenterons ne sont pas propres au fantastique de Maupassant. Certains apparaissent dans des récits « singuliers », d'apparence invraisemblable, comme « Histoire vraie », « Le Voleur » ou « Le Bonheur ».

découvertes invraisemblables, fantastiques, effrayantes » (II, p. 824). C'est comme une version endodiégétique de l'usage du paratexte. Le narrateur caractérise l'histoire comme inexplicable et raconte ensuite une histoire inexplicable. L'introduction (et, en même temps, la justification) crée une cohérence certaine, puisque les narrataires (et le lecteur) s'attendent forcément à écouter (à lire) une histoire invraisemblable. Dans les mots de Nøjgaard (1996, p. 195) : l'évènement individuel et inexplicable entre dans la *catégorie* de l'indécidable, ce qui réduit paradoxalement sa gratuité.

Parmi les qualifications du récit encadré se trouve parfois un « indicateur de genre » (Hamon 1977b, p. 277), comme dans la citation tirée du *Horla* : « invraisemblables, *fantastiques*, effrayantes ». Comme l'a noté Hamon (*ibid.*, p. 266), le cadre est un « lieu privilégié » pour semer des notations métalittéraires dans le récit, fonctionnant comme des rappels pour signaler la motivation générique. Ce procédé revient dans « La Peur », où deux compagnons de voyage voient une « apparition fantastique » (II, p. 198) par la fenêtre, ce qui les conduit à parler du surnaturel[56]. Il apparaît aussi dans les descriptions du milieu, comme le sentier à suivre vers la maison isolée dans « L'Auberge » (« tournant sans cesse et revenant, fantastique et merveilleux », II, p. 786) ou l'espace citadin dans « Qui sait ? » (où le personnage se trouve dans une « rue invraisemblable » et une « fantastique ruelle », II, p. 1232).

Le milieu n'est pas nécessairement qualifié par des notions littéraires. D'après une logique métaphorique, il peut tout aussi bien renfermer une *motivation sémiotique*, qui établit un parallèle entre la description du cadre et l'histoire racontée. Par exemple, dans « La Peur », l'image du paysage suggère l'inconnu et l'impénétrable : « Le train filait, à toute vapeur, dans les ténèbres. [...] C'était par une nuit sans lune, sans air, brûlante. [...] nous allions vers le centre de la France sans rien voir des pays traversés » (II, p. 198). Par association, la description du paysage appelle la narration d'un conte étrange. Même jeu avec la rivière dans « Sur l'eau », décrite comme « la chose mystérieuse, profonde, inconnue, le pays des mirages et des fantasmagories, où l'on voit, la nuit, des choses qui ne sont pas » (I, p. 54).

Le paysage fait souvent figure d'espace vide qui n'attend que d'être rempli. Le narrateur dans « Le Loup » explicite cette fonction préparatoire

56 Il existe deux nouvelles avec ce titre. Ceci est la nouvelle de 1884.

du paysage : « [...] tout était muet par l'invisible horizon ; et ce silence morne du soir glacé avait quelque chose d'effrayant et d'étrange » (I, p. 628). Peindre un paysage calme, vide, nivelé, etc., c'est installer une attente narrative : le lecteur est invité à prévoir que le récit ne continuera pas jusqu'à la fin à décrire cette quiétude, mais qu'il contrastera cet état en regard d'un autre. Ce procédé est efficace, puisque le caché paradigmatique (le dessous, l'inconscient, l'invisible, l'indéchiffrable, etc.) n'attend que de sortir à la surface par la suite syntagmatique. La composition obéit ici à une *motivation générique*, ou plus généralement littéraire : selon la logique du récit canonique, l'histoire doit procéder par la transformation de la situation donnée d'un état en un autre (du bonheur vers le malheur ou le contraire, comme le disait déjà Aristote). C'est un bel exemple de la superposition de différents aspects de la motivation : dans une perspective endodiégétique, la surface calme prépare la suite dramatique. Cet effet de composition (ou de lecture) n'est possible à identifier qu'en ayant recours à la motivation exodiégétique (ici : générique) comme cadre de référence[57].

L'image de la surface calme revient sous diverses formes dans les contes fantastiques de Maupassant, comme dans « La Peur » (de 1882), où un paysage de dunes est décrit comme « une tempête silencieuse de vagues immobiles en poussière jaune » (I, p. 602). Les couples antithétiques (désert/vagues, tempête/silencieuse, vagues/immobiles) dénotent une contradiction intrinsèque au paysage qui n'attend qu'à éclater. Le désert est ici rapproché de l'eau, deux motifs qui se retrouvent aussi dans la description de la neige dans « L'Auberge » (II, p. 785) :

> Une averse de soleil tombait sur ce désert blanc éclatant et glacé, l'allumait d'une flamme aveuglante et froide ; aucune vie n'apparaissait dans cet océan des monts ; aucun mouvement dans cette solitude démesurée ; aucun bruit n'en troublait le profond silence.

L'image de la surface calme est ici exemplaire : « aucune vie », « aucun mouvement », « aucun bruit ». La description mélange également des éléments opposés ou incompatibles, comme désert/glacé, flamme/froide,

57 Tomachevski (2001, p. 288) inclut la catégorie « par contraste » dans sa motivation compositionnelle, mais seulement pour le cas où les contrastes apparaissent dans le cadre d'une scène : le motif d'un chant populaire introduit lors de la mort d'un personnage serait selon lui un exemple de ce procédé.

océan/monts et la neige qui semble se transformer en océan[58]. Plus tard, le paysage n'est qu'une surface démesurée, sans point stable duquel on pourra partir afin de circonscrire le phénomène extraordinaire qui ne tardera pas à apparaître :

> La neige avait nivelé toute la profonde vallée, comblant les crevasses, effaçant les deux lacs, capitonnant les rochers ; ne faisant plus, entre les sommets immenses, qu'une immense cuve blanche régulière, aveuglante et glacée. (II, p. 788)

Dans « L'Auberge », le vide pourra être rempli d'autant plus facilement par un phénomène exceptionnel que le spectacle prête à confusion (« éclatant », « aveuglante ») aux yeux du personnage vivant l'expérience extraordinaire. Cette prédisposition à voir l'impossible peut également être mise sur le compte du personnage-narrateur : « il me venait des imaginations fantastiques » (I, p. 57), avoue le narrateur de « Sur l'eau ». Dans « La Peur » (1884), le narrateur souligne son état troublé avant l'intrusion de l'inconnu, état qui le dispose parfaitement à vivre un moment fantastique : « [...] j'avais l'esprit plein de légendes, d'histoires lues ou racontées sur cette terre des croyances et des superstitions » (II, p. 202). Le procédé revient à plusieurs reprises dans la deuxième version du « Horla » : « À mesure qu'approche le soir, une inquiétude incompréhensible m'envahit, comme si la nuit cachait pour moi une menace terrible » (II, p. 915) ; « [...] je le guettais avec tous mes organes surexcités » (II, p. 935).

Ces quelques exemples de composition chez Maupassant sont sans doute suffisants pour montrer la présence de motivations dans ses contes fantastiques. Celles-ci sont clairement liées à des contraintes d'ordre esthétique et elles puisent dans des cadres exodiégétiques différents. Maupassant insère des annonces où le narrateur qualifie le récit de termes métalittéraires, ce qui crée une cohérence entre les niveaux diégétiques (récit encadrant et récit encadré). Cette cohérence mimétique est parfois renforcée par des motivations sémiotiques du paysage qui suggèrent la future narration à venir, qui traitera d'un monde alternatif reflétant le paysage référentiel. La peinture de l'espace contribue à la configuration du récit en une série d'états contrastifs conformément au modèle canonique du récit, donc à la motivation générique. En mode

58 Pour rappel, le topos d'éléments mélangés et de manque de repères était pratiquement « mis à nu » chez Nodier, dans un registre bien plus parodique (p. 170).

mimétique, des motivations psychologiques précisent l'état du témoin du phénomène inexplicable.

En somme, les stratégies motivantes employées par Maupassant confirment la distinction de Todorov (1970, p. 51) entre vraisemblance et fantastique : « Le vraisemblable ne s'oppose donc nullement au fantastique : le premier est une catégorie qui a trait à la cohérence interne, à la soumission du genre, le second se réfère à la perception ambiguë du lecteur et du personnage. » L'analyse illustre comment l'auteur modifie un genre pour l'ajuster à des principes contemporains qui exigent une certaine correspondance « inclusive » par laquelle le monde surnaturel participe en quelque sorte du paradigme scientifique régnant sans pouvoir être pleinement expliqué. L'adaptation concerne à la fois le traitement de la thématique traditionnelle du genre et l'inclusion d'un champ mimétique élargi, de sorte à créer une variante que nous n'avons pas hésité à qualifier, à la suite de Bakhtine (1978c), de *fantastique réaliste*. Ce type de remodelage discursif pour créer des formes plus vraisemblables et cohérentes imprègne aussi la réécriture des contes de Perrault chez Nothomb et Ben Jelloun, qui sera notre dernier objet d'analyse.

« CECI N'EST PAS UN CONTE » (NOTHOMB ET BEN JELLOUN)

En 2012, Nothomb fait migrer *Barbe bleue* vers le roman court. Elle est suivie deux ans plus tard par Ben Jelloun (2014), qui développe de façon considérable une dizaine de contes de Perrault. Les deux ouvrages offrent des exemples saillants de ce que Genette (1982, p. 466-470) appelle *transmotivation*, c'est-à-dire la modification de la motivation lors de la reprise d'un [hypo]texte. Le procédé contraire, qui consiste à introduire « un motif là où l'hypotexte n'en comportait, ou du moins n'en indiquait aucune [motivation] » (p. 457), est nommé *motivation* par Genette, selon son idée de voir toute motivation comme un supplément discursif. Or, comme il existe déjà une motivation dans le texte original, sans quoi ce texte ne saurait être démotivé, il semble plus logique d'appeler cette variante *surmotivation*, phénomène répété à satiété dans les transformations des contes de Perrault par Nothomb et Ben Jelloun.

Barbe bleue de Nothomb met en scène la jeune femme Saturnine Puissant, qui entre comme la neuvième colocataire chez le riche et noble Don Elemirio, dans un bel hôtel particulier à Paris. Elle y jouit d'une existence privilégiée, mais si elle pénètre dans une chambre noire, un mécanisme l'enferme et fait chuter la température de sorte qu'elle meurt de froid, ce qui a été la destinée des colocataires précédentes. Don Elemirio prend ensuite une photo de chaque femme morte, représentant chacune le noir, le blanc ou une des sept couleurs du spectre. Saturnine arrive à déchiffrer ce schème et enferme l'hôte dans la chambre noire, avant d'être transformée symboliquement en or (elle représente la couleur jaune).

Nothomb garde donc le schéma événementiel de l'hypotexte : liaison, nouveau lieu, interdiction d'entrée, transgression, sauvetage et « sanction glorifiante » (d'après la terminologie de Greimas, 1966). En revanche, à la surface configurative, le récit subit bien entendu des réaménagements en accord avec le déplacement spatio-temporel : le château devient un hôtel particulier, le mariage se transforme en colocation, les voyages se font dans le RER, etc. Ce qui nous intéresse, c'est que cette intégration d'éléments modernes s'accompagne d'une nouvelle mise en récit qui semble viser à rendre l'histoire plus compatible avec notre époque contemporaine sur bien d'autres plans que le simple cadrage du récit.

Conformément à la réécriture récente des contes classiques, d'après Levorato (2003, p. 6), *Barbe bleue* attribue un rôle plus actif à la femme. Au lieu de rester opprimée, obéissante, inférieure, passive, etc., elle se sauve par ses propres moyens dans une inversion des sexes (on se souvient que ce sont les frères qui viennent sauver leur sœur chez Perrault). Saturnine gagne ainsi sa place dans la hiérarchie sociale de son propre droit (et non comme fille, sœur, épouse, maîtresse, mère, etc. de quelqu'un d'autre)[59]. Ayant accompli sa tâche, à la manière d'un héros traditionnel, Saturnine est couronnée par sa transformation en or. Ceci est un exemple particulièrement clair d'une *motivation idéologique* modifiée : nos temps modernes proscrivent un rôle plus actif et indépendant de la femme.

Pour être cohérente, cette nouvelle dimension du récit doit s'harmoniser avec la *motivation psychologique*. Jones (2013) a montré comment la femme dans le conte classique est en général faible : elle pleure, supplie, prie, appelle à l'aide, etc. Dans le récit de Nothomb, la jeune héroïne justifie son nom propre (Puissant), dont la *motivation sémiotique* est d'ailleurs évidente. Elle est spirituelle, intelligente et courageuse, attributs traditionnellement réservés à l'homme dans le conte merveilleux, selon Zipes

59 *Cf.* Levorato (2003, p. 198) : « [...] in traditional versions, female figures are usually categorized through relational identity, while male social actors are [...] acknowledged a social function, or identified in terms of their unique identity. »

(2007). Chez Perrault, la justification de la transgression de l'ordre (entrer dans la chambre interdite) se réduit au motif classique de la curiosité. Ce sentiment est absent chez Saturnine, pour qui il est « facile d'y résister » (p. 62). Raisonnée, elle maîtrise toujours son comportement, n'étant jamais soumise à l'autre : « Rien ne s'accomplira sans mon consentement » (p. 24), déclare-t-elle. Le portrait de la protagoniste, conforme à une certaine psychologie et idéologie postmodernes, se marie donc souplement à la fin modifiée.

Ce développement de la motivation psychologique semble cependant entrer en conflit avec la trame de l'intrigue. Pourquoi l'héroïne, si forte et si intelligente, reste-t-elle chez Don Elemirio, décrit comme un fou (p. 21) et comme un psychopathe (p. 61), d'autant plus qu'elle se doute qu'il a assassiné les colocataires précédentes ? Nothomb accumule ici les motivations d'une manière qui n'est pas sans rappeler les efforts de Flaubert pour justifier le mariage entre Emma et Charles. Selon une motivation *psychosociale*, Saturnine ne supporte plus de squatter chez sa copine. Même en réfléchissant au risque de l'assassinat, elle conclut : « De toute façon, disparaître était moins effrayant que retourner à Marne-la-Vallée (p. 11) ! » À cela s'ajoutent la motivation *psychologique* du défi personnel (« Je veux lui montrer qu'il ne m'impressionne pas », p. 61) et un topos littéraire classique : Saturnine tombe amoureuse de Don Elemirio. Cette dernière motivation est sans doute à voir avant tout comme *générique* (en tout cas, le récit ne semble guère présenter des motivations endodiégétiques qui justifient cette attraction).

La modification de la motivation concerne autant le portrait du pôle antagonique, Don Elemirio. Chez Perrault, l'on ne saura jamais pourquoi Barbe Bleue tue ses femmes, circonstance conforme au genre du conte, où le méchant est tout simplement méchant, sans qu'on n'en explique forcément la raison, comme l'avait déjà montré Propp (1970)[60]. Le cadre générique dispense du travail justificatif : le prince *doit* tomber amoureux de la princesse, il *doit* confronter l'actant méchant du récit, il *doit* être récompensé et ainsi de suite. Peu importe la question de savoir *pourquoi* il tombe amoureux, *pourquoi* le méchant est méchant,

60 Pour Wandzioch (2017, p. 197), le manque de motivation dans « Barbe Bleue » de Perrault est ainsi « tout à fait conforme à la poétique du conte merveilleux dont les personnages n'ont ni épaisseur psychologique ni dimension sentimentale et doivent se contenter d'un statut social ».

etc. Cette motivation générique n'est plus valable pour la réécriture de Nothomb. Le défi poétique est semblable à celui qu'affronte Balzac dans *Le Colonel Chabert*, où il doit insérer le motif mythique de la catabase dans son récit métonymique. Comme Balzac, l'autrice belge modifie sensiblement le topos littéraire de manière à créer une concordance avec l'histoire racontée. Elle remplace le portrait de l'ogre brutal par celui d'un aristocrate intelligent, transformation qui semble nécessaire pour explorer en profondeur le thème du secret et du besoin de garder pour soi un « espace sacré » (Campbell *et al.* 1988), concrétisé par la chambre noire à laquelle personne d'autre n'a droit d'accès.

En somme, le récit de Nothomb se présente comme la négation des valeurs classiques tout en étant le résultat de « la fusion de configurations traditionnelles et de références contemporaines » caractéristique du conte merveilleux moderne, d'après Zipes (2007, p. 294). La translation spatio-temporelle vers la société occidentale du début du XXe siècle, en combinaison avec la motivation idéologique, entraîne diverses stratégies de surmotivation, en particulier sur le plan psychologique. Toutes ces stratégies concourent à rendre l'histoire plus compatible avec nos valeurs modernes. Dans une perspective constructiviste, les évènements deviennent plus plausibles à arriver, plus facilement actualisables, et donc plus acceptables aux yeux du lecteur. Le déplacement vers la société contemporaine semble appeler une causalité développée et transposable à cette société afin que le lecteur puisse relater l'histoire directement à ses propres expériences.

La réécriture ingénieuse des contes de Perrault par Ben Jelloun montre des traits semblables à la modernisation effectuée par Nothomb. Lui aussi modifie ses récits de sorte à les rendre plus vraisemblables et plus en accord avec la nouvelle motivation idéologique qui sous-tend les compositions[61]. Flirtant avec le terme controversé de Saïd (1978), Ben Jelloun (2014, p. 9), l'auteur annonce dans sa préface l'intention d'« orientaliser ces contes », transformation accompagnée par un déplacement temporel vers notre société actuelle. Cette orientalisation et modernisation du cadre entraîne, tout comme chez Nothomb, l'introduction de motifs altérés (minaret au lieu d'église, *burka* au lieu de chaperon, etc.).

61 Kassab-Charfi (2016) a bien noté cette transformation idéologique, mais sans s'appuyer sur la notion de la motivation.

Ces substitutions ne relèvent pas d'une « couleur locale » exotique ; elles font partie d'une composition qui veut nuancer et problématiser l'image stéréotype de l'orient, et en particulier du monde arabe : « [...] il est temps de dire ces pays autrement que sous le signe du drame et de la tragédie, autrement que dans un contexte de fanatisme, de terrorisme et d'amalgame », affirme Ben Jelloun (*ibid.*). À travers le déplacement du cadre spatio-temporel et culturel vers notre époque moderne, l'enjeu est de critiquer certains avatars stéréotypes pour promouvoir une vision alternative (et plus juste) de la réalité en même temps que de procéder, par moments, à une critique sévère du fanatisme religieux[62].

Quant à cette société présentée dans les récits, on pourrait dire, avec le roi dans « La Belle au bois dormant » : « Le monde change, nous ne vivons plus à l'époque des contes de fées » (p. 28). En effet, le déplacement opéré par Ben Jelloun est autant temporel qu'esthétique et idéologique. C'est-à-dire qu'il ne saurait être suffisant de transposer tels quels les contes de Perrault en remplaçant simplement les motifs par des variantes modernes. Tout le projet narratif semble appeler une réécriture profonde afin d'harmoniser les récits non seulement avec le cadre moderne, mais encore et surtout à une lecture moderne. Comme le remarque Ben Jelloun (*ibid.*, p. 11) dans son avant-propos, Perrault pouvait compter sur « le sommeil de la raison ». Nous allons voir que l'auteur a été très attentif aux endroits susceptibles de faire « éveiller » le soupçon chez le lecteur quant à la progression de l'histoire, surtout en ce qui concerne la psychologie des personnages et le remplissage métonymique.

Au lieu de rester au niveau sommaire de l'univers du conte comme sujet dépersonnalisé et élément de l'intrigue, le personnage sort de l'anonymat. Ben Jelloun confère aux personnages des appellations illustratives et leur concède un statut autre que purement fonctionnel et relationnel (roi, prince, princesse, ogre, frère, sœur, belle-mère, etc.)[63]. Il esquisse aussi une autre motivation psychologique : « Je n'ai jamais admis, enfant, que le Petit Chaperon rouge puisse croire que le loup était sa grand-mère », avoue l'auteur dans une interview avec Koutchoumoff

62 *Cf.* Pernoud (2016) : « Ben Jelloun n'hésite pas à dénoncer une réalité contemporaine et sordide. »

63 L'auteur semble ici avoir suivi l'axiome énoncé dans « Hakim à la houppe » par l'oncle du roi : « un être qui n'a pas de nom n'existe pas » (p. 145). Pour la signification des noms distribués dans le recueil, voir Charnay (2015).

(2014). L'auteur exige au récit une crédibilité du sujet agissant d'après une causalité rationnelle ou, si l'on veut, d'après un schéma cognitif commun entre le personnage et le lecteur, pour reprendre une idée du constructivisme en vogue.

La *motivation psychologique* concerne même la méchante fée, dont on connaît le rôle thématique canonique (jeter le mauvais sort et prédire une destinée tragique). Représentant le mal, ses actions n'ont normalement pas besoin d'être justifiées : elle est tout simplement méchante par motivation générique. Présente, son motif d'agir est simple, comme dans « La Belle au bois dormant », où elle se sent offensée (elle n'a pas été invitée et une fois sur place, elle ne se voit pas offrir un étui en or comme les autres fées). Dans sa version du conte, Ben Jelloun introduit une explication détaillée des antécédents entre la mauvaise fée et le roi, en litige depuis longtemps (« Tu as eu tort. » « Je t'avais prévenu », « Je t'ai dit », « Tu as aggravé ton cas », « Et tu m'as oubliée », p. 17). Il justifie aussi l'*omission*, l'action ou l'évènement non réalisé qui aurait pu (et peut-être dû) arriver dans le récit[64]. Voici pourquoi le roi n'apaise pas le mécontentement de la méchante fée en lui distribuant un étui en or : « De toute façon, je ne peux plus rien faire pour toi. Le joaillier qui a fabriqué ces étuis est mort hier en tombant de cheval » (p. 18). La réaction de la mauvaise fée à cette réplique crée une sorte de boucle logique de motivation : « – Je sais, c'est ma haine qui lui a rendu visite au moment où il se croyait tout-puissant ! »

« La Petite à la burka rouge » obéit au même procédé. Pour justifier le départ du Petit chaperon rouge chez sa grand-mère, Perrault fournit une motivation simple au lecteur : « [...] on m'a dit qu'elle était malade » (p. 258). Ceci est à comparer avec la version de Ben Jelloun : « Elle avait attrapé froid, disait-on. Un messager était venu en informer la famille. Mais la mère, qui avait fait une mauvaise chute dans l'escalier, était alors dans l'incapacité de se déplacer » (p. 50). La maladie est précisée en rhume ; la rumeur se transforme en messager individuel (ce qui explique aussi comment on a pu savoir que la grand-mère, qui vit isolée, a pu communiquer sa maladie à la famille) ; la décision d'envoyer la petite à la *burka* rouge s'explique par l'indisposition de la mère ; cette indisposition s'explique à son tour par une cause précisée (chute dans

64 Pour cette question d'*omission*, le lecteur se reportera à l'étude stimulante de Hühn (2016).

l'escalier). Ben Jelloun adapte ainsi une stratégie métonymique caractéristique du discours réaliste : retracer la causalité de tout évènement d'apparence trop fortuite et en préciser la nature. Flaubert ne procédait pas autrement pour expliquer le déplacement de Charles à la ferme Rouault, où le médecin est appelé après l'accident du père d'Emma (Première partie, chapitre II).

Cette action est un exemple de ce que Propp (1970, p. 31) appelait *fonction* : « [...] l'action d'un personnage, définie du point de vue de sa signification dans le déroulement de l'intrigue ». Chez Ben Jelloun, maintes fonctions sont surmotivées, c'est-à-dire qu'il ajoute une motivation par rapport au texte original : comment le chat se procure ses bottes, pourquoi Cendrillon ne ramasse pas sa chaussure perdue, pourquoi personne ne s'interroge pas sur la destinée des femmes disparues dans « Barbe-Bleue », etc. Dans « La Belle au bois dormant », l'égarement de la princesse jusqu'à la tour où réside la vieille femme avec son fuseau offre un bel exemple de ce procédé. Comment se fait-il qu'elle continue sa pratique malgré l'interdiction du roi (en plus : sous peine de la vie) ? L'explication de Perrault reste sommaire : « Cette bonne femme n'avait point ouï parler des défenses [...] » (p. 248). Cette ignorance d'une interdiction qui se répand dans le royaume entier est étonnante, d'autant plus que la vieille femme vit dans le château même de la princesse. Chez Ben Jelloun, la femme devient une ancienne esclave noire qui s'est retirée du monde, décision qui paraît justifiable au nom d'une certaine psychologie. Elle arrive pourtant à survivre dans l'isolement, circonstance que l'auteur ne manque pas d'expliquer : « C'était certainement par pitié que l'aide de camp du roi l'avait installée là et lui faisait porter tout ce dont elle avait besoin » (p. 20).

D'autres actions entraînent des surmotivations plutôt d'ordre idéologique. Par exemple, dans « Le Petit Poucet » de Perrault, la décision d'abandonner les enfants dans la forêt est entièrement mise sur le compte de la pauvreté des parents, qui n'ont plus les moyens de les nourrir. C'est en premier lieu une motivation sociohistorique. La situation est similaire chez Ben Jelloun, mais il ajoute une dimension morale et culturelle. Le père énonce cette réflexion : « [...] je sais que nos parents n'auraient jamais fait ça. L'esprit de nos ancêtres ne nous le pardonnera jamais. » Et la mère d'enchaîner : « Notre Dieu ne nous pardonnera jamais [...] » (p. 163). La surmotivation peut ainsi fonctionner comme indicateur idéologique tout comme peut le faire la motivation implicite chez Genette.

Parallèlement à ce travail de surmotivation, Ben Jelloun garde des éléments génériques, en particulier par le recours occasionnel à une certaine gratuité compositionnelle. Par exemple, dans « La Belle au bois dormant », l'ogre subit une transformation fondamentale sans justification détaillée : « La simple vue du visage merveilleux de la princesse avait suffi pour annuler en lui toutes les pulsions malveillantes et nocives » (p. 44). On trouve aussi des éléments contradictoires. Dans « Barbe-Bleue », Ben Jelloun explique d'abord que le protagoniste laisse pousser sa barbe puisqu'il ne soucie pas de son apparence : « Et puis il considérait qu'avec son physique d'athlète, avec son air d'homme mûr, avec son argent, il n'avait pas à faire des efforts particuliers pour séduire les femmes » (p. 63). Quelques paragraphes plus loin, l'idée de soigner la barbe répond pourtant à ce même souci d'apparence, qui était auparavant inexistant : « Une fois sa barbe devient longue et très fournie, l'homme devint plus hideux encore [...]. Il décida alors de la teindre, espérant atténuer ainsi l'effet produit » (p. 63-64).

L'auteur n'hésite pas non plus à recourir à la mise à nu (ou à la *motivation auctoriale*, d'après notre terminologie), dans sa forme la plus flagrante. Dans « La Petite à la burka rouge », il est nécessaire que la fille, en tant que porteuse des valeurs positives, gagne le combat contre l'homme barbu (représentant les islamistes). Ici, Ben Jelloun renonce à la motivation diégétique en insérant un paragraphe isolé, mis entre parenthèses et écrit en italiques, où la motivation auctoriale se confond avec la motivation idéologique :

> (Le barbu, bien entendu, est plus fort et mieux armé. Normalement, il devrait la coincer et la violer avant de la tuer. Mais il était dit que, pour une fois, l'innocence l'emporterait sur le mal absolu, les femmes sur la brutalité de certains hommes.) (p. 55)

L'imaginaire du conte reste donc bien présent dans la création de Ben Jelloun. En témoigne cet échange de répliques entre la journaliste Koutchoumoff (2014) et l'auteur : « – Et le Bien triomphe à la fin ! – Absolument, je ne vais pas écrire des contes pour que tout le monde pleure ! » Les stratégies motivantes, judicieusement insérées dans la composition, ne font que repousser partiellement le conte, ce qui donne, comme chez Nothomb, une sorte de conte réaliste. Il ne s'agit pas de récits parfaitement mimétiques selon notre monde contemporain, mais de réaménagements qui tendent vers une rationalisation métonymique. La transposition du récit, non seulement vers un nouveau cadre spatio-temporel, mais surtout vers un autre contexte esthétique, idéologique et conceptuel, semble appeler une autre motivation, qui doit rendre le récit plus compatible avec la réaction du public[65].

BILAN

En faisant le bilan de la dominante Tomachevski, c'est avant tout la motivation comme outil de causalité et de cohérence qui est à souligner. Les cadres exodiégétiques ne sont plus de simples répertoires où puise l'auteur pour justifier l'emploi de procédés poétiques (Chklovski) ; le mimétisme n'est plus la conséquence de la mise en récit réitérée de la motivation diégétique (Jakobson) ; les fonctions motivantes n'ouvrent pas vers toutes sortes de récits (Tynianov). L'organicité du texte devient la valeur suprême de la composition littéraire, qui doit impérativement être acceptée par le public au nom de la vraisemblance. Nous venons de voir des traces d'une telle composition dans la réécriture de Perrault par Nothomb et Ben Jelloun. Quant aux contes fantastiques de Maupassant, on ne doit pas uniquement les voir comme le signe de la *hantise* de l'auteur, mais également comme le résultat de sa *maîtrise* du genre, remodelé d'après un certain contexte esthétique.

À la suite de Tomachevski, la fonction vraisemblablisante de la motivation a été abordée de façons diverses. Elle reçoit sa redirection décisive par Genette, qui se centre sur le *motif d'agir* du personnage, et en particulier sur la *cause* (et non le résultat) de l'action, à évaluer par le public en comparant ce comportement avec leur répertoire exodiégétique (notamment leur image du réel dans une perspective idéologique). Influencé par Genette, Culler se penche vers les stratégies générales

65 La *naturalisation* de Culler (2002) se défendrait dans ce cas-ci comme l'équivalent de la motivation, c'est-à-dire comme une stratégie de composition (et non comme un mécanisme de lecture).

employées par le lecteur afin de rendre compréhensible le texte, qui est par définition « étrange ». La narratologie cognitive actuelle reprend la focalisation de Genette sur l'intention du personnage, dans une approche qui réduit la motivation à la psychologie du personnage fictif, considéré surtout comme une personne agissant à l'intérieur du monde diégétique (ou du monde possible).

Proche de Culler, cette narratologie examine surtout comment le lecteur « naturalise » (ou « narrativise ») l'intrigue à partir d'un glissement subtil de l'étude de l'*intrigue* (comme structure repérable ou comme schéma textuel ou intentionnel) vers l'étude de la *narrativité* (en tant qu'expérience progressive du lecteur). Dans une sorte d'immersion émotionnelle, complétée par une compréhension analytique de l'histoire (dont les ressorts respectifs restent sans doute à préciser), le lecteur actualise désormais les structures latentes de l'intrigue en identifiant les mobiles psychologiques du personnage. Le mode mimétique passe au premier plan par une lecture où le jeu entre le prévisible/lisible et l'imprévisible/scriptible forme une tension narrative maintenue jusqu'à la fin du récit. Cette approche tend vers la réception du texte et vers des études empiriques de l'expérience du lecteur (qui semblent nécessaires à entreprendre pour légitimer pleinement cette approche). Cette position théorique semble par ailleurs conforme à l'idéologie régnante depuis un demi-siècle, et renforcée dans le siècle actuel, qui refuse l'objectivité et l'autorité pour soutenir l'idée que la vérité réside dans l'appréhension individuelle du réel, conséquence possible d'une mentalité contemporaine selon laquelle tous les « métarécits » (d'après Lyotard, 1979) seraient désormais minés d'un air de soupçon.

Nous arrivons finalement à une position théorique bien loin, et presque inversée, de notre point de départ. Pour Chklovski, la motivation diégétique n'est qu'un prétexte mimétique, sans importance véritable. Pour créer de la littérarité à l'aide de procédés artistiques, l'auteur les insère dans les récits en puisant dans les conventions et le mimétisme communs. Ce sont des éléments subordonnés hiérarchiquement au procédé à réaliser. En passant par Tynianov, Tomachevski formule des pensées qui se retrouvent aujourd'hui accentuées et modifiées par l'approche constructiviste, selon laquelle le texte n'est plus un produit fini où l'on pourrait étudier des fonctions stables. Il revient au lecteur de vivre, et partiellement de créer, l'effet artistique par sa lecture, où comptent avant tout l'identification avec le personnage et la compréhension des schèmes de l'intrigue. La référentialité passe au premier plan, car elle est nécessaire pour préparer l'immersion du lecteur dans le processus narratif. À travers son intrigue, le texte littéraire donne à percevoir une illustration du fonctionnement de nos schémas cognitifs plutôt que de nous exposer une œuvre d'art fabriquée. La motivation, en tant qu'élément psychologique, est désormais – et surtout – un élément intégré à un texte scriptible qui doit être narrativisé par le lecteur afin qu'il dégage du récit une image du réel qui puisse faire le pont entre fiction et réalité.

POINTS D'ARRIVÉE

À condition de passer outre sa soumission fréquente à d'autres notions qui décident de son application et de son appréciation (notamment « psychologique », « réaliste » ou « vraisemblable »), la notion de la motivation se présente comme un outil neutre pour explorer tout récit littéraire à toute époque, fait démontré avec brio par les formalistes, Flaker, Sternberg et Schmid. Inspirée par ces travaux, la présente étude a tenté d'être programmatique dans son ambition de redéfinir la notion de la motivation dans une perspective plutôt descriptive que normative. Nous avons ainsi substitué une terminologie de base narratologique aux notions russes pour désigner les « niveaux » de la motivation, dont les rapports permettent d'analyser la motivation littéraire en détail. Ces derniers se superposent au lieu de s'exclure.

Afin de rendre compte du principe conceptuel de base de la motivation a été conservée la distinction des modes, qui transcende les niveaux. Il en résulte une terminologie plus fine de la motivation qui n'entre pas en opposition théorique avec la terminologie binaire traditionnelle. Seulement, s'il est tout à fait possible d'aborder l'analyse de la motivation par deux modes ou deux niveaux seuls, il nous semble que cela invite à une certaine confusion à cause de la polysémie notionnelle inhérente aux termes binaires proposés par la recherche antérieure. La distinction des modes et des niveaux a permis de clarifier les nuances de l'emploi de la motivation, qu'on peut résumer comme suit.

La *motivation téléodiégétique* se définit comme l'intention (auctoriale), l'effet (textuel) ou le résultat (lectorial) des autres motivations, ou bien ce qui conditionne la mise en récit de celles-ci. Elle se conçoit toujours à partir du récit, sans y être souvent explicitée (même si cela peut arriver, comme dans la moralité d'une fable). Le *mode mimétique* de la motivation téléodiégétique inclut toute variante de réalisme, à condition de voir l'impression réaliste comme le but de la composition (et non comme le moyen pour ancrer le récit dans le réel). Tout récit didactique semble aussi relever de ce mode mimétique. Le *mode artistique* couvre tout effet traduisible en termes métalittéraires : *ostranenie*, surprise, suspense, retardement, dénouement, faux indice, etc.

La *motivation diégétique*, présente ou absente, désigne les motivations concrètes dans le récit. Le mode *mimétique* de la motivation diégétique établit un rapport causal entre un motivant et un motivé dans la *fabula*, d'après le réel ou un réel investi dans le récit. C'est la seule motivation qui est entièrement médiatisée par l'histoire, selon les modalités de la causalité, la plausibilité ou la possibilité référentielles. Présente ou absente (mais dans ce cas parfois implicite), elle peut sembler plus ou moins plausible ou invraisemblable. Le *mode artistique* établit une relation de corrélation entre un motivant au niveau du *sjužet* et un motivé dans la *fabula*. Son emploi se fait d'après l'idée d'une adéquation entre les éléments narratifs. Il montre des caractéristiques semblables au mode mimétique quant à son acceptabilité.

La *motivation endodiégétique*, inspirée par la troisième variante de la *motivirovka* (compositionnelle) de Tomachevski, décrit l'organicité et la cohérence du récit. Le *mode mimétique* construit et se comprend par la causalité de l'histoire et la disponibilité des éléments dans l'histoire. Le personnage peut par exemple être « conforme à lui-même » ou utiliser à la fin le revolver mentionné au début. Le *mode artistique* crée un réseau de corrélations dans le monde diégétique en se concrétisant par des motifs ou en se détectant par la mise en scène propre à la composition. L'emploi réitéré de l'ironie peut par exemple créer une logique discursive plutôt que référentielle. C'est comme une couche supplémentaire de motivation qui se retrouve avant tout dans les variantes idéologique, générique et sémiotique.

La *motivation exodiégétique*, formée à partir de la *motivacija*, quelque peu oubliée dans le discours théorique, désigne les cadres de référence externes au récit. Le récit peut combiner plusieurs cadres pour former son propre système motivant. Le *mode mimétique* (y inclus le fonctionnement codé du réel comme des *scripts* ou le nécessaire) de la motivation exodiégétique renvoie au cadre réel, ou à un réel. Le *mode artistique* est varié : « idéologique » (dans le sens de vision du réel : croyances, opinions politiques, idées sur la fatalité, stéréotypes, divers systèmes de valeurs, etc.), « générique » (et plus généralement littéraire), « sémiotique » et « auctoriale ».

Parmi ces variantes, la motivation auctoriale n'introduit pas de motivant dans le monde diégétique. Elle intervient par dehors (par exemple par un commentaire) ou régit le monde possible par des moyens formels d'écriture (comme la motivation pseudo-objective). Enfin, notre motivation exodiégétique récupère des variantes déjà identifiées par la recherche antérieure. Chacune d'entre elles entraîne ses propres implications, ce dont il faut faire abstraction dans le *tableau 15*, qui recense les notions les plus fréquentes pour cerner le cadre auquel se réfère le monde diégétique.

Variantes	Terminologie alternative
causale	*bytovoe* (Chklovski), réaliste (Tomachevski, Martínez), *byt/skrepa* (Tynianov), psychologique (Tomachevski, Propp, Flaker, approche cognitive), hasard (Flaker, Nøjgaard), physiologique-biologique (Nøjgaard), inconsciente, irrationnel, sociale, socio-psychologique (Flaker, Nøjgaard, Doležel), suprapersonnel (Nøjgaard, Doležel), réel, vraisemblance (Culler), mimétique (Sternberg), existentialiste (Yacobi), énoncif (Hamon), *kausale* (Schmid)
idéologique	symbolique (Flaker), implicite (Genette), culturelle (Culler), métaphysique (Nøjgaard), finale (Martínez), idéologique (Pyrhönen)
générique	esthétique (Tomachevski), « implicite » (Propp, Flaker), mythologique, fantastique (Flaker), générique (Culler, Yacobi)
sémiotique	linguistique (Saussure), phonétique (Jakobson, Hamon), sémiotique (Hamon)
auctoriale	mise à nu (Chklovski), pseudo-objective (Spitzer), par convention (Culler), ironie et parodie (Culler), génétique, non fiable (Yacobi)

TABLEAU 15 – Cadres exodiégétiques.

Les limites entre ces différents cadres sont loin d'être étanches. Telle motivation au fond sémiotique (pluie pour signaler la tristesse, clair de lune pour signaler l'amour, etc.), qui fonctionne par logique métaphorique, peut se transformer en motivation générique et devenir un élément obligé de la mise en récit. La motivation générique peut se former en rapport étroit avec la motivation idéologique : divers préjugés et précompréhensions culturelles, historiques, politiques admettent une certaine distribution de rôles et de scénarios dans tel genre. Par le cours de l'Histoire (ou selon l'appréciation du lecteur individuel), telle motivation peut changer de place et de fonction. Les observations sur le rôle et la nature de la Providence illustrent cette problématique : est-ce en premier lieu un motivant *mimétique* (régissant le monde réel d'après une conviction absolue), *idéologique* (vision du réel selon la croyance en un pouvoir supérieur) ou *générique* (part essentielle du roman d'aventures) ?

En saluant cette complexité, on pourrait, très sommairement, identifier les aspects dominants qui sous-tendent les combinaisons des modes et des niveaux de la motivation, comme dans le *tableau 16*. Ce tableau est à voir uniquement comme un point de départ pour mener des réflexions nuancées sur tel texte littéraire et sur la littérature fictive en général. Il ne doit en aucune façon conduire à des schématisations théoriques ou méthodologiques ; bien au contraire, l'intérêt serait plutôt de confronter ce tableau à l'étude concrète de tel texte (ce qui pourrait justifier une modification de ce tableau).

	mimétique	artistique
diégétique	causalité	corrélation
exodiégétique	référentialité	fictionnalité
endodiégétique	métonymie	mise en scène
téléodiégétique	réalisme didactisme	*muthos* effet de lecture

TABLEAU 16 – Niveaux et modes de la motivation.

Quelle que soit la typologie ou la terminologie préférée, l'essentiel est d'accepter la complexité de la motivation, puisque c'est elle qui justifie son emploi comme outil d'analyse littéraire. Qu'on accorde de l'importance au contenu, comme le veulent la plupart des écoles théoriques, ou qu'on le rejette, ou presque, en tant que pur prétexte, comme le fait parfois Chklovski, les formes artistiques forment et déforment bien une certaine *matière*, sans laquelle elle ne saurait exister. À cet égard, Charles (2018, p. 441) affirme qu'il est « parfaitement stérile de prétendre viser la forme hors de considérations sémantiques. » Le récit est toujours mimétique, dans la mesure où il affiche une représentation d'actions ou d'expériences humaines, transposable à l'expérience et à la compréhension humaines, d'une manière ou d'une autre. En même temps, si l'on n'accorde pas à la motivation littéraire le statut d'élément narratif dans un récit qui véhicule un sens par le biais de l'histoire racontée, on oublie que telle intention psychologique ou telle action humaine d'un personnage fait partie d'une construction qui appelle une interprétation par le seul fait d'être une création artistique propre à se référer à un réel tout en formant, en tant qu'objet construit et artificiel, un monde possible et génératrice de significations connotatives. Qui plus est, nier la fabrication de l'art comme artefact risque de faire voir l'histoire comme un pur reflet du réel.

L'étude de la motivation conduit ainsi inévitablement vers une approche plurielle et ouverte. Dans la lignée du « principe de Protée » de l'école de Tel-Aviv, on doit éviter l'établissement de tout *package deal*, c'est-à-dire l'impasse théorique qui consiste à stipuler des relations catégoriques et figées entre tel procédé motivant, telle discursivité, telle thématique, tel genre ou tel effet de lecture. Le même élément motivant peut justifier l'emploi de différents procédés, appartenir au discours ou au récit, motiver un élément narratif avant coup ou après coup, apparaître une fois ou de façon réitérée, motiver un ou plusieurs motivés, être de portée variée, briser l'illusion réaliste ou la renforcer, etc. La disposition même du présent ouvrage illustre que l'étude de la motivation est une question de perspective théorique et méthodologique. En suivant le poids que le chercheur attribue à tel mode, à tel niveau ou à tels rapports qui s'installent entre les modes, les niveaux et la thématique du récit, nous avons tracé quelques dominantes qui forment ensemble le champ théorique de la motivation.

Pour Chklovski, la motivation *diégétique* est un prétexte dépendant du procédé poétique. Elle puise dans un répertoire *exodiégétique* réel ou fictif, mais qui ne constitue de toute façon qu'une matière secondaire dans le récit. La cohérence interne du récit, ou son organicité *endodiégétique*, n'a guère de valeur propre dans sa construction théorique. Les motivations atomiques du récit sont avant tout à envisager dans leur rôle *téléodiégétique* d'introduire des procédés littéraires qui distinguent l'art comme production verbale. Genette reprend ce raisonnement pour souligner la gratuité de la narration balzacienne ; Hamon développe et met en pratique une méthodologie plus complète dans ses études sur le descriptif et la poétique réaliste/naturaliste.

Jakobson poursuit les pensées de Chklovski sur la motivation *diégétique* comme prétexte, mais en insistant davantage sur le rapport de la motivation avec le cadre *exodiégétique* mimétique. Cumulable par son emploi conséquent, la motivation *endodiégétique* crée un récit métonymique, qui aboutit, dans une perspective *téléodiégétique*, à provoquer l'illusion réaliste chez le lecteur. Cette pensée se retrouve dans la tradition structuraliste (Barthes, Genette, Hamon), et elle a été un peu schématisée par une certaine critique, de sorte à instituer une doxa théorique : la motivation serait réaliste de son essence, et le réalisme vivrait sur la motivation. Faute d'être nuancé, ce postulat peut être sujet à une certaine déconstruction.

Pour Tynianov, la motivation *diégétique*, orientée vers le réel, est surtout de nature dynamique. Les cadres *exodiégétiques* fournissent des matières diverses à l'auteur, qui peut construire l'autofonction du récit par rapport à des paramètres externes, toujours susceptibles d'influencer l'évolution littéraire. Par ses réflexions sur la synfonction, et donc sur la motivation comme aspect *endodiégétique* d'un système textuel, Tynianov est le premier à s'approcher d'une lecture structurelle du récit. Pour discerner l'intention artistique, de nature *téléodiégétique*, il faut selon lui envisager toutes les relations du récit, seule manière de décider de la nature de la motivation en tant que fait littéraire. Ces pensées se retrouvent dans quasiment toute la critique postformaliste (de l'école structuraliste jusqu'à la théorie des mondes possibles) et trouvent leur meilleure expression chez Schmid et Sternberg. L'héritage de Tynianov, le formaliste un peu oublié, peut se manifester à l'insu du chercheur, comme cela semble être le cas de Flaker, qui polémique contre « les formalistes » tout en appliquant des principes très proches de Tynianov. Plus souvent, cette influence passe par le biais de Tomachevski, qui synthétise les principes de son collègue.

En effet, ce sont les formules de Tomachevski qui semblent avoir attiré l'attention principale des critiques postformalistes, et qui ont conduit aux théorisations les plus importantes. Son insistance sur l'organicité et la vraisemblance, liées à la fonction de la motivation, met en avant l'aspect *endodiégétique* de la composition, remplie de motivations *diégétiques* qui forment un système cohérent. Les cadres *exodiégétiques* peuvent relever du réel ou de la fiction, tant que leur degré persuasif sera validé par le public. Les effets artistiques seront à concilier avec l'appréhension de la vraisemblance chez ce dernier, problématique poursuivie par Genette et

Culler. En combinaison avec l'idée d'associer la motivation surtout au motif d'agir du personnage, Tomachevski ouvre aussi, toujours en suivant Tynianov, vers l'étude de la coopération du lecteur selon l'approche cognitive et constructiviste. Au terme de cette évolution théorique, la motivation *téléodiégétique* concerne presque moins l'intention de l'auteur que l'attention du lecteur.

Quant aux approches et aux dominantes esquissées, notre ambition a été de démontrer l'utilité de l'étude de la motivation littéraire pour toute interrogation sur les liens qui existent inévitablement, dans toute œuvre littéraire, entre réel et fiction. Cela étant, les idées de Tynianov sur le fait littéraire et la fonction du procédé nous ont souvent guidé dans nos raisonnements. En effet, sa méthode nous semble la plus prometteuse : considérer la combinaison des facteurs motivants et des effets motivés dans le récit individuel, pour voir quelles relations, proportions et hiérarchies se dessinent, et encore envisager tout ceci par rapport aux séries littéraires et extralittéraires jugées pertinentes. Cela s'harmonise avec le précepte général de la narratologie constructiviste, selon lequel il ne saurait exister une objectivité parfaite du discours.

La motivation s'analyse en effet par une approche flexible qui garde l'idée d'une échelle de nuances et d'une multiplication d'interactions possibles avec le texte et ses paramètres externes. Exemplifions cette prise de position par quelques remarques sur un passage du *Tour du monde en quatre-vingts jours* (p. 139), où un policier, sans raison apparente, demande à Fogg et à Passepartout de le suivre au poste de police : « Fogg ne fit pas un mouvement qui pût marquer en lui une surprise quelconque. Cet agent était un représentant de la loi, et, pour tout Anglais, la loi est sacrée. Passepartout, avec ses habitudes françaises, voulut raisonner [...]. » Saute d'abord aux yeux le cadre *exodiégétique*, par le renvoi schématique à l'idée de la nationalité, qui fait clairement figure d'*hypermotivant*. Mais, en plus du cadre exodiégétique, la motivation *endodiégétique* joue un rôle important. Après tous les passages où Verne a insisté sur le caractère impassible de Fogg et la personnalité bien plus impulsive de Passepartout, leurs réactions ne font que confirmer l'horizon d'attente interne du récit. Et, dans quel degré faut-il faire intervenir la motivation *téléodiégétique* ? Un premier lecteur y voit un cliché, et voudrait peut-être protester contre cette identification réductrice entre un comportement individuel et l'appartenance nationale ; tel autre y trouve la confirmation de son avis sur les deux nations commentées ; un troisième pense que l'allusion n'est pas sans contenir une certaine part de vérité ; un quatrième estime, tout compte fait, que la vision du réel importe peu dans un roman d'aventures ; un cinquième comprend l'explication comme une adaptation du texte aux jeunes lecteurs et estime qu'il faudra évaluer la motivation avant tout par rapport à ce paramètre pragmatique, etc.

Ces remarques, quoique schématiques, devraient mettre tout chercheur en garde contre l'idée d'établir des liens univoques, unidirectionnels, catégoriques, absolus, etc. entre telle motivation, tel passage, tel motif, tel thème, tel procédé et leur effet de lecture éventuel. Cela étant, l'approche relativiste présente également ses limites. Qu'on réfléchisse sur les schémas cognitifs qui guident Fogg et Passepartout, qu'on se centre sur la « surprise » (on ne s'y attendait pas), la « curiosité » (pourquoi doivent-ils aller au poste de police ?) ou la « suspense » (Fogg sera-t-il retardé ?) provoquées, qu'on s'interroge sur les conventions qui rendent possible l'emploi de la motivation ou qu'on considère sa fonction narrative dans une perspective téléologique, le passage cité du *Tour du monde en quatre-vingts jours* contient *de facto* un cas de motivation diégétique étant donné que le texte indique des motifs d'agir des personnages qu'on peut mettre en relation avec la mise en intrigue.

Argumenter pour l'importance de la création artistique du récit et l'étude des faits textuels repérables, en suggérant la possibilité d'y voir une certaine stabilité ou certains traits dominants au détriment d'autres, se présente, dans une certaine mesure, comme une entreprise qui doit se frayer un chemin dans notre paysage idéologique actuel, dont fait naturellement partie la théorie littéraire. Heureusement, dans les études herméneutiques, le retour vers le passé ne signifie pas avoir recours à des méthodes périmées que la science moderne aurait falsifiées. En outre, comme nous l'avons suggéré dans notre section sur l'actualisation constructiviste, les différences entre les formalistes et les constructivistes ne sont pas nécessairement si grandes, surtout si l'on considère la deuxième phase de l'école formaliste.

Certes, pour les formalistes, l'auteur artisan reste le foyer de l'analyse littéraire, tandis que, chez les constructivistes, le lecteur a pris le relais comme pôle obligé de la communication littéraire, complétant et actualisant la structure textuelle préparée par l'auteur. Or, tant que l'analyse constructive ou cognitive ne se base pas sur des enquêtes empiriques auprès de lecteurs réels, ce pôle récepteur, qu'on peut appeler lecteur implicite ou lecteur modèle (Eco, 1985), n'est pas loin de se présenter comme le reflet de l'auteur implicite. C'est alors sans se contredire que Phelan (2018) plaide pour un retour de la rhétorique classique dans l'approche moderne afin de compléter la réception du message par la « visée de l'auteur » (*authorial agency*). Celle-ci se détecte selon lui dans les stratégies utilisées afin de persuader le récepteur. Aussi ces deux instances narratives – et méthodologiques – récupèrent-elles toutes les deux le sens ou la signification du texte de manière finalement assez semblable.

Il est ainsi possible de distinguer certaines affinités entre les approches auctoriale et lectoriale, ce qui ouvre vers l'incorporation de l'étude « traditionnelle » de la motivation dans les études « modernes ». De son côté, Sternberg (2012, p. 332) énumère quatre arguments en faveur d'un retour de la motivation dans les études littéraires : elle inclut dans l'analyse du récit les deux pôles pragmatiques du récit, l'auteur et le lecteur ; elle embrasse des éléments référentiels et non référentiels ; elle concerne le texte comme production et le texte comme produit ; elle invite le chercheur à raisonner sur le texte sans lui imposer des normes préalables concernant le contenu que le texte « devrait » inclure ou la perspective qu'il « devrait » adapter. Il ne semble donc pas exister de véritable blocage théorique qui empêcherait d'appliquer la motivation en l'incorporant dans la narratologie actuelle.

À nos yeux, la notion de la motivation se présente comme un outil d'analyse particulièrement puissant et versatile. Elle dirige le lecteur vers le cœur des questions essentielles de tout « fait littéraire » : sa construction, sa configuration, sa vision du monde, sa généricité, sa référentialité, sa fictionnalité, sa réception et sa dynamique à travers l'Histoire. Le problème, il faut l'admettre, n'est pas son application dans les études littéraires, mais la difficulté de délimiter son extension et de justifier son application. C'est ce que souligne Hamon (2020) dans sa question pertinente sur la méthodologie à adopter pour étudier la causalité du récit (il ne parle donc pas explicitement de la notion de la motivation) :

> Problème : jusqu'où, dans la chaîne des causalités et des implications, faire remonter la « raison » d'une action passée d'un personnage (par exemple dans la recherche des « raisons » d'un suicide ou d'un crime passionnel), ou son « intérêt » à faire quelque chose dans l'avenir ? Aux contraintes du genre

> littéraire dans lequel il apparaît ? À l'influence du milieu, c'est-à-dire à la mention d'un actant collectif influenceur qui se présentera sur la scène du texte comme une « description », un « paysage », une « atmosphère », donc toujours comme une partie antécédente du même texte ou d'un autre texte diffus (un topos par exemple) ? À un type professionnel, social ou caractériel ?

Quelle perspective choisir ? Quelle piste suivre ? Jusqu'où aller dans l'analyse ? On ne saurait donner d'autres réponses à ces questions que celles fournies par le chercheur, qui doit défendre son approche et tenter d'en démontrer la pertinence. Il revient à chacun de juger dans quelle mesure les pistes, les perspectives et les analyses présentées dans cet ouvrage permettent d'explorer les méandres du texte littéraire à l'aune de la narratologie actuelle. En renouant avec les écrits formalistes ainsi qu'avec d'autres théorisations, nous avons élargi considérablement l'emploi et la portée de la notion de la motivation en comparaison de sa réduction à l'intention cognitive du personnage, considérée dans une perspective référentielle et scriptible. Par ce survol de la théorisation continue de la motivation littéraire, nous avons souhaité rendre hommage aux travaux des formalistes russes en mettant en relief la modification, l'évolution et parfois la reformulation de leurs idées à travers leur dominante respective. De cette manière, nous nous sommes sans doute interrogé autant sur la notion de la motivation que sur son emploi relatif à telle école théorique. Dans un souci de clarté, nous avons tenté de préciser les facettes de la motivation au lieu de reprendre la terminologie binaire. Enfin, par nos applications, nous avons cherché à montrer l'intérêt d'appliquer la motivation littéraire dans l'analyse de la configuration, de la narration et de l'esthétisation historique du récit. Nous terminons alors cette étude dans l'espoir d'avoir restauré la motivation comme notion à appliquer davantage et différemment dans les études littéraires.

BIBLIOGRAPHIE

ŒUVRES LITTÉRAIRES

Figurent seuls ici les textes littéraires analysés ou cités, non des ouvrages seulement mentionnés (ils se retrouvent dans l'Index des titres). Les nouvelles de Maupassant sont rangées en ordre alphabétique.

Balzac Honoré de, [1831] 1979, *La Peau de chagrin*, in *La Comédie humaine*, tome X, Pierre-Georges Castex (éd.), « Bibliothèque de la Pléiade », Paris, Gallimard.

Balzac Honoré de, [1832] 1976, *Le Colonel Chabert*, in *La Comédie humaine*, tome III, Pierre-Georges Castex (éd.), « Bibliothèque de la Pléiade », Paris, Gallimard.

Ben Jelloun Tahar, 2014, *Mes contes de Perrault*, Points.

Daudet Alphonse, [1884] 1997, *Sapho*, in *Romans, contes, récits*, Anne-Simone Dufief (éd.), Omnibus.

Flaubert Gustave, [1857] 2019, *Madame Bovary*, Paris, Libraire générale française.

Maupassant Guy de, [1883] 1974, « Décoré ! », *Contes et nouvelles*, tome I, Louis Forestier (éd.), « Bibliothèque de la Pléiade », Paris, Gallimard, p. 1065-1070.

Maupassant Guy de, [1882] 1974, « Farce normande », *Contes et nouvelles*, tome I, Louis Forestier (éd.), « Bibliothèque de la Pléiade », Paris, Gallimard, p. 498-502.

Maupassant Guy de, [1882] 1974, « La Peur », *Contes et nouvelles*, tome I, Louis Forestier (éd.), « Bibliothèque de la Pléiade », Paris, Gallimard, p. 600-606.

Maupassant Guy de, [1884] 1979, « La Peur », *Contes et nouvelles*, tome II, Louis Forestier (éd.), « Bibliothèque de la Pléiade », Paris, Gallimard, p. 198-205.

Maupassant Guy de, [1886] 1979, « L'Auberge », *Contes et nouvelles*, tome II, Louis Forestier (éd.), « Bibliothèque de la Pléiade », Paris, Gallimard, p. 784-796.

Maupassant Guy de, [1884] 1979, « Le Crime au père Boniface », *Contes et nouvelles*, tome II, Louis Forestier (éd.), « Bibliothèque de la Pléiade », Paris, Gallimard, p. 168-173.

Maupassant Guy de, [1886] 1979, « Le Horla », *Contes et nouvelles*, tome II, Louis Forestier (éd.), « Bibliothèque de la Pléiade », Paris, Gallimard, p. 822-830.

Maupassant Guy de, [1887] 1979, « Le Horla », *Contes et nouvelles*, tome II, Louis Forestier (éd.), « Bibliothèque de la Pléiade », Paris, Gallimard, p. 913-938.

Maupassant Guy de, [1882] 1974, « Le Loup », *Contes et nouvelles*, tome I, Louis Forestier (éd.), « Bibliothèque de la Pléiade », Paris, Gallimard, p. 625-630.

Maupassant Guy de, [1883] 1974, « Lui ? », *Contes et nouvelles*, tome I, Louis Forestier (éd.), « Bibliothèque de la Pléiade », Paris, Gallimard, p. 869-875.

Maupassant Guy de, [1890] 1979, « Qui sait ? », *Contes et nouvelles*, tome II, Louis Forestier (éd.), « Bibliothèque de la Pléiade », Paris, Gallimard, p. 1225-1237.

Maupassant Guy de, [1876] 1974, « Sur l'eau », *Contes et nouvelles*, tome I, Louis Forestier (éd.), « Bibliothèque de la Pléiade », Paris, Gallimard, p. 54-59.

Maupassant Guy de, [1886] 1979, « Voyage de santé », *Contes et nouvelles*, tome II, Louis Forestier (éd.), « Bibliothèque de la Pléiade », Paris, Gallimard, p. 719-724.

Mérimée Prosper, [1840] 1992, *Colomba*, Patrick Berthier (éd.), Paris, Gallimard.

Nodier Charles, [1837] 1992, « Inès de Las Sierras », Nodier, Balzac, Gautier et Mérimée, *Récits fantastiques*, Paris Presses Pocket, p. 17-89.

Nothomb Amélie, 2012, *Barbe bleue*, Paris, Albin Michel.

Perrault Charles, [1697] 1991, *Contes*, Flammarion.

Sand George, [1843] 1999, *Consuelo*, Paris, Phébus.

Sand George, [1843] 2004, *La Comtesse de Rudolstadt*, Paris, Gallimard.

Stendhal [1830] 1983, *Le Rouge et le Noir*, Paris, Libraire générale française.

Verne Jules, [1899] s. d., *Le Testament d'un excentrique*, s. l.

Verne Jules, [1873] 2000, *Le Tour du monde en quatre-vingts jours*, Emmanuelle Sempère (éd.), Paris, Larousse.

Zola Émile, [1880] 1994, *Nana*, Colette Becker (éd.), Paris, Classiques Garnier.

RÉFÉRENCES CRITIQUES

Adam Jean-Michel, 2005, *Les textes : types et prototypes : récit, description, argumentation, explication et dialogue*, Paris, Armand Colin.

Adam Jean-Michel et Revaz Françoise, 1996, *L'analyse du récit*, Paris, Seuil.

Alber Jan et Fludernik Monika, 2010, « Introduction », *Postclassical Narratologies : Approaches and Analyses*, Jan Alber et Monika Fludernik (éd.), Columbus, Ohio State University Press, p. 1-31.

Alber Jan, 2009, « Impossible Storyworlds—and What to Do with Them Storyworlds », *A Journal of Narrative Studies*, vol. 1, p. 79-96.

Ansel Yves, 2020, « Stendhal ou la culture de l'exemplaire », *La morale en action. Apologues, paraboles, proverbes et récits exemplaires au XIXe siècle*, Violaine Heyraud et Éléonore Reverzy (éd.), Paris, Presses Sorbonne Nouvelle, p. 37-47.

Aragon Louis, 1969, *Je n'ai jamais appris à écrire ou les Incipit*, Genève, Skira.

Aristote, 1990, *Poétique*, Michel Magnien (éd.), Libraire générale française.

Aucouturier Michel, 1994, *Le formalisme russe*, Paris, Presses universitaires de France.

Auerbach Erich, [1946] 1974, *Mimesis. The Representation of Reality in Western Literature*, 4e éd., Princeton, Princeton University Press.

Baguley David, 1993, *Zola et les genres*, University of Glasgow, French and German Publications.

Bakhtine Mikhaïl, [1924] 1978a, « Le problème du contenu, du matériau et de la forme dans l'œuvre littéraire », *Esthétique et théorie du roman*, Paris, Gallimard, p. 21-82.

Bakhtine Mikhaïl, [1934-1935] 1978b, « Du discours romanesque », *Esthétique et théorie du roman*, Paris, Gallimard, p. 83-233.

Bakhtine Mikhaïl, [1937-1938] 1978c, « Formes du temps et du chronotope dans le roman », *Esthétique et théorie du roman*, Paris, Gallimard, p. 235-398.

Bal Mieke, 2005, « L'éthique de la description », *Les lieux du réalisme*, Vincent Jouve et Alain Pagès (éd.), Paris, Presses Sorbonne Nouvelle / Éditions L'Improviste, p. 146-157.

Bal Mieke, 2017, *Narratology. Introduction to the Theory of Narrative*, 4e éd., Toronto, University of Toronto Press.

Baladier Louis, 1991, *Le récit – panorama et repères*, Paris, Éditions STH.

Baldick Chris, 2015, *The Oxford Dictionary of Literary Terms*, Oxford University Press.

Barbéris Pierre, 1976, « Notes et variantes », Honoré de Balzac, *La Comédie humaine*, tome III, Pierre-Georges Castex (éd.), « Bibliothèque de la Pléiade », Paris, Gallimard.

Bareis J. Alexander et Nordrum Lene, 2015, *How to make believe. The fictional truths of the representational arts*, Berlin, De Gruyter.

Baron Anne-Marie, 1994, « L'expressionnisme de Maupassant, entre Schopenhauer et Gogol », *L'École des lettres*, n° 12, p. 53-66.

Baron Anne-Marie, 1998, *Balzac ou l'auguste mensonge*, Paris, Nathan.

Baroni Raphaël, 2007, *La Tension narrative. Suspense, curiosité et surprise*, Paris, Seuil.

Baroni Raphaël, 2008, « Approches passionnelles et dialogiques de la narrativité », *Cahiers de Narratologie* [en ligne], n° 14, p. 1-13. http://journals.openedition.org/narratologie/579 (consulté le 13/10/2019).

Baroni Raphaël, 2016, « Virtualities of Plot and the Dynamics of Rereading », *Narrative sequence in contemporary narratology*, Raphaël Baroni et Françoise Revaz (éd.), Columbus, Ohio State University Press, p. 87-103.

Baroni Raphaël, 2017, *Les rouages de l'intrigue*, Slatkine.

Barthes Roland, 1957, *Mythologies*, Paris, Seuil.

Barthes Roland, 1964a, « L'activité structuraliste », *Essais critiques*, Paris, Seuil, p. 213-220.

Barthes Roland, 1964b, « Les deux critiques », *Essais critiques*, Paris, Seuil, p. 246-251.

Barthes Roland, 1964c, « Qu'est-ce que la critique ? », *Essais critiques*, Paris, Seuil p. 252-257.

Barthes Roland, 1966, « Introduction à l'analyse structurale du récit », *Communications*, n° 8, p. 1-27.

Barthes Roland, 1968, « L'Effet de réel », *Communications*, n° 11, p. 84-89.

Barthes Roland, 1970, *S/Z*, Paris, Seuil.

Barthes Roland, 1973, *Le Plaisir du Texte*, Paris, Seuil.

Barthes Roland, 1984, « La mort de l'auteur », *Le bruissement de la langue*, Paris, Seuil, p. 61-67.

Becker Colette (éd.), 1994, Émile Zola, *Nana*, Paris, Classiques Garnier.

Beckson Karl et Ganz Arthur (éd.), 1990, *Literary Terms : A Dictionary*, Andre Deutsch Ltd.

Benveniste Émile, 1966, *Problèmes de linguistique générale*, Paris, Gallimard.

Bermel Albert, 1990, *Farce : A History from Aristophanes to Woody Allen*, Southern Illinois University Press.

Bersani Leo, 1982, « Le réalisme et la peur du désir », *Littérature et réalité*, Barthes *et al.*, Paris, Seuil, p. 47-80.

Berthier Patrick (éd.), 1992, Prosper Mérimée, *Colomba*, Paris, Gallimard.

Biagini Enza, 1998, *Letteratura e motivazione. Saggi di teoria della letteratura*, Rome, Bulzoni.

Birnbaum Henrik, 1985, « Familiarization and its Semiotic Matrix », *Russian formalism : a retrospective glance*, Robert Louis Jackson et Stephen Rudy (éd.), New Haven, Yale Center for International and Area Studies, p. 148-161.

Blin Georges, 1954, *Stendhal et les problèmes du roman*, Paris, José Corti.

Boll-Johansen Hans, 1979, *Stendhal et le roman. Essai sur la structure du roman stendhalien*, Aran, Éditions du Grand Chêne.

Booth Wayne, [1961] 1983, *The Rhetoric of Fiction*, Chicago University Press.

Bopp Léon, 1951, *Commentaire sur Madame Bovary*, Neuchâtel, Baconnière.

Bordas Éric, 1997, *Balzac, discours et détours. Pour une stylistique de l'énonciation romanesque*, Presses universitaires du Mirail.

Bortolussi Marisa et Dixon Peter, 2009, *Psychonarratology : Foundations for the Empirical Study of Literary Response*, Cambridge, Cambridge University Press.

Bozetto Roger, 1998, *Nodier*, Dijon, Éditions de l'Université de Dijon.

Brandt Per Aage, 2015, « Forces et espaces, Maupassant, Borges, Hemingway », *Cahiers de Narratologie* [en ligne], n° 28, p. 1-27. http://journals.openedition.org/narratologie/7291 (consulté le 31/8/2020).

Bremond Claude, 1973, *La logique du récit*, Paris, Seuil.

Brés Jacques, 1994, *La narrativité*, Louvain, Suculot.

Brombert Victor, 1966, *The Novels of Flaubert : a Study of Themes and Techniques*, Princeton, Princeton University Press.

Brooks Peter, 1982, « Narrative Transaction and Transference. Unburying *Le Colonel Chabert* », *NOVEL : A Forum on Fiction*, vol. 15, n° 2, p. 101-110.

Brooks Peter, 1984, *Reading for the Plot. Design and Intention in Narrative*, Oxford, Clarendon Press.

Brooks Peter, 2005, *Realist vision*, New Haven et London, Yale University Press.

Brooks Peter, 2010, *L'imagination mélodramatique*, Paris, Classiques Garnier.

Brunetière Ferdinand, 1913, *Honoré de Balzac*, Paris, Nelson.

Budniakiewicz Thérèse, 1992, *Fundamentals of Story Logic. Introduction to Greimassian Semiotics*, Philadelphie, Benjamins.

Buisine Alain, 1981, « Un cas limite de la description : L'énumération. L'exemple de *Vingt mille lieues sous les mers* », *La description*, Philippe Bonnefis et Pierre Reboul (éd.), Lille, Presses universitaires de Lille, p. 81-102.

Busk-Jensen, Lise, 1982, « George Sands *Consuelo* og *La comtesse de Rudolstadt* : en dannelsesroman om kvindelighedens udvikling og heltindens afvikling », *Udviklingsromanen – en genres historie*, Thomas Jensen et Carsten Nicolaisen (éd.), Odense, Odense Universitetsforlag, p. 187-214.

Butor Michel, 1960, « Le Point suprême et l'âge d'or à travers quelques œuvres de Jules Verne », *Répertoire I*, Paris, Minuit, p. 130-162.

Cabanès Jean-Louis, 2003, « La forêt dans l'œuvre romanesque de Daudet », *Le Petit chose*, n° 90, p. 209-218.

Campbell Joseph, Moyers Bill et Flowers Betty Sue, 1988, *The Power of Myth*, Doubleday.

Caramaschi Enzo, 1985, « Stendhal face à Julien. Essai de sociologie du public », *La création romanesque chez Stendhal*, Victor Del Litto (éd.), Genève, Droz, p. 145-157.

Carey Gary et Snodgrass Mary Ellen, 1999, *A Multicultural Dictionary of Literary Terms*, Jefferson, N. C. McFarland.

Castex Pierre-Georges, 1961, « Notice. Fantaisies et légendes », Charles Nodier, *Contes*, Paris, Classiques Garnier.

Cave Terence, 1990, *Recognitions – A Study in Poetics* [en ligne], Oxford, Oxford University Press, http://dx.doi.org/10.1093/acprof:oso/9780198151630.003.0015 (consulté le 6/12/2020).

Charles Michel, 2018, *Composition*, Paris, Seuil.

Charnay Thierry, 2015, « De Perrault à Tahar Ben Jelloun : le métissage des voix », *La Tortue Verte*, n° 6, p. 15-28.

Chatman Seymour, 1978, *Story and Discourse. Narrative Structure in Fiction and Film*, Ithaca, Cornell University Press.

Chatman Seymour, 1990, *Coming to Terms. The Rhetoric of Narrative in Fiction and Film*, Ithaca, Cornell University Press.

Childers Joseph et Hentzi Gary, 1995, *The Columbia Dictionary of Modern Literary and Cultural Criticism*, Columbia University Press.

Chklovski Victor, [1925] 1973, « The connection between devices of *Syuzhet* construction and general stylistic devices », *Russian formalism : a collection of articles and texts in translation*, Stephen Bann et John E. Bowlt (éd.), Edinburgh, Scottish Academic Press, p. 48-72.

Chklovski Victor, [1925] 1990, *Theory of prose*, Elmwood Park, Dalkey Archive Press.

Chklovski Victor, [1917] 2001a, « L'art comme procédé », *Théorie de la littérature*, Tzvetan Todorov (éd.), Paris, Seuil, p. 75-97.

Chklovski Victor, [1925] 2001b, « La construction de la nouvelle et du roman », *Théorie de la littérature*, Tzvetan Todorov (éd.), Paris, Seuil, p. 170-192.

Chklovski Victor, [1923] 2008, *Literature and cinematography*, Richard Sheldon (éd.), Champaign, Dalkey Archive Press.

Citron Pierre (éd.), 1961, Balzac, *Le Colonel Chabert*, Paris, Librairie Marcel Didier.

Čiževskij Dmitrij, 1974, *History of Nineteenth-Century Russian Literature*, Nashville, Vanderbilt University Press.

Clark Raymond, 1979, *Catabasis : Vergil and the Wisdom-Tradition*, Amsterdam, B. R. Grüner.

Cohn Dorrit, 1978, *Transparent Minds : Narrative Modes for Presenting Consciousness in Fiction*, Princeton, Princeton University Press.

Cohn Dorrit, 1999, *The Distinction of Fiction*, Baltimore, Johns Hopkins University Press.

Colm Hogan Patrick, 2010, « Characters and Their Plots », *Characters in Fictional Worlds : Understanding Imaginary Beings in Literature, Film, and Other Media*, Jens Eder, Fotis Jannidis et Ralf Schneider (éd.), Berlin, de Gruyter, p. 134-156.

Compère Daniel, 2006, « Seconds rôles, duos et trios dans l'œuvre romanesque de Jules Verne », *Belphégor* [en ligne], vol. 6, n° 1, http://etc.dal.ca/belphegor (consulté le 13/10/2020).

Cormenin Louis de, 1857, « *Madame Bovary* par Gustave Flaubert », *Journal du Loiret* [en ligne], le 6 mai 1857. https://flaubert.univ-rouen.fr/etudes/madame_bovary/mb_corm.php (consulté le 31/08/2020).

Couleau Christèle, 2020, « Des raisons d'agir aux raisons de lire : la complexité de la médiation narratoriale chez Balzac », *Raisons d'agir : les passions et les intérêts dans le roman français du* XIX*e siècle*, Boris Lyon-Caen (éd.), site Fabula, colloque en ligne, http://test.fabula.org/colloques/document6703.php (consulté le 04/05/2021).

Courtés Joseph, 1991, *Analyse sémiotique du discours – de l'énoncé à l'énonciation*, Paris, Hachette.

Crouzet Michel, 1980, « Une rhétorique de Maupassant », *Revue d'histoire littéraire de la France*, vol. 80, n° 2, p. 233-262.

Crouzet Michel, 1995, *Le Rouge et le Noir. Essai sur le romanesque stendhalien*, Paris, Presses universitaires de France.

Cuddon John A. (éd.), 1991, *Dictionary of Literary Terms and Literary Theory*, 3e éd., Oxford, Blackwell.

Culler Jonathan, 1974, *Flaubert : The Uses of Uncertainty*, Ithaka, Cornell University Press.

Culler Jonathan, [1981] 2001, « Story and Discours in the Analysis of Narrative », *The Pursuit of Signs*, London / New York, Routledge, p. 188-208.

Culler Jonathan, [1975] 2002, *Structuralist Poetics*, London/New York, Routledge.

Dannenberg Hilary, 2008, *Convergence and Divergence : Plotting Time and Space in Narrative Fiction*, University of Nebraska Press.

Davis Todd F. et Womack Kenneth (éd.), 2002, *Formalist criticism and reader-response theory*, Basingstoke, Palgrave.

Depretto-Genty Catherine, 1991a, *Formalisme et histoire littéraire*, Lausanne, L'Âge d'homme.

Depretto-Genty Catherine, 1991b, « L'œuvre de Iouri Tynianov », *Formalisme et histoire littéraire*, Catherine Depretto-Genty (éd.), Lausanne, L'Âge d'homme, p. 7-40.

Depretto Catherine, 2009, *Le formalisme en Russie*, Paris, Institut d'études slaves.

Depretto Catherine, 2012, « La "Dominante" de Roman Jakobson, ou comment parler du formalisme russe dans la Tchécoslovaquie de 1935 », *Fabula-LhT* [en ligne], n° 10, « L'Aventure poétique ». http://www.fabula.org/lht/10/depretto.html (consulté le 13/10/2021).

Depretto Catherine, 2018, « Boris Tomaševskij, le formaliste oublié », *Communications*, n° 103, p. 107-118.

Depretto Catherine, Pier John et Roussin Philippe (éd.), 2018, « Le formalisme russe cent ans après », *Communications*, n° 103, Paris, Seuil.

Desprez Louis, 1884, *L'évolution naturaliste*, Paris, Tresse.

Didier Béatrice, 1998, *George Sand écrivain. « Un long fleuve d'Amérique »*, Paris, Presses universitaires de France.

Diengott Nilli, 1993, « Implied Author, Motivation and Theme and Their Problematic Status », *Orbis Litterarum*, n° 48, p. 181-193.

Doležel Lubomír, 1973, « Narrative composition : A link between German and Russian poetics », *Russian formalism : a collection of articles and texts in translation*, Stephen Bann et John E. Bowlt (éd.), Edinburgh, Scottish Academic Press, p. 73-84.

Doležel Lubomír, 1998, *Heterocosmica. Fiction and Possible Worlds*, Johns Hopkins University Press.

Dubois Jacques, 2000, *Les romanciers du réel*, Paris, Seuil.

Dubois Jacques, 2005, « Julien Sorel déconstruit », *Les lieux du réalisme*, Vincent Jouve et Alain Pagès (éd.), Paris, Presses Sorbonne Nouvelle/Éditions L'Improviste, p. 213-224.

Dufief Anne-Simone, 1997, *Alphonse Daudet romancier*, Paris, Champion.

Dufour Philippe, 1997, *Flaubert ou la prose du silence*, Paris, Nathan.

Dufour Philippe, 1998, *Le Réalisme*, Paris, Presses universitaires de France.

Duranty Louis Edmond, 1857, « Nouvelles diverses », *Réalisme*, le 15 mars 1857, p. 79.

Durey Jill, 1993, *Realism and narrative modality : the hero and heroine in Eliot, Tolstoy and Flaubert*, Tübingen, Narr.

Eco Umberto, 1966, « James Bond : une combinatoire narrative », *Communications*, n° 8, p. 77-93.

Eco Umberto, 1985, *Lector in fabula. Le rôle de la lecture ou la coopération interprétative dans les textes narratifs*, Paris, Grasset.

Eder Jens, Jannidis Fotis et Schneider Ralf, 2010, « Characters in Fictional Worlds. An Introduction », *Characters in Fictional Worlds : Understanding Imaginary Beings in Literature, Film, and Other Media*, Jens Eder, Fotis Jannidis et Ralf Schneider (éd.), Berlin, de Gruyter, p. 3-66.

Eichenbaum Boris, [1926] 2001a, « La théorie de la "méthode formelle" », *Théorie de la littérature*, Tzvetan Todorov (éd.), Paris, Seuil, p. 31-75.

Eichenbaum Boris, [1925] 2001b, « Théorie de la prose », *Théorie de la littérature*, Tzvetan Todorov (éd.), Paris, Seuil, p. 200-214.

Eichenbaum Boris, [1918] 2001c, « Comment est fait *Le Manteau* de Gogol », *Théorie de la littérature*, Tzvetan Todorov (éd.), Paris, Seuil, p. 215-237.

Erlich Victor, [1955] 1980, *Russian Formalism : History-Doctrine*, 4e éd., La Haye, Mouton.

Escola Marc, 2009, « Le clou de Tchekhov. Retours sur le principe de causalité régressive », *Fabula, atelier* [en ligne]. https://www.fabula.org/atelier.php?Principe_de_causalite_regressive (consulté le 6/12/2020).

Espagne Michel, 2018, « Un formalisme germano-russe : le cas de Viktor Žirmunskij, 1891-1971) », *Communications*, n° 103, p. 147-162.

Estébanez Calderón Demetrio, 2004, *Diccionario de términos literarios*, Paris, Honoré Champion.

Evans Arthur B., 1988, *Jules Verne rediscovered. Didacticism and the Scientific Novel*, Westport, Greenwood Press.

Falconer Rachel, 2007, *Hell in Contemporary Literature : Western Descent Narratives since 1945*, Edinburgh University Press.

Fauvin-Lunetta Virginie, 1994, « "Un cas de divorce" : étude d'un cas de névrose », *L'École des lettres*, n° 12, p. 33-44.

Felman Shoshana, 1971, *La « Folie » dans l'œuvre romanesque de Stendhal*, Paris, José Corti.

Fernandez Ramon, [1943] 1980, *Balzac ou l'envers de la création romanesque*, Paris, Grasset.

Fina Anna de et Georgakopoulou Alexandra, 2015, *The handbook of narrative analysis*, Malden, Wiley Blackwell.

Fish Stanley, 1980, *Is There a Text in This Class ? The Authority of Interpretive communities*, Cambridge, Harvard University Press.

Flaker Aleksandar et Skreb Zdenko, 1964, *Stilovi i razdoblja*, Zagreb, Matica Hrvatska.

Flaker Aleksandar, 1964a, « Motivacija i stil. A. O pojmu "motivacija" », *Stilovi i razdoblja*, Aleksandar Flaker et Zdenko Skreb (éd.), Zagreb, Matica Hrvatska, p. 149-170.

Flaker Aleksandar, 1964b, « Motivacija i stil. B. Motivacijski sistemi u realizmu i "modernizmu" (Na primjerima hrvatske novele) », *Stilovi i razdoblja*, Aleksandar Flaker et Zdenko Skreb (éd.), Zagreb, Matica Hrvatska, p. 171-192.

Flaker Aleksandar, 1964c, « O realizmu », *Stilovi i razdoblja*, Aleksandar Flaker et Zdenko Skreb (éd.), Zagreb, Matica Hrvatska, p. 213-236.

Flaker Aleksandar, 1964d, « Uz problem "modernizma" (O jednom razdoblju "moderne" ruske knjizevnosti) », *Stilovi i razdoblja*, Aleksandar Flaker et Zdenko Skreb (éd.), Zagreb, Matica Hrvatska, p. 237-266.

Fludernik Monika, 1996, *Towards a 'Natural' Narratology*, London, Routledge.

Fludernik Monika, 2006, *An Introduction to Narratology*, London/New York, Routledge.

Fontaine David, 1993, *La poétique : introduction à la théorie générale des formes littéraires*, Paris, Nathan.

Fonyi Antonia, 1994, « La limite : garantie précaire de l'identité », *Revue d'histoire littéraire de la France*, vol. 94, n° 5, p. 757-764.

Foucault Michel, 1969, « Qu'est-ce qu'un auteur ? », *Bulletin de la Société française de philosophie*, 63e année, n° 3, p. 73-104.

Fowler Roger (éd.), 1987, *A Dictionary of Modern Critical Terms*, London, Routledge / Kegan Paul.

Frye Northrop, 1957, *Anatomy of Cricism*, Princeton, Princeton University Press.

Frye Northrop, 1976, *The Secular Scripture : A Study of Romance*, Harvard, Harvard University Press.

Furst Lilian, 1984, *Fictions of Romantic Irony in European Narrative, 1760-1857*, Cambridge, Harvard University Press.

Färnlöf Hans, 2000, *L'art du récit court : pantins et parasites dans les nouvelles de Maupassant*, thèse de doctorat, Stockholm, Université de Stockholm.

Färnlöf Hans, 2003, « Discours et distance – l'ironie dans trois contes fantastiques de Maupassant », *Cahiers naturalistes*, n° 77, p. 169-180.

Färnlöf Hans, 2004, « Motivations – un problème de l'esthétique réaliste », *Cahiers du réalisme français en Scandinavie*, n° 2, p 5-52.

Färnlöf Hans, 2006, « Le romanesque motivé – programmation de lecture dans *Consuelo* et *La Comtesse de Rudolstadt* », *George Sand Studies*, n° 25, p. 4-16.

Färnlöf Hans, 2007a, « De la motivation du fantastique », *C.R.I.N.*, n° 48, p. 45-56.

Färnlöf Hans, 2007b, « La poétique du parasite – quelques exemples d'éléments motivants dans les nouvelles de Maupassant », *Bulletin Flaubert-Maupassant*, n° 21, p. 131-144.

Färnlöf Hans, 2007c, « Motivation et description dans *Nana* », *Litteratur & språk*, n° 3, p. 89-106.

Färnlöf Hans, 2007d, « Procédés motivants dans *Sapho* », *Le Petit Chose*, n° 96, p. 155-183.

Färnlöf Hans, 2007e, « Pratiques poétiques – remarques sur la motivation dans *Le Rouge et le Noir* », *L'Année stendhalienne*, n° 6, p. 301-331.

Färnlöf Hans, 2007f, « Chronotope romanesque et perception du monde : à propos du *Tour du monde en quatre-vingts jours* », *Poétique*, n° 152, p. 439-456.

Färnlöf Hans, 2008a, « Représentations – observations sur *Le Tour du monde en quatre-vingts jours* », *Orbis Litterarum*, vol. 63, n° 3, p. 199-216.

Färnlöf Hans, 2008b, « Zola et la motivation : synthèse critique », *Cahiers naturalistes*, n° 82, p. 199-216.

Färnlöf Hans, 2008c, « Pour un nouvel emploi de la motivation : l'exemple du couple Bovary », *Bulletin Flaubert-Maupassant*, n° 23, p. 131-144.

Färnlöf Hans, 2008d, « Dénonciation d'énonciation – la mythification dans *Colomba* par Mérimée », *L'Image du Nord chez Stendhal et les Romantiques*, Kajsa Andersson (éd.), vol. 4, Örebro, Humanistica Oerebroensia, p. 190-203.

Färnlöf Hans, 2014, « Motivation anti-romanesque et fantastique : l'exemple d'*Inès de las Sierras* de Nodier », *Romanesques*, n° 6, p. 155-166.

Färnlöf Hans, 2019a, « La place du déplacement – réflexions sur la dimension mythique du *Colonel Chabert* », *Australian Journal of French Studies*, vol. 56, n° 3, p. 287-306.

Färnlöf Hans, 2019b, « Stades imaginaires dans *Barbe bleue* d'Amélie Nothomb », *Littératures de l'imaginaire*, Katarzyna Gadomska et Agnieszka Loska (éd.), Katowice, Wydawnictwo Uniwersytetu Śląskiego, p. 115-127.

Färnlöf Hans, 2019c, « Le hasard abolira les coups de dés – de la science romanesque dans Le Testament d'un excentrique de Jules Verne », *Le Hasard dans les Arts et Lettres*, Parfait Bi Kacou Diandué et Martine Renouprez (éd.), Sarrion, Munoy Moya Editores, p. 75-94.

Färnlöf Hans, 2021, « Sujets déplacés et replacés – les contes de Perrault réécrits par Tahar Ben Jelloun », *Position(s) du sujet francophone*, Buata B. Malela et Hans Färnlöf (éd.), Paris, CERF, p. 51-82.

Gadamer Hans-Georg, [1960] 2018, *Vérité et méthode*, Paris, Seuil.

Gardes-Tamine Joëlle et Hubert Marie-Claude (éd.), 1993, *Dictionnaire de critique littéraire*, Paris, Armand Colin.

Gascar Pierre (éd.), 1974, Balzac, *Le Colonel Chabert, suivi de trois nouvelles*, Paris, Gallimard.

Gendrel Bernard, 2012, *Le Roman de mœurs —Aux origines du roman réaliste*, Paris, Hermann.

Genette Gérard, 1966, « Silences de Flaubert », *Figures I*, Paris, Seuil, p. 223-243.

Genette Gérard, 1968, « Vraisemblance et motivation », *Communications*, n° 11, p. 5-21.

Genette Gérard, 1969, « Stendhal », *Figures II*, Paris, Seuil, p. 155-193.

Genette Gérard, 1972, *Figures III*, Paris, Seuil.

Genette Gérard, 1982, *Palimpsestes. La littérature au second degré*, Paris, Seuil.

Genette Gérard, 1987, *Seuils*, Paris, Seuil.

Gerrig Richard, 2011, « Conscious and Unconscious Processes in Readers' Narrative Experiencies », *Current Trends in Narratology*, Greta Olson (éd.), Berlin/New York, De Gruyter, p. 37-60.

Girard René, 1961, *Mensonge romantique et vérité romanesque*, Paris, Grasset.

Glanc Tomaš, 2018, « Une généalogie du structuralisme », *Communications*, n° 111, p. 197-211.

Gorp Hendrik van, Delabastita Dirk, D'Hulst Lieven et Grutman Rainier (éd.), 2001, *Dictionnaire des termes littéraires*, Paris, Honore Champion.

Gothot-Mersch Claudine, 1966, *La genèse de Madame Bovary*, Paris, Slatkine.

Gould Eric, 1981, *Mythical Intentions in Modern Literature*, Princeton, Princeton University Press.

Greimas Algirdas Julien, 1966, *Sémantique structurale. Recherche de méthode*, Paris, Larousse.

Greimas Algirdas Julien, 1976, *Maupassant, la sémiotique du texte : exercices pratiques*, Paris, Seuil.

Grübel Rainer Georg, 1981, *Russischer Konstruktivismus : künstlerische Konzeptionen, literarische Theorie und kultureller Kontext*, Wiesbaden, Harrassowitz.

Gymnich Marion, 2010, « The Gender(ing) of Fictional Characters », *Characters in Fictional Worlds : Understanding Imaginary Beings in Literature, Film, and*

Other Media, Jens Eder, Fotis Jannidis et Ralf Schneider (éd.), Berlin, de Gruyter, p. 506-526.

Haferland Harald, 2016, « Motivierung im Erzähltext – Ein Systematisierungsversuch mit einem Blick auf die Geschichte des Erzählens », *Die biologisch-kognitiven Grundlagen narrativer Motivierung*, Márta Horváth et Katja Mellmann (éd.), Münster Mentis, p. 13-53.

Halliwell Stephen, 2002, *The Aesthetics of Mimesis : Ancient Texts and Modern Problems*, Princeton, Princeton University Press.

Hamburger Käte, [1957] 1993, *The logic of literature*, 2e éd., Bloomington, Indiana University Press.

Hamon Philippe, 1974, « Note sur les notions de norme et de lisibilité en stylistique », *Littérature*, nº 14, p. 114-122.

Hamon Philippe, 1977a, « Pour un statut sémiologique du personnage », *Poétique du récit*, Barthes *et al.*, Paris, Seuil, p. 115-180.

Hamon Philippe, 1977b, « Texte littéraire et métalangage », *Poétique*, nº 31, p. 261-284.

Hamon Philippe, [1973] 1982, « Un discours contraint », *Littérature et réalité*, Barthes *et al.*, Paris, Seuil, p. 119-181.

Hamon Philippe, 1984, *Texte et idéologie. Valeurs, hiérarchies et évaluations dans l'œuvre littéraire*, Paris, Presses universitaires de France.

Hamon Philippe, [1981] 1993, *Du descriptif*, Paris, Hachette.

Hamon Philippe, 1996, *L'Ironie littéraire : essai sur les formes de l'écriture oblique*, Paris, Hachette.

Hamon Philippe, [1983] 1998, *Le Personnel du roman – le système des personnages dans les Rougon-Macquart d'Émile Zola*, Genève, Droz.

Hamon Philippe, 2020, « Préambule », *Raisons d'agir : les passions et les intérêts dans le roman français du XIXe siècle*, Boris Lyon-Caen (éd.), site Fabula, colloque en ligne. http://test.fabula.org/colloques/document6700.php (consulté le 13/10/2021).

Hansen-Löve Aage, 1988, « Le formalisme russe », *Histoire de la littérature russe. 3. Le XXe siècle, 2, La révolution et les années vingt*, Efim Ėtkind, Georges Nivat, Ilya Serman et Vittorio Strada (éd.), Paris, Fayard, p. 618-655.

Hansen-Löve Aage, 1989, « Motivierung, Motivation », *Glossarium der russischen Avantgarde*, Aleksandar Flaker (éd.), Graz, Droschl, p. 401-411.

Hansen-Löve Aage, 2018, « Genèse vs théorie de l'évolution. Tynianov, Darwin et la lutte des genres littéraires pour la survie », *Communications*, nº 111, p. 163-179.

Harris Wendell (éd.), 1992, *Dictionary of concepts in literary criticism and theory*, Greenwood Press.

Hawthorne Jeremy (éd.), 2000, *A Glossary of Contemporary Literary Theory*, London, Arnold.

Hébert Louis, 2015, *L'Analyse des textes littéraires. Une méthodologie complète*, Paris, Classiques Classiques Garnier.

Herman David, 1997, « Scripts, Sequences, and Stories : Elements of a Postclassical Narratology », *PMLA*, vol. 5, n° 112, p. 1046-1059.

Herman David, 2002, *Story Logic. Problems and Perspectves of Narrative*, Lincoln/London, University of Nebraska Press.

Herman David, 2009, *Basic Elements of Narrative*, Malden, Wiley-Blackwell.

Herman David, 2012, « Response », *Narrative Theory : Core Concepts and Critical Debates*, David Herman, James Phelan, Peter J. Rabinowitz, Brian Richardson et Robyn Warhol (éd.), Ohio State University Press, p. 218-234.

Herman Luc et Vervaeck Bart, 2007, « Ideology », *The Cambridge Companion to Narrative*, David Herman (éd), Cambridge University Press, p. 217-230.

Hodgson Peter, 1985, « Viktor Shklovsky and the Formalist Legacy : Imitation/Stylization in Narrative Fiction », *Russian formalism : a retrospective glance*, Robert Louis Jackson et Stephen Rudy (éd.), New Haven, Yale Center for International and Area Studies, p. 195-212.

Holmberg Claes-Göran et Olsson Anders, 1999, *Epikanalys – en introduktion*, Lund, Studentlitteratur.

Holquist Michael, 1985, « Bakhtine and the Formalists : History as Dialogue », *Russian formalism : a retrospective glance*, Robert Louis Jackson et Stephen Rudy (éd.), New Haven, Yale Center for International and Area Studies, p. 82-95.

Horváth Márta et Mellmann Katja (éd.), 2016, *Die biologisch-kognitiven Grundlagen narrativer Motivierung*, Münster Mentis.

Hrushovski Benjamin, [1976] 1983, « Segmentation and motivation in the text continuum of literary prose. The first episode of War and Peace », *Russian poetics*, Thomas Eekman et Dean S. Worth (éd.), Los Angeles, Slavica, p. 117-146.

Huet Marie-Hélène, 1973, *L'histoire des Voyages extraordinaires*, Paris, Minard.

Hühn Peter, 2016, « The Eventfulness of Non-Events », *Narrative sequence in contemporary narratology*, Raphaël Baroni et Françoise Revaz (éd.), Columbus, Ohio State University Press, p. 37-47.

Hühn Peter, Meister Jan Christoph, Pier John et Schmid Wolf (éd.), 2014, *Handbook of Narratology*, vol. 1, Berlin/Boston, De Gruyter.

Hutcheon Linda, 1978, « Ironie et Parodie, Stratégie et Structure », *Poétique*, n° 36, p. 467-477.

Iser Wolfgang, [1976] 1978, *The Act of Reading : A Theory of Aesthetic Response*, London, Routledge.

Jakobson Roman, 1963, *Essais de linguistique générale*, Paris, Minuit.

Jakobson Roman, 1966, « À la recherche de l'essence du langage », *Problèmes du langage*, Émile Benveniste *et al.*, Paris, Gallimard, p. 22-38.

Jakobson Roman, 1977a, « Notes marginales sur la prose du poète Pasternak », *Huit questions de poétique*, Paris, Seuil, p. 51-75.

Jakobson Roman, [1935] 1977b, « La dominante », *Huit questions de poétique*, Paris, Seuil, p. 77-85.

Jakobson Roman, [1921] 2001, « Du réalisme en art », *Théorie de la littérature*, Tzvetan Todorov (éd.), Paris, Seuil, p. 98-109.

Jameson Fredric, 1972, *The Prison-House of Language : A Critical Account of Structuralism and Russian Formalism*, Princeton, Princeton University Press.

Jannidis Fotis, 2003, « Narratology and the Narrative », *What Is Narratology ?*, Tom Kindt et Hans-Harald Müller (éd.), Berlin / New York, De Gruyter, p. 35-54.

Jannidis Fotis, 2014, « Character », *Handbook of Narratology*, Peter Hühn, Jan Meister, John Pier et Wolf Schmid (éd.), vol. 1, p. 30-45.

Jauss Hans-Robert, 1972, *Pour une esthétique de la réception*, Paris, Gallimard.

Jefferson Ann et Robey David, 1986, *Modern Literary Theory*, London, Batsford.

Jefferson Ann, 1986, « Russian formalism », *Modern Literary Theory*, Ann Jefferson et David Robey (éd.), London, Batsford, p. 24-45.

Jefferson Ann, 1988, *Reading Realism in Stendhal*, Cambridge, Cambridge University Press.

Johnson Sharon, 2000, *Boundaries of acceptability : Flaubert, Maupassant, Cézanne, and Cassatt*, New York, Peter Lang.

Jones Christine A., 2013, « Thoughts on "Heroinism" in French Fairy Tales », *Marvels & Tales*, vol. 27, n° 1, p. 15-33.

Jouve Vincent, 1998, *L'Effet-personnage dans le roman*, Paris, Presses universitaires de France.

Jouve Vincent, 2019, *Pouvoirs de la fiction. Pourquoi aime-t-on les histoires ?*, Paris, Armand Colin.

Kafalenos Emma, 2006, *Narrative Causalities*, Ohio State University Press.

Kassab-Charfi Samia, 2016, « Tahar Ben Jelloun et la réinvention des Contes de Perrault », *Littératures, Pratiques et enjeux de la réécriture*, n° 74, p. 53-66

Keen Suzanne, 2003, *Narrative form*, New York, Palgrave Macmillan.

Kennedy X. J., Gioia Dana et Bauerlein Mark, 2009, *Handbook of literary terms : literature, language, theory*, Harlow, Pearson/Longman.

Kindt Tom et Müller Hans-Harald, 2003, *What Is Narratology ?*, Berlin/ New York, De Gruyter.

Kittang Atle, 1997, *En introduktion till den moderna litteraturteorin*, Eslöv, B. Östlings bokförlag Symposion.

Knight Diana, 1985, *Flaubert's characters : the language of illusion*, Cambridge, Cambridge University Press.

Kourchoumoff Lisbeth, 2014, « Tahar Ben Jelloun à l'heure des contes », *Le Temps* [en ligne], le 12 décembre 2014. https://www.letemps.ch/culture/tahar-ben-jelloun-lheure-contes (consulté le 6/12/2020).

Kremer Nathalie, 2011, « Vraisemblance et représentation au XVIIIe siècle », *Fabula, atelier.* Introduction en ligne de l'ouvrage paru sous le même titre chez Honoré Champion. https://www.fabula.org/atelier.php?Vraisemblance_et_representation (consulté le 23/11/2020).

Kristeva Julia, 1973, « The Ruin of a Poetics », *Russian formalism : a collection of articles and texts in translation*, Stephen Bann et John E. Bowlt (éd.), Edinburgh, Scottish Academic Press, p. 102-119.

Kroó Katalin, 2018, « From the formalist to the semiotic theory of literature », *Communications*, n° 111, p. 247-264.

Kubícek Tomáš, 2018, « L'évolution littéraire selon Tynianov et Jakobson au tournant des années 1920-1930 », *Communications*, n° 111, p. 181-196.

Kuhn Thomas S., [1962] 1972, *La Structure des révolutions scientifiques*, Paris, Flammarion.

Kundera Milan, 1986, *L'art du roman*, Paris, Gallimard.

Laforgue Pierre, 2004, « *Consuelo, La Comtesse de Rudolstadt* – deux romans en un, ou la fantaisie, le romanesque et le sens en 1840 », *La Comtesse de Rudolstadt*, George Sand, Paris, Gallimard, p. 589-603.

Larroux Guy, 1995, *Le réalisme – éléments de critique, d'histoire et de poétique*, Paris, Nathan.

Lentricchia Frank et McLaughlin Thomas, 1995, *Critical Terms for Literary Study*, University of Chicago Press.

Lesky Albin, 1961, *Göttliche und menschliche Motivation im homerischen Epos*, Heidelberg.

Levin Poul, 1907, *Den naturalistiske Roman*, Copenhague/Kristiania.

Levorato Alessandra, 2003, *Language and Gender in the Fairy Tale Tradition. A Linguistic Analysis of Old and New Story-Telling*, Palgrave Macmillan.

Liveley Genevieve, 2019, *Narratology* [en ligne], Oxford Scholarship Online. https://www-oxfordscholarship-com.ezp.sub.su.se/view/10.1093/oso/9780199687701.001.0001/oso-9780199687701 (consulté le 22/08/2020).

Lotman Jurij M., 1973. *La structure du texte artistique*, Paris, Gallimard.

Lowe Nick J., 2004, *The Classical Plot and the Invention of Western Narrative*, Cambridge University Press.

Lukács György, [1951] 1999, *Balzac et le réalisme français*, La découverte.

Luther Stefanie (2016), « Kognitive Experimente. Über den Zusammenhang zwischen "Theory of Mind" und "Motivierung" in literarischen Erzähltexten », *Die biologisch-kognitiven Grundlagen narrativer Motivierung*, Márta Horváth et Katja Mellmann (éd.), Münster Mentis, p. 55-74.

Lyon-Caen, Boris (éd.), 2020, *Raisons d'agir : les passions et les intérêts dans le roman français du XIXe siècle*, site Fabula, colloque en ligne. http://test.fabula.org/colloques/document6700.php (consulté le 17/8/2021).

Lyotard Jean-François, 1979, *La condition postmoderne*, Paris, Minuit.

Maraini Dacia, 1998, *Searching for Emma : Gustave Flaubert and Madame Bovary*, Chicago, University of Chicago Press.

Marcoin François, 1994, « Fini de rire », *L'École des lettres*, n° 12, p. 3-17.

Margolin Uri, 1995, « Le personnage narratif, représentation, motivation, vraisemblance et réalisme », *Le personnage romanesque*, Gérard Lavergne (éd.), *Cahiers de la Narratologie*, n° 6, Nice, Presses de la Faculté des Lettres, Arts et Sciences Humaines, p. 287-294.

Martineau Henri, 1952, « Préface », *Romans*, Stendhal, « Bibliothèque de la Pléiade », Paris, Gallimard p. 195-213.

Martínez Matias, 1996, *Doppelte Welten. Struktur und Sinn zweideutigen Erzählens*, Göttingen, Vandenhoeck et Ruprecht.

Maupassant Guy de, [1882] 1980a, « Les bas-fonds », *Chroniques*, Hubert Juin (éd.), vol. 2, Paris, 10/18, p. 101-104.

Maupassant Guy de, [1883] 1980b, « Le fantastique », *Chroniques*, Hubert Juin (éd.), vol. 2, Paris, 10/18, p. 256-260.

Maupassant Guy de, [1888] 1987, « Le Roman », *Romans*, Louis Forestier (éd.), « Bibliothèque de la Pléiade », Paris, Gallimard, p. 703-715.

May Charles E., 1989, « Metaphoric Motivation in Short Fiction : "In the Beginning Was the Story" », *Short Story Theory at a Crossroads*, Susan Lohafer et Jo Ellyn Clarey (éd.), Louisiana State University Press, p. 62–73.

McHale Brian, 2005, « Ghosts and Monsters: On the (Im)Possibility of Narrating the History of Narrative Theory », *A Companion to Narrative Theory*, James Phelan et Peter J. Rabinowitz (éd.), John Wiley & Sons, p. 60-72.

Medvedev Pavel et Bakhtine Mikhaïl, [1928] 1978, *The Formal Method in Literary Scholarship : A Critical Introduction to Sociological Poetics*, The Johns Hopkins University Press.

Meister Jan Christophe, (éd.), s. d., *The living handbook of narratology* [en ligne]. https://www.lhn.uni-hamburg.de/index.html (consulté le 6/12/2021).

Mills Todd William, 1985, « Literature as an Institution : Fragments of a Formalist Theory », *Russian formalism : a retrospective glance*, Robert Louis Jackson et Stephen Rudy (éd.), New Haven, Yale Center for International and Area Studies, p. 15-26.

Milly Jean, 1992, *Poétique des textes*, Paris, Nathan.

Milošević Nikola, 1974, « Ideologie, Psychologie und literarisches Schaffen », *Formalismus, Strukturalismus und Geschichte*, Aleksandar Flaker et Viktor Žmegač (éd.), Kronberg/Taunus, Scriptor Verlag, p. 247-259.

Mitterand Henri, 1990, « Chronotopies romanesques : Germinal », *Poétique*, n° 81, p. 89-104.

Mitterand Henri, 1994, *L'illusion réaliste. De Balzac à Aragon*, Paris, Presses universitaires de France.

Morand Paul (éd.), 1964, *Le Colonel Chabert, suivi de Ferragus, chef des Dévorants*, Paris, Libraire générale française.

Mozet Nicole, 1990, *Balzac au pluriel*, Paris, Presses universitaires de France.

Murfin Ross et Ray Supryia (éd.), 1997, *The Bedford Glossary of Critical and Literary Terms*, Bedford Books.

Nelson Hilda, 1972, *Charles Nodier*, New York, Twayne Publishers Inc.

Noille Christine, 2018, « Rhétorique de la composition. La forme du roman du point de vue attentionnel », *Communications*, n° 111, p. 63-72.

Noiray Jacques (éd.), 2007, *Préfaces des romans français du* XIX*e siècle*, Paris, Libraire générale française.

Nøjgaard Morten, 1996, *Det litteraere verk. Textanalysens grundbegreber*, Odense Universitetsforlag.

Orr Leonard (éd.), 1991, *A Dictionary of Critical Theory*, New York, Greenwood Press.

Parmentier Marie, 2020, « Vraisemblance et exemplarité dans le roman stendhalien », *La morale en action. Apologues, paraboles, proverbes et récits exemplaires au* XIX*e siècle*, Violaine Heyraud et Éléonore Reverzy (éd.), Paris, Presses Sorbonne Nouvelle, p. 125-136.

Passalacqua Franco et Pianzola Federico, 2016, « Conclusion. Epistemological Problems un Narrative Theory. Objectivist vs. Constructist Paradigm », *Narrative sequence in contemporary narratology*, Raphaël Baroni et Françoise Revaz (éd.), Columbus, Ohio State University Press, p. 195-217.

Pavel Thomas, 1986, *Fictional Worlds*, Cambridge/London, Harvard University Press.

Pellegrini Florence, 2007, « "Mais pourquoi m'a-t-elle fait ça !" : Bouvard, Pécuchet et la recherche des causes. Une approche génétique et linguistique des connecteurs de causalité dans *Bouvard et Pécuchet* de Gustave Flaubert », site *ITEM* [en ligne]. http://www.item.ens.fr/articles-en-ligne/mais-pourquoi-ma-t-elle-fait-ca-bouvard-pecuchet-et-la-reche (consulté le 22/8/2021).

Pellini Pierluigi, 2020, « Raisons flaubertiennes de (ne pas) agir », *Raisons d'agir : les passions et les intérêts dans le roman français du* XIX*e siècle*, Boris Lyon-Caen (éd.), site *Fabula* [en ligne]. http://test.fabula.org/colloques/document6727.php (consulté le 4/5/2021).

Pennanech Florian, 2008, « Le Formalisme dans la Nouvelle Critique française », *L'Esprit Créateur*, vol. 48, n° 2, p. 101-114.

Pennanech Florian, 2009, « Poétique de la démotivation. Lire contre l'auteur », *Fabula, atelier* [en ligne], https://www.fabula.org/atelier.php?Poetique_de_la_demotivation (consulté le 6/12/2020).

Pennanech Florian, 2012, « Poétique de la démotivation », *Lire contre l'auteur*, Sophie Rabau (éd.), Paris, Presses universitaires de Vincennes, p. 133-147.

Pernoud Hermeline, 2016, « D'un sexe à l'autre : Revendications féministes dans les contes de fées du XIXe et du XXIe siècles : *La Petite à la Burqa rouge* et *Barbe-Bleue* de Tahar Ben Jelloun ; *Cendrillon ou le Petit Gant de soie* de Nathalie Azoulai », *Revue M@GM@* [en ligne], vol. 14, n° 3. https://hal.archives-ouvertes.fr/hal-01436975 (consulté le 13/10/2020).

Peters Jeffrey N., 1998, « Ideology, culture and the threat of allegory in Chapelain's theory of La Vraisemblance », *Romanic Review*, vol. 89, n° 4, p. 491-505.

Phelan James et Rabinowitz Peter J., 2005, *A Companion to Narrative Theory* [en ligne]. John Wiley & Sons. https://ebookcentral-proquest-com.ezp.sub.su.se/lib/sub/detail.action?docID=243554 (consulté le 31/8/2021).

Phelan James, 1989, *Reading People, Reading Plots. Character, Progression and the Interpretation of Narrative*, University of Chicago Press.

Phelan James, 2018, « "Quelqu'un raconte à quelqu'un d'autre" : une approche rhétorique », *Introduction à la narratologie postclassique : les nouvelles directions de la recherche sur le récit*, Sylvie Patron (éd.), Villeneuve d'Ascq, Presses universitaires du Septentrion, p. 47-67.

Pier John (éd.), 2008, *Théorie du récit. L'apport de la recherche allemande*, Villeneuve d'Ascq, Presses universitaires du Septentrion.

Pier John, 2011, « Is There a French Postclassical Narratology ? », *Current Trends in Narratology*, Greta Olson (éd.), Berlin/New York, De Gruyter, p. 336-367.

Pier John (éd.), 2020, *Contemporary French and Francophone Narratology*, Chicago, Ohio State University Press.

Prendergast Christopher, 1978, *Balzac. Fiction and Melodrama*, New York, Holmes and Meier.

Prince Gerald, 1973, *A grammar of stories: an introduction*, La Haye, Mouton.

Prince Gerald, 1982, *Narratology : The Form and Functioning of Narrative*, Berlin, Mouton de Gruyter.

Prince Gerald, 1987, *Dictionary of Narratology*, University of Nebraska Press.

Prince Gerald, 1992, *Narrative as Theme : Studies in French Fiction*, University of Nebraska Press.

Privat Jean-Marie, 1994, *Bovary Charivari : essai d'ethno-critique*, Paris, CNRS.

Propp Vladimir, [1928] 1970, *Morphologie du conte*, Paris, Seuil.

Propp Vladimir, [1928] 2001, « Les transformations des contes merveilleux », *Théorie de la littérature*, Tzvetan Todorov (éd.), Paris, Seuil, p. 238-266.

Pyrhönen Heta, 2007, « Genres », *The Cambridge Companion to Narrative*, David Herman (éd.), Cambridge University Press, p. 109-126.

Rabatel Alain, 2004, « Quand voir c'est (faire) penser. Motivation des chaînes anaphoriques et point de vue », *Cahiers de Narratologie* [en ligne], n° 11. http://journals.openedition.org/narratologie/21 (consulté le 4/5/2021).

Reuter Yves, 1991, *Introduction à l'analyse du roman*, Paris, Bordas.

Reuter Yves, 2000, *L'analyse du récit*, Paris, Nathan.

Reverzy Éléonore, 2017, « Le romanesque dans *L'Éducation sentimentale* », *Relire* L'Éducation sentimentale, Pierre Glaudes et Éléonore Reverzy (éd.), Paris, Classiques Garnier, p. 103-117.

Richardson Brian, 1997, *Unlikely Stories : Causality and the Nature of Modern Narrative*, University of Delaware Press.

Richardson Brian, 2016, « Unusual and Unnatural Narrative Sequences », *Narrative sequence in contemporary narratology*, Raphaël Baroni et Françoise Revaz (éd.), Columbus, Ohio State University Press, p. 163-175.

Richardson Brian, 2019, *A Poetics of Plot for the Twenty-first Century. Theorizing Unruly Narratives*, Columbus, The Ohio State University Press.

Ricœur Paul, 1983, *Temps et récit I : L'intrigue et le récit historique*, Paris, Seuil.

Riffaterre Michael, 1982, « L'illusion référentielle », *Littérature et réalité*, Barthes *et al.*, Paris, Seuil, p. 91-118.

Riffaterre Michael, 1990, *Fictional Truth*, Johns Hopkins University Press.

Riis Johannes, 2010, « Implications of Paradoxical Film Characters for Our Models and Conceptualizations », *Characters in Fictional Worlds : Understanding Imaginary Beings in Literature, Film, and Other Media*, Jens Eder, Fotis Jannidis et Ralf Schneider (éd.), Berlin, de Gruyter, p. 259-275.

Rimmon-Kenan Shlomith, 2002, *Narrative Fiction*, London, Routledge.

Ronen Ruth, 1994, *Possible Worlds in Literary Theory*, Cambridge University Press.

Roulin Jean-Marie, 2012, « The return of the undead : the body politic in *Le colonel Chabert* », *South Central Review*, vol. 29, n° 3, p. 20-35.

Roussin Philippe, 2018, « Qu'est-ce qu'une forme littéraire ? », *Communications*, n° 111, p. 73-88.

Ryan Marie-Laure, 1991, *Possible Worlds, Artificial Intelligence, and Narrative Theory*, Bloomington, Indiana University Press.

Ryan Marie-Laure, 2009, « Cheap Plot Tricks, Plot Holes, and Narrative Design », *Narrative*, vol. 17, n° 1, p. 56-75.

Ryan Marie-Laure, 2015, « Narratologie et sciences cognitives : une relation problématique », *Cahiers de Narratologie* [en ligne], n° 28, p. 1-23. http://journals.openedition.org/narratologie/7171 (consulté le 13/10/2020).

Saïd Edward W., 1978, *Orientalism*, New York, Pantheon Books.

Sainte-Beuve Charles-Augustin, [1869] 2018, *Causeries du lundi*, tome IX, 3e éd., Paris, Classiques Garnier.

Sand George, [1832 et 1839] 2007, « Indiana », « Lélia », *Préfaces des romans français du XIXe siècle*, Jacques Noiray (éd.), Libraire générale française, p. 224-250.

Schaeffer Jean-Marie, 1989, *Qu'est-ce qu'un genre littéraire ?*, Paris, Seuil.

Schapira Charlotte, 1990, « La folie – thème et outil narratif dans les contes de Maupassant », *Neophilologus*, n° 74, p. 30-43.

Schehr Lawrence, 2009, *Subversions of similitude. Reading Narrative from Balzac to Sartre*, New York, Fordham University Press.

Schmid Wolf, 2010, *Narratology. An Introduction*, Berlin / New York, De Gruyter.

Schmid Wolf, 2020, *Narrative Motivierung*, Berlin / Boston, De Gruyter.

Schöch Christof, 2015, « Intégrer ou encadrer ? – Les rapports changeants entre écriture descriptive et narration, de la fin des Lumières aux années 1830 », *Poétiques du descriptif dans le roman français du XIXe siècle*, Alice de Georges-Métral (éd.), Paris, Classiques Garnier, p. 39-53.

Segal Eyal, 2011, « The "Tel Aviv School" : A Rhetorical-Functional Approach to Narrative », *Current Trends in Narratology*, Greta Olson (éd.), Berlin / New York, De Gruyter, p. 297-311.

Segal Eyal, 2015, « L'école de Tel-Aviv, une approche rhétorique et fonctionnaliste du récit », *Cahiers de Narratologie* [en ligne], n° 28, p. 1-10. http://journals.openedition.org/narratologie/7289 (consulté le 1/1/2021).

Selden Raman, 1989, *A Reader's Guide to Contemporary Literary Theory*, Harverster Wheatsheaf.

Sempère Emmanuelle (éd.), 2000, Jules Verne, *Le Tour du monde en quatre-vingts jours*, Paris, Larousse.

Sherwood Richard, 1973, « Viktor Shklovsky and the development of early Formalist theory on prose literature », *Russian formalism : a collection of articles and texts in translation*, Stephen Bann et John E. Bowlt (éd.), Edinburgh, Scottish Academic Press, p. 26-40.

Sierotwiński Stanisław, 1986, *Słownik terminów literackich : teoria i nauki pomocnicze literatury*, 4e éd., Wrocław, Ossolineum.

Skwarczynska Stefania, 1954, *Wstęp do nauki o literaturze*, Warszawa, Pax.

Souriau Étienne, 1950, *Les Deux Cent Mille situations dramatiques*, Paris, Flammarion.

Spitzer Léo, [1931] 1980, *Études de style*, Paris, Gallimard.

Staël Madame de, [1802] 2007, « Mme de Staël. Delphine », *Préfaces des romans français du XIXe siècle*, Jacques Noiray (éd.), Paris, Libraire générale française, p. 32-46.

Stanzel Franz K, [1979] 1991, *Theorie des Erzählens*, Göttingen, Vandenhoek & Ruprecht.

Steiner Peter, 1984, *Russian formalism : a metapoetics*, Ithaca, Cornell University Press.

Steiner Peter, 1985, « The Praxis of Irony : Viktor Shklovsky's *Zoo* », *Russian formalism : a retrospective glance*, Robert Louis Jackson et Stephen Rudy (éd.), New Haven, Yale Center for International and Area Studies, p. 27-43.

Sternberg Meir, 1978, *Expositional modes and temporal ordering in fiction*. Indiana University Press.

Sternberg Meir, 1992, « Telling in Time (II) : Chronology, Teleology, Narrativity », *Poetics Today*, vol. 13, n° 3, p. 463-541.

Sternberg Meir, 2005, « Self-consciousness as a Narrative Feature and Force : Tellers vs. Informants in Generic Design », *A Companion to Narrative Theory* [en ligne], James Phelan et Peter J. Rabinowitz (éd.), John Wiley & Sons, p. 232-252. https://ebookcentral-proquest-com.ezp.sub.su.se/lib/sub/detail.action?docID=243554 (consulté le 31/8/2021).

Sternberg Meir, 2007, « Omniscience in Narrative Construction : Old Challenges and New », *Poetics Today*, vol. 28, n° 4, p. 683-794.

Sternberg Meir, 2010, « Narrativity : From Objectivist to Functional Paradigm », *Poetics Today*, vol. 31, n° 3, p. 507-659.

Sternberg Meir, 2012, « Mimesis and Motivation : The Two Faces of Fictional Coherence », *Poetics Today*, vol. 33, n° 3-4, p. 329-483.

Striedter Jurij, 1969, « Zur formalistischen Theorie des Prosa un der literarischen Evolution », *Russischer Formalismus*, Jurij Striedter (éd.), Munich, Wilhelm Fink Verlag, p. IX-LXXXIII.

Striedter Jurij, 1989, *Literary structure, evolution, and value : Russian formalism and Czech structuralism reconsidered*, Harvard University Press.

Tadié Jean-Yves, 1978, *La critique littéraire au XXe siècle*, Belfond.

Thompson Christopher W., 1982, *Le jeu de l'ordre et de la liberté dans « La Chartreuse de Parme »*, Aran, Éditions du Grand Chêne.

Thompson Ewa M., 1971, *Russian Formalism and Anglo-American New Criticism : a comparative study*, La Haye, Mouton.

Thorel-Cailleteau Sylvie, 1998, *Panorama de la littérature française. Réalisme et naturalisme*, Paris, Hachette.

Tjupa Valerij, 2014, « Narrative strategies », *Handbook of Narratology*, Peter Hühn, Jan Meister, John Pier et Wolf Schmid (éd.), vol. 1, Berlin/Boston, De Gruyter, p. 547-563.

Todorov Tzvetan, 1966, « Les catégories du récit littéraire », *Communications*, n° 8, p. 125-151.

Todorov Tzvetan, 1968, « Du vraisemblable que l'on ne saurait éviter », *Communications*, n° 11, p. 145-147.

Todorov Tzvetan, 1970, *Introduction à la littérature fantastique*, Paris, Seuil.

Todorov Tzvetan, 1971a, « Le récit primitif. *L'Odyssée* », *Poétique de la prose*, Paris, Seuil, p. 21-32.

Todorov Tzvetan, 1971b, « Typologie du roman policier », *Poétique de la prose*, Paris, Seuil, p. 55-65.

Todorov Tzvetan, 1971c, « La quête du récit », *Poétique de la prose*, Paris, Seuil, p. 129-150.

Todorov Tzvetan, 1973, « Some approaches to Russian Formalism », *Russian formalism : a collection of articles and texts in translation*, Stephen Bann et John E. Bowlt (éd.), Edinburgh, Scottish Academic Press, p. 6-19.

Todorov Tzvetan, 1978, *Symbolisme et interprétation*, Paris, Seuil

Todorov Tzvetan, 1968, « Introduction », *Communications*, n° 11, p. 1-4.

Todorov Tzvetan (éd.), [1965] 2001, *Théorie de la littérature*, Paris, Seuil.

Togeby Knud, 1954, *L'Œuvre de Maupassant*, Copenhague, Danish Science Press / Presses universitaires de France.

Tomachevski Boris, [1925] 1928, *Teorija literatury : poetika*, 4e éd., Moscou, Gosudarstvennoe izdatelstvo.

Tomachevski Boris, [1925] 2001, « Thématique », *Théorie de la littérature*, Tzvetan Todorov (éd.), Paris, Seuil, p. 267-312.

Traill Nancy H., 1996, *Possible Worlds of the Fantastic : the Rise of the Paranormal in Fiction*, Toronto, University of Toronto Press.

Trotski Leon, [1923] 1960, *Literature and Revolution*, Ann Arbor, University of Michigan press.

Turner C. J. G., 1972, « Tomashevsky's Literary Theory », *Symposium : A Quarterly Journal in Modern Literatures*, vol. 26, n° 1, p. 67-77.

Tynianov Iouri, [1924] 1978, « Rhythm as the Constructive Factor of Verse », *Readings in Russian Poetics : Formalist and Structuralist Views*, Ladislav Matejka et Krystyna Pomorska (éd.), Ann Arbor, Michigan Slavic publications, p. 126-133.

Tynianov Iouri, [1924] 1991, « Le fait littéraire », *Formalisme et histoire littéraire*, Catherine Depretto-Genty (éd.), Lausanne, L'Âge d'homme, p. 212-231.

Tynianov Iouri, [1923] 2001a, « La notion de construction », *Théorie de la littérature*, Tzvetan Todorov (éd.), Paris, Seuil, p. 116-121.

Tynianov Iouri, [1927] 2001b, « De l'évolution littéraire », *Théorie de la littérature*, Tzvetan Todorov (éd.), Paris, Seuil, p. 122-139.

Tynianov Iouri et Jakobson Roman, [1928] 2001, « Problèmes des études littéraires et linguistiques », *Théorie de la littérature*, Tvzetan Todorov (éd.), Paris, Seuil, p. 140-142.

Unwin Timothy, 2000, *Réalisme et réflexivité au dix-neuvième siècle*, Bern, Peter Lang.

Vachon Stéphane (éd.), 1994, Balzac, *Le Colonel Chabert*, Paris, Libraire générale française.

Vareille Jean-Claude, 1994, *Le roman populaire français : 1789-1914 : idéologies et pratiques*, Limoges, PULIM.

Vinogradov Viktor, [1922] 2001, « Des tâches de la stylistique », *Théorie de la littérature*, Tzvetan Todorov (éd.), Paris, Seuil, p. 110-115.

Walsh Richard, 2007, *Rhetoric of Fictionality : Narrative Theory and the Idea of Fiction*, Ohio State University Press.

Wandzioch Magdalena, 2017, « La Barbe bleue de Charles Perrault et Barbe bleue d'Amélie Nothomb. Dialogue d'un conte d'autrefois et d'un roman d'aujourd'hui », *Romanica Cracoviensia*, vol. 3, p. 193-200.

Watt Ian, 1957, *Rise of the Novel : Studies in Defoe, Richardson and Fielding*, London, Chatto & Windus.

Weinrich Harald, 1973, *Le temps : le récit et le commentaire*, Paris, Seuil.

Weinstein Marc, 1996, *Tynianov ou la poétique de la relativité*, Paris, Presses universitaires de Vincennes.

Wellek René et Warren Austin, [1942] 1971, *La théorie littéraire*, Paris, Seuil.

Wellek René, 1991, *A History of Modern Criticism 1750-1950, vol. 7, German, Russian, and Eastern European Criticism, 1900-1950*, New Haven, Yale University Press.

Wilpert Gero von (éd.), 1989, *Sachwörterbuch der Literatur*, Stuttgart, Kröner.

Yacobi Tamar, 1981, « Fictional reliability as communicative problem », *Poetics Today*, vol. 2, nº 2, p. 113–126.

Yacobi Tamar, 1987, « Narrative Structure and Fictional Mediation », *Poetics Today*, vol. 8, nº 2, p. 335–372.

Zbinden Karine, 2003, « Mikhaïl Bakhtine et le Formalisme russe : une reconsidération de la théorie du discours romanesque », *Cahiers de l'ILSL*, nº 14, p. 339-353.

Zipes Jack, [1983] 2007, *Les contes de fées et l'art de la subversion*, Paris, Payot.

Zola Émile, 1864, « Lettre à Antony Valabrègue », le 18 août 1864.

INDEX DES TITRES

INDEX DES NOMS

INDEX DES NOTIONS

Nous regrouperons toutes les occurrences relatives à la même notion sous une seule entrée (celle qui nous a semblé la plus naturelle à afficher). Par exemple : « genre », « générique », « généricité » se retrouvent sous l'entrée *genre (littéraire)* ; « actant », « actanciel », « schéma actanciel » se retrouvent sous l'entrée *actant*.

EMPLACEMENT DES TABLEAUX

TABLE DES MATIÈRES

COLLECTION
« THÉORIE DE LA LITTÉRATURE »

La collection « Théorie de la littérature » est un lieu ouvert à une multiplicité d'approches critiques, dans une perspective globale qui dépasse les frontières des littératures nationales, et qui affirme la liberté actuelle de croiser les points de vue, théoriques et disciplinaires, sur le texte et l'histoire littéraires.

Retrouvez tous les titres de la collection en scannant ce code QR :

Et pour recevoir nos dernières actualités, abonnez-vous ici :